本书是国家社科基金（教育学）国家一般课题“地方高校教师学术职业分化研究”（BIA130067）的最终成果

高等教育管理与改革

地方本科院校转型发展与大学教师学术职业分化

李金奇◎著

The Transformation and Development of Local Undergraduate Colleges and the Differentiation of Academic Career for University Teachers

科学出版社
北京

内 容 简 介

地方高校教师学术职业分化突出地反映了大学教师学术职业分化的主要矛盾和核心问题。当前，正在推进的地方本科院校转型发展，是我国高等教育改革创新发展的主题之一，并为大学教师学术职业分化提供了新的实践背景。

本书以大学再学术化理论为观照，以当下我国高等教育转型发展为现实背景，以地方高校教师的学术职业意识、行为为主要对象，对大学教师学术职业分化的衍生、发展及现状进行分析研究，进而对大学教师学术职业分化研究中若干重大问题提出一些创新思想理念。

本书对从事高等教育理论研究的学者及大学管理者有一定的参考价值，特别是对正在推进转型发展改革实践的地方本科院校教育工作者具有启示和借鉴作用。

图书在版编目（CIP）数据

地方本科院校转型发展与大学教师学术职业分化 / 李金奇著．—北京：科学出版社，2018.11

ISBN 978-7-03-059238-5

Ⅰ.①地… Ⅱ.①李… Ⅲ.①地方高校-教育改革-研究-中国 ②地方高校-教师-科学研究工作-研究-中国 Ⅳ.①G649.2 ②G644

中国版本图书馆CIP数据核字（2018）第242012号

责任编辑：付 艳 崔文燕 / 责任校对：王晓茜

责任印制：张欣秀 / 封面设计：润一文化

编辑部电话：010-64033934

E-mail：edu_psy@mail.sciencep.com

科学出版社 出版

北京东黄城根北街16号

邮政编码：100717

http：//www.sciencep.com

涿州市东南印刷厂 印刷

科学出版社发行 各地新华书店经销

*

2018年11月第 一 版 开本：720×1000 B5

2018年11月第一次印刷 印张：14

字数：260 000

定价：89.00元

（如有印装质量问题，我社负责调换）

前　言

基于文献研究以及对于大学教师学术职业分化现象、问题的调查研究和深入思考，本书以大学再学术化理论为观照，以当下我国高等教育转型发展为现实背景，以地方大学教师的学术职业意识、行为为主要对象，对大学教师学术职业分化的衍生、发展及现状进行分析研究，进而对大学教师学术职业分化研究中若干重大问题提出一些创新思想理念，并对当下大学教师学术职业分化过程中出现的一些新的、现实的矛盾和问题从认知和对策方面提出意见和建议。为了使研究内容能够更为清晰地呈现，这里仅就课题研究的性质和背景、研究的基本内涵和创新观点及其理论与实践价值作一综合提要。

一

大学教师学术职业分化既是一个关乎大学组织运行发展的核心问题，也是高等教育理论与实践中的一个十分重要而复杂的问题。这源于它是一个关乎大学教育核心价值理念和原则的理论与实践问题。大学教师的学术职业特性，归根结底是由大学教育的基本属性和功能所决定的；同时，大学教育的基本功能和价值目标具体体现在大学教师的职业属性上，且最终需要通过教师的职业行为得以实现和达成。“学术职业置于学术机构（academic enterprise）的心脏。”[①] 大学是一个以发展、传播学术为宗旨的教育机构。因此，相对而言，在大学组织教育内涵

① 沈红 .2011. 论学术职业的独特性 . 北京大学教育评论，9（3）：18-28

和资源结构中，大学教师学术职业是一个直接关乎大学学术研究的教育元素和资源。大学教师学术职业与大学组织的性质和宗旨，决定了大学教师学术职业行为及其分化现象总是与一定时期大学教育的根本问题和重要问题紧密联系在一起的。研究者分析当下我国大学教师学术职业分化所产生的负面影响时，列举了一些典型问题和现象，诸如：教师对学术职业分化的认知存在偏差；不同类型教师学术职业标准同质化；不同类型教师之间的地位失衡；教师教学活动边缘化和学术性教学有待提升，科学研究功利化和应用取向明显，社会服务时尚化等问题突出；大学应对教师学术职业分化的教师岗位分类管理有待进一步完善和创新，等等[①]。这些都是与实现大学组织发展目标密切相关联的重大的教育问题，也是当下我国高校运行发展中的一些热点和焦点问题。

大学教师学术职业分化这一问题，还源于大学组织和大学教师职业与现实的社会环境之间的互动和相互影响。社会组织形态及各种现实的社会问题经常作用和影响着大学学术活动和大学教师学术职业行为，后两者也总是以其特定的方式反映着并反作用于前两者。基于大学教师学术职业分化问题与现实的社会实践活动、现象之间的这种关联性和互动性，一方面，人们应当充分认识到解决、应对大学教师学术职业分化问题的复杂性及其在改良社会、推动社会发展进步中的作用；另一方面，在研究和应对这一教育问题时，应当将其与一定的社会发展的现实背景相联系，并善于从社会发展的历史和现实背景出发，形成科学的认识理念和统筹协调的思路、方法。

此外，大学教师学术职业分化还是一个伴随着社会和大学教育变革与发展而始终处于动态与发展之中的问题。一方面，随着大学教育的内涵和功能的不断延展，大学教师学术职业特性的内涵与特征也在不断地拓展和改变。另一方面，变革发展的社会实践活动对大学教育的影响，也使得大学教师学术职业分化不断地呈现出新的问题、特点和规律。在传统的精英型大学中，大学教师比较自觉地坚持和践行着较为纯粹的学术性的职业理念。在社会及教育自身变革与发展的推动下，大学教育的基本内涵、属性和功能不断地丰富、拓展；大学教师的学术职业属性的内涵也日渐丰富，并极具张力，其认知与实践也随之在主体和环

① 杨超 .2016. 大学教师的学术职业分化：概念内涵与规定性 . 现代教学管理，（2）：90-94

境因素两个层面面临着一些新的境遇和挑战。在当代中国，大学教师学术职业的内涵、特性及其实践方式更是随着社会以及高等教育的改革创新发展而不断地面临着挑战和冲击，不断地进行着自我变革与拓展。简要回顾大学教师学术职业分化作为高等教育研究的一个重要领域和研究课题在我国兴起以来的学术研究的过程，我们发现人们对这一课题研究的重心和热点问题也在不断地发生变化。这其中当然有着人们的研究和认识不断深入、深化的原因；但是，更多的则是由于社会变革和教育创新发展带来新的实践挑战和研究课题。随着研究的深入以及教育和社会实践环境的改变，一些原有的抑或是原本十分重要的问题逐步得以消解或退居于次要的位置，取而代之的则是一些新的研究热点问题和课题。

概言之，大学教师学术职业及其分化问题，直接并从根本上关乎着大学的根本属性和功能，以及大学组织机构的运行和目标的实现；大学教师学术职业分化问题的属性规定或决定了其理论和实践研究的重要性和复杂性。与此同时，关于大学教师学术职业分化的认知与实践又是一个始终处于变革与发展之中的理论与实践课题。自从现代大学制度建立以来，大学教育的核心理念与功能一直处于变革与发展之中，大学教师学术职业属性的内涵也在不断丰富发展，人们对于大学教师学术职业特性的探索和认知也从来没有停止。马丁·芬克尔斯坦（Martin Finkelstein）等的专著《新一代学者：一个转折中的职业》详细总结了美国学术职业在1986—1992年的七大变化[①]。中国高等教育改革发展的实践进程呼唤着大学教师学术职业分化理论与实践研究的及时跟进和创新发展，这是大学教师学术职业分化成为现代大学教育理论研究中一个经久不衰的热点问题的根本原因，也是促使我们进一步深入地对这一理论与实践问题展开研究的根本动因。

另外大学教师学术职业分化也是变革、创新、发展的中国高等教育所面临的一个重大的理论与实践课题。

大学教师学术职业以及大学教师学术职业分化理论研究较早在西方国家兴起。近年来，随着大学教师学术职业分化学术思想的引入，国内关于这一问题的研究也成为高等教育理论研究的一个热点。大学教师学术职业分化之所以在我国

① 转引自：李志锋.2007.中国学术职业的国际竞争力研究——基于对高深知识的分析.华中师范大学博士论文

成为一个理论研究的热点，正是因为它契合了我国高等教育理论与实践创新发展的现实需要。在我国，无论是高等教育事业还是作为为这种教育事业发展提供思想理论指导的高等教育学术研究都起步较晚。我们必须直面并勇于承认这样的现实。但是，当今中国高等教育又正处于一个变革、创新、发展的历史阶段。中国高等教育的创新发展需要通过对大学教师学术职业分化等这一类高等教育核心理论和问题的深入研究，逐步形成对中国高等教育自身特质和规律的系统、理性和科学的认识。自中华人民共和国成立以来，特别是在世纪之交中国高等教育迈入大众化发展阶段以来，高等教育事业在以跨越式的步伐向前迈进的同时，也出现了一些令人关注的理论和实践误区，包括在一些事关高等教育根本目标、宗旨的问题上处于一种摇摆不定的状态。这样的现状当归结于人们对高等教育特别是大众化高等教育的属性和规律的认识的局限性。西方发达国家的高等教育思想理论具有重要的启迪和借鉴作用。但是，从西方“拿来”的高等教育学科理论必须经过人们通常所说的“消化吸收”的过程，甚至需要进行一种理论的重构。这部分是西方的教育思想理论基于其特定历史背景和实践背景而形成的。这种教育的思想理论或许可以给我们一些方法的启迪和借鉴；但这些“拿来”的高等教育学术或理论是否符合我国的国情，是否能够为我所用并转变为我国高等教育实践主体的教育思想理念，需要在中国的教育实践中加以检验，而且应该是在科学理论指导下的较长时期的实践、反思。例如，西方发达国家比我们先进入高等教育大众化发展阶段，在这一发展过程和实践经历的体验中，西方形成了比较成熟的高等教育大众化的理论体系。事实上，在我国高等教育刚刚迈入大众化发展阶段的时候，人们就已经十分关注并认真、深入地对其进行了学习、研究。但实践证明，在我国高等教育进入大众化发展阶段的十多年里，西方发达国家的高等教育大众化学术理论在我国高等教育的实践中并没有发挥好其应有的理论指导的功能。适应高等教育大众化背景下教育属性和功能多元化、多样性的特质和要求，努力实现不同层次和类型的高校合理分类定位，至今依然是困扰我国高等教育事业发展的现实问题。

大学教师学术职业分化作为一个源于西方的高等教育学科理论，在我国虽然经过了前期理论的学习、研究和借鉴，但时至今日仍然是一个尚处于理论建构阶段的高等教育理论研究的领域或问题。而最根本、最重要的是迄今为止的研究还没有对发生在我们身边的大学教师学术职业分化的问题、现象做出较为清晰、系统的梳理、辨析，并在此基础上作出科学的理论解读，提出务实有效的实践对策。这一方面是由于我国高等教育理论工作者的相关研究工作起步较晚，基础较为薄弱；另一方面，我国高等教育的快速发展及其急剧变革，使得大学教师学术职业分化作为一个教育实践问题和现象显得格外纷繁复杂，以至于理论研究和思想认识难以及时地跟进。

总之，在学科理论研究与高等教育改革创新发展实践的推动下，近年来，大学教师学术职业分化成为学界和高等教育工作者共同关注的一个热点问题。同时，随着一批重要的学术研究著述相继问世，此方面的研究也在不断地深入。总体上看，这些研究，不外乎从问题的发生及其基本概念、现状的描述与分析以及关于这一教育现象、问题本质规律的认知和应对等几个层面展开。然而，由于大学教师学术职业分化本身的复杂性以及人们对此的认识和前期研究的局限性，这一关乎大学教育的实践主体、组织建设及其教育功能实现的重大学术与实践问题的研究，依然存在着较大的拓展空间，特别是一些与现实的大学教育关联紧密的理论认识和实践课题，亟待人们对其做出科学合理的解读，并提出积极可行的应对策略和思路。

二

大学教师学术职业分化作为高等教育学的一个重要的研究领域或问题，基于研究内容和方法的不同大体可以分为两个方面：一是关于大学教师学术职业分化的一般理论的研究；二是从某一特定的问题或视角入手，对大学教师学术职业分化问题、现象作进一步深入的或拓展性的研究。前者主要是基本概念范畴以及其作为一种高等教育现象的衍生、发展及其内涵、规律和影响的研究；后者则多是选取与其相关联的某些现实的高等教育实践问题为切入点，从理论与实践结合的层面，沿着纵深方向研究。近年来，在国内关于大学教师学术职业分化的研究成果中，这类研究文献较多。这种研究通常是以大学教师学术职业分化理论为观照，对现实的高等教育的实践问题进行剖析、研究；但是，在这一研究的过程中，人们也会把关于大学教师学术职业分化的理论研究引向深入。

本书综合了上述两个方面的研究内涵和特色。

首先，本书提出大学再学术化的概念范畴，并以大学再学术化的思想观点作为理论观照，进一步分析了大学教师学术职业分化的衍生及其在当代大学教育实践中的演变和发展。这样的研究内容与视角当属于大学教师学术职业分化问题的一般理论研究；同时，以地方本科院校及其转型发展作为具体的研究对象和切入点，以大学再学术化和大学教师学术职业分化为理论观照，研究、分析和应对当代中国大学教师学术职业分化现象与问题。这是本书的两个基本的视点、内涵和逻辑思路，也是本书最为重要的创新与特色。

大学再学术化是大学学术研究的当代形态，是相对于传统的大学学术研究价值体系、研究范式的转型与重构。在关于大学教师学术职业分化现象发生发展的背景和动因的分析上，本书坚持以大学组织再学术化理论为观照，强调在现代大学发展演变的过程中，大学组织的再学术化是催生并不断加剧大学教师学术职业分化的体制性、决定性因素，再学术化作为当代大学组织的基本形态特征，从根本上决定和导致了大学教师学术职业分化的衍生以及逐步走向明朗化和清晰化。

大学组织再学术化，是高等教育大众化时代大学教育的根本属性和特质。从固守大学学术的一元价值理念，到实现大学学术“工具合理性与价值合理性”两种价值理念的融合，是当代大学再学术化的内在特性；从单一的知识发现与创新的学术功能与形态，到发现的学术、综合的学术、应用的学术和教学的学术等多种学术形态和功能并存，则是大学再学术化的外在表征。[①] 在大学组织再学术化的背景下，大学学术研究功能、形态的多元化和多样性，一方面，需要在大学学术研究体系内部通过合理、有序的职能分工以及相应的主体实践才能充分体现或有效地实现；另一方面，也对大学组织及其教育工作者所开展的学术研究活动提出了不尽相同、更加趋于多元化和多样性的目标、任务和要求。

以大学组织再学术化理论为观照，研究大学教师学术职业分化发生、发展的背景和动因，是对大学教师学术职业分化发生理论研究的一个创新。基于一种

① 李金奇.2016.大学组织的再学术化与大学教师学术职业分化.高等教育研究，36（2）：6-12

明确的学科理论，对大学教师学术职业分化的发展进行归因分析，这本身就是大学教师学术职业分化研究的一种理论自觉。同时，大学组织再学术化本身就是我们在借鉴相关理论研究范式所提出的一种创新学术理论；借此分析研究大学教师学术职业分化现象和问题，有利于人们更加自觉和深刻地理解、把握这一高等教育现象的本质特征，有助于人们在一个更高的层面思考和应对大学教师学术职业分化过程中矛盾、问题与挑战。

在前期关于大学教师学术职业分化现象的研究过程中，人们基于多学科理论和多层面的教育实践问题，对大学教师学术职业分化现象发生发展的背景和动因进行了分析探究。概括地说，关于大学教师学术职业分化现象发生的动因，人们主要是从大学组织自身职能、属性及其发展演变，以及影响大学组织运行发展的一些社会的、外部的要素这两个方面入手进行研究。在研究中，人们注意到从大学这种高等教育机构自身的功能属性的角度，去分析研究大学教师学术职业分化的发生与演变，但总体上看这方面的研究依然比较薄弱。而一些学者特别是国内学者较多地关注社会发展的现实背景对大学教育及大学教师学术职业分化造成的影响。我们认为，尽管作用于大学教师学术职业分化现象或许有着多方面影响因素，但是，那些现实的社会因素对大学教师学术职业意识和行为所发生的作用和影响，最终都会作用和反映于大学组织自身的组织机能，且只能通过大学组织自身的属性和机能发挥影响作用。所以，我们更倾向于从大学组织自身的属性和功能的视角去认识、分析大学教师学术职业分化问题和现象，即如一些学者所说的去探寻大学教师学术职业发展的“内在逻辑”。然而，基于对大学教师学术职业发展的“内在逻辑”的研究需要，已有的研究大多只是从大学教师学术职业分化与大学组织职能及其演变的关系去分析。作为一种理论研究，这样的分析考察依然显得有些表层化。今天，人们将大学组织的基本属性和功能概要地总结为高等教育的三大职能：发展学术、培养人才和服务社会。在这种多元结构的大学功能中，关键或根本的是大学组织及其教育实践中的学术研究的内涵与功能。研究大学教育属性和功能固然需要从发展学术、培养人才和服务社会，抑或是教学、科学研究和服务社会这三种基本要素去认识、把握；但是，在这三个基本要素、三大职能，科学研究抑或是发展学术是处于第一位的、具有决定作用和影响力的要素或功能。在大学教育实践中，研究、创新、发展学术思想和科学技术是一个基础性、先导性的要素和功能，直接决定、影响着大学的教学和人才培养工作以及社会服务的质量与水平。这是大学作为一种培养人的教育机构所固有的特征，如果没有学术理论、科学技术的研究、创新与发展，这种大学组织就会混同于一般的教育机构，特别是中小学基础教育。国内外学者几乎一致地将研究高深学问作为大学组织最为本质的属性与特征。唯有抓住大学学术内涵、功能、形态的基本特征，及其在当代大学教育中的发展演变，才能从本质上把握大学教育的功能和特质，也才有可能在本质上理解和把握大学教师学术职业分化现象和问题。从这样的意义上说，本书提出的大学再学术化的概念范畴以及以大学再学术化的思想观点作为理论观照，分析大学教师学术职业分化的衍生及其发展、演变，是关于这一高等教育学科理论研究的一个创新和贡献。

其次，在对大学教师学术职业分化现象和问题的揭示、分析方面，本书以我国当下正在推进的地方本科院校转型发展为现实背景，以地方大学及其教师职业实践为主要研究对象，将关于大学教师学术职业分化的学术和实践研究引向深入。上文中我们曾论及大学教师学术职业分化现象和问题的重要性、复杂性还表现在这是一个关乎大学教育整体和系统的理论与实践问题。所谓分化是就事物的系统、整体而言，它需要也只能从不同的层面或视角进行剖析、认识。在关于大学教师学术职业分化研究中，人们从多层面、多视角入手研究分析问题，深入推进了学术理论研究的发展。基于当前我国高等教育改革发展重大实践课题和大学教师学术职业分化学术理论建构的迫切需要，本书选取了这一特定的研究视角。毫无疑问，以 2015 年《教育部　国家发展改革委　财政部关于引导部分地方普通本科高校向应用型转变的指导意见》（简称《指导意见》）（教发〔2015〕7 号）颁布实施为标志的新一轮地方本科院校转型发展，是当前我国高等教育改革发展的主题之一。以大学教师学术职业分化学术研究作为理论观照，对这一重大教育改革行动进行考察研究，有利于人们更加深刻地洞察正在推进的这一高等教育改革发展行动的价值意蕴和内在规律。从大学教师学术职业分化理论建构自身的角度看，地方大学及其教师职业实践最为突出地体现了我国大学教师学术职业分化的特性，也是我国大学教师学术职业分化的焦点。以这一矛盾焦点为切入点分析、研究当代中国大学教师学术职业分化的现象和问题，有利于人们从整体和全局去认识、把握这一问题，因而可以起到提纲挈领的作用。

将当下在我国高等教育体系内部开展的地方本科院校转型发展，作为研究大学教师学术职业分化的教育环境具有多重理论价值和实践意义。一方面，我们把地方本科院校转型发展看作是当代大学再学术化的具体内涵和实现方式，并在这一特定的理论视角下研究大学教师学术职业分化问题，进一步强化了大学组织的再学术化是催生并不断加剧大学教师学术职业分化的制度性、决定性因素的理论逻辑。我们坚持认为，新一轮地方本科院校转型发展，是在大学组织再学术化的框架下，重构一种区别于传统大学、精英型大学单一的学术研究价值理念和实践形态的新型的学术研究体系。也正是基于这样的理解和认识，新一轮地方本科院校转型发展的要义即在于这种大学组织转型发展在本质上体现为大学学术研究的理念和范式的一次转型与重构。此种体现必然会对大学教师学术职业分化产生重要的影响，或者说必将进一步引发和推动大学教师学术职业分化。另一方面，本书以地方大学转型发展为现实背景研究教师学术职业分化问题，将大学教师学术职业分化置于地方大学转型发展的实践进程中进行考察、认识和解读，并在此基础上提出合理引导的策略和方法，进一步拓展了其内涵和特征的认识，也有利于人们在大学教育改革创新的实践中自觉、积极地应对大学教师学术职业分化现象和问题。

同样，以地方大学转型背景下的教师职业实践为对象的研究视角，也是关于大学教师学术职业分化研究的拓展与延伸。大学教师学术职业分化现象与表征的研究仅仅停留在对大学教师这一职业群体的层面上，是无法对这种分化现象进行真正意义上的揭示的。在已有的研究中，人们已经注意到了以地方大学教师的学术职业实践作为具体研究对象，在地方大学与国家重点大学的比较研究中，透视大学教师学术职业分化现象。但是，综观既往的研究，由于没有能够从本质上把握或揭示地方大学这一特定的大学教育形态所固有的属性和特征，对这类学校教师学术职业的分析研究，包括所采取的一些调查研究的方法和评价标准，大多没有真正体现和揭示地方大学教师学术职业行为的内在特征及其在实践中表现出的诸多特殊的矛盾和问题。本书在大学再学术化的理论框架下，将地方大学教师学术职业分化置于学校转型发展新的时代环境之中进行考察研究，使得这一学术问题的研究更加贴近大学教育改革创新发展的实际，因而也更能凸显这种理论研究的时代性和实践性。同时，在关于大学教师学术职业分化的分析研究中，基于大学机构层次和类别的差异，考察、研究此问题的现象与表征，是这一学术研究最为重要的理论和实践问题。从理论研究的视角看，这首先需要从大学教师这一职业群体着眼或把握，而在我国当今高等教育大众化背景下，地方大学和国家重点大学之间的分野，是现行高等教育体系在大学教育机构的层面所进行的一种理性的、甚至是制度化的设计和实践。显然，这对大学教师学术职业分化所进行的考察、研究，其理论或学术上的价值是不言而喻的。从实践的层面看，对地方大学教师学术职业特性及其分化现象的分析、揭示乃至认识和评价，是一个直接关乎地方大学转型发展的重要的问题。从一定的意义上说，对地方大学及其教师学术职业特性及其实践范式的理解、把握和实践，直接决定着新一轮地方高校转型发展的推进及其得失成败。在当代中国，大学教师学术职业分化问题突出地表现在地方普通本科院校这一特定的教育层次或类型上。其严重性决定于这类学校在教育功能和属性方面的特殊性；相对于国家重点大学，这类学校学术研究的属性、功能和形态具有更多的不确定性，面临的观念性、体制性、实践性的矛盾冲突更为突出。透过这样的分析，人们可以更加清晰、深刻地认识、把握当下我国大学教师学术职业分化的问题本质及其属性和特征。

三

坚持学科研究的问题导向，是当代学术研究的一个重要特征。大学教师学术职业分化问题研究的重要意义，既在于这种关于教育理论问题的研究是现实的大学教育改革创新实践的急切呼唤，也在于其始终面对并能够及时、有效解读和化解当下高等教育改革创新发展的实践问题。本书为人们在整体上认识、应对大学教师学术职业分化现象和问题提供了新的思想武器；同时，在实践的层面上，就如何应对、化解学校办学实践中的大学教师学术职业分化现象和问题提出了原则、认识方法和举措。

首先，基于问题研究的实践导向，本书把进一步解决好人们对于大学教师学术职业分化现象和问题的理性认知和评价放在重要的地位，并做了一些拓展性的研究。其实，许多现实的教育现象或教育实践问题的发生的根本原因在于人们对这些问题的分歧甚至是误区。这也是为什么在历史发生重大变革的时期，一些先觉者总是不遗余力地劝导人民解放思想、更新观念。大学教师学术职业分化现象和问题也是如此。近年来，大学教师学术职业分化的研究持续升温。在其理论和实践研究中，一个重要的内涵或指向就是对现实的大学教师学术职业分化的理性认知和价值评价。这些研究从多种认识或学科的视角聚焦问题，启发了人们的学术思维，也产生了一些创新性的理论认识成果。关于大学教师学术职业分化问题的认识和评价，在总体上，人们注意并坚持了对这一大学教育现象的肯定性和批评性价值评价相统一的基本认识。一方面，学者对大学教师学术分化现象的合理性及其正向功能是给予肯定的。综观已有的文献研究我们可以看到，在关于大学教师学术职业分化衍生问题的研究中，研究者多从大学教育的本质属性和功能的角度，来考察分析大学教师学术职业分化衍生的必然性。这种必然性的考察研究及其结论，也就暗含着对大学教师学术职业分化问题的合理性、肯定性的认知和评价。另一方面，在对大学教师学术职业分化的负面作用进行分析、批判时，人们通常会对这种大学教师学术分化现象加上“过度”二字进行限制性说明。这也就意味着，仅就大学教师学术分化现象本身而言，其负面作用的发生并不一定具有必然性。但是，在前期的理论研究成果中，关于大学教师的学术职业分化的认知和评价，也确有一些依然值得反思、商榷的思想观点。这些问题或倾向主要表现在两个方面：一是对大学教师学术职业分化问题和现象在整体上缺乏一个清晰、明确的估价、认识和评价；二是对大学教师学术职业的肯定性和批判性二元价值评价上的左右摇摆。当然，这些思想观点不仅是一些人的个体认识，还是现实的高等教育实践现象的反映和折射。对于这样一些思想观点，如果不能通过积极的理性思辨对其加以阐释和厘清，就会在客观上进一步影响着人们对大学教师学术职业分化现象和问题的应对和引导。作为高等教育发展的一种内在运行机制，大学教师学术职业分化的发生、发展顺应了社会及高等教育自身发展变革的需要，既具有一定的必然性，也会因此具有一定的合理性或积极的价值意蕴。综观近年来国内关于大学教师学术职业分化问题研究，虽然在整体上人们注意到了对这一问题、现象坚持两分法的评价原则，但确有一些学者较多地关注、揭示这种分化现象的问题、弊端抑或负面效应，一些人完全无视甚至否定这一教育现象的合理性或正向的意义、价值。这样的思想认识倾向值得人们重视和反思。

在关于大学教师学术职业分化的认识和评价方面，本书坚持认为大学学术研究分化现象是一种体现着肯定性和批判性二元价值评价的矛盾统一体；强调对大学教师学术职业分化必须坚持肯定性和批评性价值评价相统一的基本认识，即既要看到这一大学教育现象和问题所引发、产生的负面作用，也要充分注意到其发生、存在的必然性、合理性及其正向的作用和功能。这一基本观点的提出是基于前期研究对大学教师学术职业分化的负面作用的研究较为集中、突出，而对其发生、存在的必然性、合理性及其正向的作用和功能则研究得不够深入甚至有所忽视这一基本现实。更为重要的是，基于本书研究需要，在当下地方大学转型发展的实践进程中，如何从当代大学多元教育功能目标出发去认识、看待大学教师学术职业在内涵、结构、形态等诸多方面出现的相对分化的现象，具有十分重要的现实意义。

基于对大学教师学术职业分化的肯定性和批评性价值评价相统一的基本认识，本书进一步提出要在坚持大学教育多元价值取向和功能形态相互统一的认识前提下，通过统筹协调，保持大学多元化、多样性的价值观念、教育内涵之间的张力与和谐。

面对大学教师学术职业分化的现实及其客观存在的对于实现大学组织发展目标带来的风险，坚持对大学教师学术职业分化的肯定性和批评性价值评价相统一的基本认识，并在这样的价值理念的引导下，通过统筹协调大学教育的多元价值内涵与功能，保持当代大学教育内部多种教育功能和要素之间的张力与和谐，是本书的终极的目标追求。大学教师学术职业分化的负面作用，主要表现在两个方面：一是过度分化所引发的大学教师作为一种职业群体其社会地位和职业认同感的分化；二是过度分化造成大学教师学术职业意识、行为及其实践体系的扭曲和异化。当然，这两个方面的负面作用也是相互关联的，大学教师学术职业过度分化所引发的大学教师职业群体社会地位和职业认同感的分化，必然地引发和导致了大学教师学术职业意识、行为及其实践体系扭曲和异化。对大学教师学术职业分化的这些负面作用，身在其中的大学教育工作者都有着切实的体验和感受。正因为如此，在前期的相关研究中，对这一问题的现象、表征和危害，人们已经进行了较为深刻的揭示。然而，大学教师学术职业分化毕竟是当代大学教育的基本形态和必然趋势，我们开展对于大学教师学术职业分化问题的研究最终是要引导高等教育的实践有效地规避和调适这些矛盾冲突，而不能仅仅停留在对这些矛盾和问题的分析甚至是讨伐的层面上。因此，如何在大学教育的实践进程中面对和规避大学教师学术职业分化的负面效应，切实解决好保持大学教师学术职业分化的理性自觉与这种职业分化行为实际存在的盲目无序状态之间的冲突与矛盾，是当前大学运行发展过程中的一个重要而紧迫的任务，也是我们高等教育工作者所面临的一个重要的实践课题。

同时，基于对大学教师学术职业分化的肯定性和批评性价值评价相统一的基本认识，以及高等教育运行发展过程中的现实矛盾，必须进一步强调兼顾公平效益的社会理念和原则。总体上说，大学教师学术职业分化是在面对现代大学多元价值内涵及其张力的基础上，以追求大学组织运行发展目标为主旨的一种高等教育内在机制。换言之，大学教师学术职业分化是以实现大学组织目标和追求大学办学及教育效益、效率为宗旨的，这是我们对其给予肯定性评价的基础。然而，这种基于效率原则的教育运行机制，又必然会在一定意义上与人们追求社会公平的价值理念相冲突，特别是当这种教育分化现象出现过度化倾向的时候，甚至会直接地破坏社会公平的价值原则。这也就是人们为什么会对这一教育现象给予否定性评价。基于这样的理性认识，应对大学教师的学术职业分化的现象和问题，必须要坚持兼顾效益与公平、效益与公平相统一的原则。事实上，在大学教育的历史进程中，大学教师的学术职业分化问题始终存在着效益与公平两种价值取向的冲突与摇摆。一方面，在同一时期内或同一教育机构中，两种价值取向之间的相互冲突和摇摆是一种常态；另一方面，不同历史时期和阶段，两种价值取向在大学教师的学术职业分化问题上也常常表现出不同的内涵与特征。在当下大学教育的实践中，包括在地方本科高校转型发展的进程中，如何应对大学教师的学术职业分化问题中的效益与公平两种价值取向的冲突与摇摆，仍然是一个值得关注的问题。因此，坚持对大学教师学术职业分化的肯定性和批评性价值评价相统一的基本认识以及兼顾公平和效益的社会理念，应当成为大学教育运行发展中的一个重要原则。唯其如此，才能在大学教育的实践进程中有效规避大学教师学术职业分化的负面效应，进而保证并维系大学教师学术职业分化的理性自觉。

在我国，大学教师学术职业分化研究作为高等教育学科研究的一个重要的内容或领域，其理论研究的框架和内涵目前依然处于建构过程。同时，大学教师学术职业分化既是一个关乎大学组织运行发展的核心问题，也是创新发展的中国高等教育所面临的一个重大的理论与实践课题。本书贴近、跟进我国高等教育改革创新发展的实践进程，从大学教师学术职业分化研究的视角分析、研究大学教育实践中的一些现实的矛盾冲突和问题，并提出应对这些矛盾、问题的原则、思路和方法，为保障和促进我国高等教育事业可持续发展提供理论指导、思想认识和行动借鉴。特别是当前正在积极审慎推进的地方本科高校转型发展，实则是一个事关中国高等教育整体转型的重大战略行动。本书从大学教师学术职业分化的视角，分析研究地方本科高校转型发展过程中的新情况、新问题，提出应对问题、化解矛盾的思路、策略和方法，从而为保证和促进地方本科高校转型发展作出思想理论贡献。这些，正是本书的目的和价值所在。

目　　录

第一章

绪　　论

本书以大学再学术化为理论观照，以当下我国高等教育转型发展为现实背景，以地方大学教师的学术职业意识、行为为主要对象，对大学教师学术职业分化的衍生、发展、现状及其应对进行深入的、拓展性的研究。本书借鉴、吸收了该领域内前沿学术研究成果，呼应了中国高等教育改革发展创新的现实需求；在大学教师学术职业分化的发生与应对，以及地方本科院校转型发展中的大学教师学术职业分化等问题的研究方面提出了一些创新理论与思想，为丰富、完善大学教师学术职业分化理论研究的内涵和构架，为保障和促进我国高等教育事业可持续发展和推进地方本科高校转型发展提供了新的理论指导、思想认识和行动借鉴。

第一节　大学教师学术职业分化研究的价值与意义

一、基于大学教师学术职业分化理论建构的需要

对地方本科院校转型发展与大学教师学术职业分化问题的研究的一个重点，就是以大学再学术化为理论观照，对大学教师学术职业分化的衍生、发展、现状及其应对进行深入的、拓展性的研究。这一特定的研究视角直接关乎大学教师学术职业理论建构的核心问题，契合了当前大学教师学术职业理论建构的需要。

大学教师学术职业分化是一个关乎大学组织运行发展的重要问题，也是创新发展的中国高等教育所面临的一个重大的理论与实践课题。关于大学教师学术

职业分化的学术理论研究，已经成为高等教育学科理论研究中的一个重要研究领域。在我国，该研究尽管已从最初的“译介引入阶段”转向了“本土化研究阶段”，但是李木洲认为，这一研究中的“每个方面的研究都较缺少纵深和横向拓展研究，整体上也缺乏系统化、深层化专题研究，且尚未形成中国化的学术职业理论体系与研究方法”[①]。总体上说，作为高等教育学科理论研究中的一个重要研究领域，该研究仍处于研究的初级阶段。对于大学教师学术职业分化的学术研究的性质及其研究现状的认识和估价，决定了加强大学教师学术职业分化学术，加快建构相应学科研究的理论体系的意义和价值。

大学教师学术职业理论的建构涉及的内容十分丰富，学科理论研究的任务也十分艰巨、复杂。该研究的理论内涵与架构，被学界从多视角进行了归纳和分类。但是，关于大学教师学术职业分化现象和问题发生的探究，是该研究领域中的核心问题。无论是基于高等教育学科理论研究和建设的需要，还是从应对这一现实的教育现象和问题出发，人们对大学教师学术职业分化这一现象和问题进行思考审视时，首先提出的还是其是如何发生的，即究竟是什么原因或因素引发了大学教师学术职业分化，并使得这一教育现象和问题持续衍进，并日趋复杂化。

从学科理论研究的角度看，关于大学教师学术职业分化现象和问题的发生的研究，是这一特定的研究领域中的基本理论问题。对这一问题的研究与解读，关乎这一研究理论体系的建构，以及人们由此而生发的一系列的理论认知。从实践的层面看，能否对其动因和源头做出科学和准确的分析判断，同样关乎人们对这一重要的高等教育现象和问题的认知，以及应对、解决由此而引发的一系列教育实践问题的决策与方法。

关于大学教师学术职业分化，人们通常是从其与大学组织及其社会环境的关系的角度进行分析研究。大学教师学术职业属性和行为是在大学教育这一特定的场域中发生和确立的，是在大学组织和社会发展的互动中生成的。研究大学教师学术职业分化，探究其发生的动因、根源，就需要从大学教师学术职业与大学组织以及社会环境的关系入手，这样的认识和研究的思路、方法无疑是正确的。从大学组织自身的特性出发，研究大学教师学术职业分化问题，是着眼于这一问题研究的“内在逻辑”，因而应当成为研究大学教师学术职业分化发生的动因的主要着力点。但正如本书前言中所述，在前期的研究中，人们大多只是一般性地

---

① 李木洲 .2013. 近十五年我国学术职业研究综述——以《中文核心期刊要目总览》收录论文为主 . 武汉理工大学学报（社会科学版），26（2）：260-266

从大学组织的属性、功能及其演变与大学教师的学术职业分化之间的关系展开论述。这样的研究似乎还是没有抓住问题的本质核心。李志峰在《论高深知识与学术职业》一文中，从高深学问即学术研究的视角分析大学教师学术职业的特性，这样的研究视角显然更为精准一些。文章指出：知识的分层分类导致了学术职业的形成和变迁，知识的高深化和学科化形成了制度化的学术职业。高深知识所蕴藏的价值通过学术职业活动得到彰显，并赋予学术职业者社会身份和地位，而身份和地位的不同又体现出其高深知识的不同价值。高深知识是学术职业的工作对象，是学术活动的逻辑起点，是职业自主性权力和地位的基础，并影响着学术职业的准入、聘任、薪酬、声望、分层和流动。[①]这一论述的可取之处就在于它以大学学术活动与大学教师学术职业之间的关系作为逻辑起点，来分析研究大学教师学术职业分化及其相关的理论问题。概言之，大学组织的学术研究活动及其相关的观念制度体系，才是大学教师学术职业最直接的生存土壤和环境；大学的学术研究及其功能形态和观念制度体系是最直接地影响大学教师学术职业行为的社会要素，是大学学术的功能形态及其特性决定了大学教师学术职业分化现象和问题的发生。

关于大学教师学术职业分化动因的研究当然还不能仅停留在这样的认识层面上。大学的学术功能形态具有怎样的属性和特征？当代大学学术功能形态发生了哪些新的变化？具有一些怎样的新的特质和表征？大学学术功能形态的这些新的变化和特征又是怎样影响着大学教师学术职业分化？进而使得其在新的学术研究的环境下出现了哪些新的现象和问题？这些问题则需要人们进行理论研究的拓展与创新。这既是大学教师学术职业分化理论建构的需要，更是大学教师和大学组织发展的实践需要。

本书正是在这样的理论研究起点上展开的。如果说大学教师的学术职业分化现象和问题直接源于大学学术研究的功能形态及其观念制度体系，那么当今大学组织的学术研究最本质、最重要的特性是什么？基于大学学术研究本质、原始的概念内涵及其演变与发展，我们借鉴相关学术研究中的概念范畴，提出了“大学再学术化”的概念，并用这一概念来概括当代大学学术的本质特征。大学再学术化既是大学学术的再造与重构，又是传统的大学学术功能形态在当代的延续与拓展。这也就是说，大学再学术化既是一个学术创新的概念，也是一个体现着大学学术发展历史沿革的概念。大学再学术化概念的提出当然也不仅是为一个概念

① 李志峰.2009. 论高深知识与学术职业. 中国地质大学学报（社会科学版），9（5）：114-118

的翻新，而是当代大学学术功能形态特征的新概念，也体现着人们对当代大学学术研究活动及其规律和特征的新认识。更重要的是要以这一新的关于大学学术的认识和理念来观照、分析大学教师的学术职业分化。

沿着上述逻辑思路，我们认为，提出大学再学术化的概念，并以这一新的关于大学学术的认识和理念来观照、分析大学教师的学术职业分化，既是对大学教师的学术职业分化动因研究的需要，也是从整体上完善和发展大学教师学术职业分化理论建构的需要。

二、基于大学教师学术职业分化认知研究的需要

近年来，大学教师的学术职业分化研究在我国兴起并得到拓展，其背后的动因不仅是高等教育学科理论体系建构的需要，更重要的是大学教师的学术职业分化是一个与我国当下大学教育关系紧密的认识和实践问题。一方面，如何认识和应对高等教育实践中的大学教师学术职业分化现象和问题，直接关乎着大学组织运行及其目标的实现，这是由大学教师学术职业分化问题的重要性所决定的；另一方面，正确地认识和科学、有效地应对这一大学教育中的实践问题，又会受到人们思想认识观念和教育及社会环境等多重因素的制约和影响。换言之，科学地认识和应对大学教师学术职业分化是一个复杂的大学教育实践问题，也是高等教育学科理论和实践研究的一项十分艰巨的任务。

认识和应对大学教师学术职业分化问题的复杂性和艰巨性，取决于大学教师学术职业分化现象和问题本身的复杂性和人们对其认识能力、方法的局限性，以及应对、解决这一问题的客观环境和条件的制约。尤其需要指出的是，决定、影响大学教师学术职业分化的教育及社会环境和条件通常总是处于动态变化的状态，而这种经常处于动态和变化之中的影响因素也必然会不断地给人们认识和应对大学教师学术职业分化现象和问题产生了新的课题和挑战。例如，在一段时间内，受多种社会因素的影响，关于我国高等教育体制和教育实践中的过度行政化问题，成为人们在研究大学教师学术职业分化特别关注的一个问题。然而，随着国家政治生态形势的逐步改善，高等教育过度行政化及其带来的负面作用在一定程度上得到抑制，新的社会和教育实践环境使得大学教师学术职业心态和行为也发生了一些明显的变化。关于大学教师学术职业分化中的过度行政化问题的研究也随之降温，取而代之的则是一些新的相关的教育热点问题的研究。

科学地认识和应对大学教师学术职业分化问题的复杂性和艰巨性，使得前

期关于这一问题的理论与实践研究推进较为迟缓；同时，随着大学教育的变革发展，关于这一问题的研究不断地呈现新的情况和特征。正是这样的学术研究背景敦促我们关注并着手对此进行研究。

在关于大学教师的学术职业分化的认识方面，一个重要的问题就是将其基本属性作一个总体上的价值认知与评价。在已有的研究中，学者从不同的方面阐述了各自的看法。但是，很少有人专门对此进行系统的研究，并明确地表明看法和主张。从国内前期研究的内容和观点看，人们对这一问题在总体上还是坚持着二分法的认识和评价原则的。但是，对大学教师的学术职业分化本身及其所引发的问题和负面效应的分析研究是一种主流倾向，人们对于大学教师的学术职业分化现象在整体上持批判、否定的态度。实事求是地说，在我国现阶段，较多地关注大学教师的学术职业分化本身及其所引发的问题和负面效应，注重对这一教育现象所产生的负面效应在理论和实践的层面上进行批评和清算，是符合当前高等教育运行发展的实际的，因而也是必要的。这主要是因为在一段时间内，我国大学教师的学术职业分化现象日渐加剧，打破了其作为一种特定的教育生态系统所应有的张力均衡；由于这种过度的学术职业分化现象所衍生的教育实践中的矛盾冲突也大有愈演愈烈之态势。然而，基于特定时期大学教师的学术职业分化的现状所进行的关于这一教育现象的负面功能和效应的研究，并不能完全替代甚至可能掩盖其原本所应该具有的双重的价值属性和功能。作为一种学术理论的研究，如果人们仅仅关注这一教育现象的某一个侧面的问题和倾向，并因此而忽视与之相矛盾的其他方面的问题，那么，这样的研究必然会具有某种片面性或狭隘性。也就是说，前期关于大学教师的学术职业分化的价值认知、评价的研究主要集中在对其引发的问题和负面效应的研究方面，这样的研究无论就其涵盖的内容还是思想理论而言，都是有缺憾的。

需要进一步指出的是，人们关于大学教师的学术职业分化的认知，反映的是人们对于这一大学教育现象的评价和态度，它直接决定、影响着人们对大学教师的学术职业分化现象和问题所采取的对策与行动。特别是在对待大学教师的学术职业分化这类原本就十分突出的双重价值内涵的教育现象和问题上，人们的认识、评价和态度的差异，常常导致其在应对这一教育实践问题上出现分歧和冲突。

关于大学教师的学术职业分化的价值认知、评价的背后，还有一个重要的理论问题。一段时期以来，我国大学教师的学术职业分化现象破坏了其作为一种特定的教育生态系统所应有的张力均衡；与此同时，在关于大学教师的学术职业分化的价值认知与评价问题上，人们主要集中于对其负面的价值效应的分析研究上。这一高等教育现实情形以及与之相关的学术理论研究现象的出现，与一定时期社会发展进程中关于公平与效率两种发展价值理念之间的权衡与摇摆有着密切的关系。在我国进入改革开放新时期的一段时间内，社会发展在公平与效率的天平上出现了向追求发展效率的倾斜。过度地、单向地追求社会发展效率可能会在一定程度上损害社会公平的价值原则。这一社会发展倾向直接影响着包括教育在内的社会生活。从社会的层面看，“在片面追求增长的发展观的影响下，教育领域出现了城乡差距、地区差距、阶层差距、学校差距不断拉大，出现了新的‘上学难’‘上学贵’问题，教育成为民怨沸腾的问题领域”[①]。着眼于高等教育内部，体现在大学教师学术职业分化的问题上，这种片面地追求效率的教育发展观也直接导致了大学教师学术职业分化的加剧。“地方高校教师职业地位分化带来了利益的差异，过度的分化产生过大的利益差异。影响了地方高校教师个人的学术职业发展，更不利于地方高校教师群体的发展，也不利于学科和学校的发展。”[②]研究者指出，在中国高等教育发展和改革过程中，因为要在资源稀缺条件下发展高等教育，所以减少大学对政府资金的依赖程度、提高有限资金的使用效率（或称“效率导向”）一直是指导中国高等教育制度改革的核心逻辑。[③]大学办学过程中的这种“效率导向”的原则，正是催生和不断加剧大学教师的学术职业分化的内生机制。问题在于，大学教师的学术职业行为背后的这种“效率导向”本身就具有双重的导向功能，它是导致大学教师学术职业分化的制度和机制，也是诱发大学教师学术职业过度分化的内在因素。换言之，大学组织运行发展中的“效率导向”机制具有双重价值内涵，并在客观上与人们追求公平的社会价值理念相冲突；也正是大学教育中的这种“效率导向”机制的双重价值内涵，决定了大学教师的学术职业分化的价值内涵以及人们对其认知的两重性。进一步认识和把握大学教师的学术职业行为背后的“效率导向”原则和机制的两重性，有利于人们形成正确的大学教师学术职业分化的价值认知理念。

大学教育中的“效率导向”机制具有双重价值内涵。但是，与前文论述的问题相联系，在前期关于大学教师的学术职业分化的理论与实践研究中，人们专注于对问题及负面效应的审视与批判，而忽视了对其合理性和必要性的研究，进而导致了对于大学教育中“效率导向”原则和机制贯彻不足的问题的关注和研究

① 杨东平.2008.平民教育的流变和当代发展.清华大学教育研究，29（3）：8-13

② 苏晓旺.2014.湖北省地方高校教师职业地位分化研究.浙江工业大学硕士学位论文

③ 阎凤桥.2009.转型中的中国学术职业：制度分析视角.教育学报，5（4）：8-17

不够。虽然在整体上“效率导向”原则在大学教师学术职业分化中居于主导地位，但是，在一些局部的领域和环节中也依然存在着“效率导向”原则和机制贯彻不足的问题。大学教师学术和职业分化在公平和效率的问题上左右摇摆的现象依然值得关注、重视。这也是本书的又一重要的实践逻辑起点。

概言之，基于前期关于大学教师的学术职业分化的价值认知研究的缺憾和不足，本书突出了两个方面的基本理念。其一，在价值认知上，强调大学教师学术职业分化的价值内涵的两重性，以及作为高等教育主体的人们对这一教育现象和问题所必须坚持的肯定性和批评性价值评价相统一的基本认识。在此基础上，结合国内当下关于大学教师学术职业分化的理论和实践研究中的问题和倾向，强调要在前期注重其负面效应研究的同时，要更加关注其合理性和必要性的研究。其二，大学组织运行发展中的“效率导向”机制与追求公平的社会价值理念的内在冲突及其所具有的双重价值内涵，决定了大学教师的学术职业分化的价值内涵以及人们对其价值认知的两重性。基于这一基本认识，本书进一步提出，在大学教育的实践中必须坚持效率与公平相互统一协调的理念和原则，以保证在应对大学教师的学术职业分化现象和问题过程中，能够切实遵循肯定性和批评性价值评价相统一的认识理念和原则，避免其造成大学教育实践中的张力失衡和左右摇摆。

三、基于应对大学教师学术职业分化的实践需要

如果我们把学术研究的目的归结为建构理论、厘清认识和指导实践三个层面，那么，建构理论和厘清认识的最终目的就是为了指导实践。换言之，相对于建构理论和厘清认识而言，坚持用学术理论研究的成果指导实践，应对、解决教育实践中的各种矛盾冲突和现实问题，则是学术研究的最终目标。本书定位于实践研究，坚持从当前我国大学教师学术职业分化的现状与问题出发，积极应对并努力解决当前我国高等教育实践进程中大学教师学术职业分化的突出矛盾和问题，是本书的初衷，也是最终的落脚点。为此，本书在大学再学术化的理论观照下，以当下我国高等教育转型发展为现实背景，以地方大学教师的学术职业意识、行为为主要对象，对大学教师的学术职业分化问题展开深入的、拓展性的研究。这不仅突出了应对大学教师学术职业分化的实践需要的研究主题，更重要的是紧紧抓住了当前我国大学教师学术职业分化的突出矛盾和主要问题，及时跟进了当下我国高等教育改革发展的主题。

本书以地方大学教师的学术职业意识、行为为主要研究对象，以揭示地方大学教师学术职业分化现象和规律、探寻应对大学教师学术职业分化的策略与方法为主旨，紧紧抓住了当前我国大学教师学术职业分化的突出矛盾和主要问题，突出了应对大学教师学术职业分化的实践需要的研究主题。前期国内此研究比较重视实践研究，即着眼于当前我国高等教育的实践，注重从大学教师学术职业分化的现状和问题出发，寻求应对现实、化解矛盾、解决问题的对策和方法。但是，这种实践研究亦如其理论研究一样处于起步或初始阶段。尽管对于一些关涉大学教师学术职业分化的实践热点问题，国内学者也在一定程度上有所涉及，但对其中的一些重大或根本性的问题依然缺乏深入的、科学的研究。在应对大学教师学术职业分化的实践研究中，地方大学教师学术职业分化及其应对应当是其中的一个重要甚至是首要的问题。在前期研究中，虽然有一些学者从不同的层面涉及了这一问题，但无论是对这一问题的本身的认识还是在实践研究的成果的产出方面，都远远不能适应我国高等教育事业发展的现实需求。地方大学教师学术职业分化问题的重要性，取决于地方大学在我国现行高等教育系统及其结构体系中的特殊地位。步入大众化发展阶段的中国高等教育，原本就是由多元化、多样性的教育内涵和结构形式组成的一种新型的高等教育体系，并呈现出一种复杂的分化状态。其中，精英教育与大众教育两种教育形态的分野，以及人们基于大学学术活动和办学功能形态对大学进行的分层分类，都鲜明地体现了当代大学教育系统或体系在整体上的分化。在我国当下的这种大学教育系统或结构体系的分化中，地方大学特别是我们经常提及的地方一般性普通本科院校处于一个特殊的层次。特别是在精英教育与大众教育两种教育形态的分野的视域下，地方本科院校介于典型精英教育和大众教育两者之间。因此，地方本科院校教师学术职业分化也成为一个十分突出的问题。一方面，地方本科院校教师学术职业意识和行为范式更为集中地体现了大学教师学术职业分化的基本属性和矛盾特征；另一方面，地方本科院校教师自身学术职业分化的矛盾也更加尖锐，问题也更加突出、集中。另外，在前期的理论与实践研究中，人们对地方本科高校这一类大学教师学术职业分化的认识和评价的局限性，使得关于这一问题的研究成果缺乏应有的理论认识深度和学术价值。基于地方大学在我国高等教育体系中的特殊定位以及前期理论与实践探索的实际，从应对大学教师的学术职业分化的实践研究的需要出发，本书以新的学术观点和思想理论为支撑，以当下我国高等教育改革发展和地方本科院校办学为现实背景，通过对地方本科院校教师学术职业意识、行为的深入调查研究，可以更为清晰地揭示我国大学教师的学术职业分化的一般特点和规律；同时，这种以地方大学教师为主要对象的实证研究也可以更为精准地抓住化解矛盾、解决问题的根本和关键。

另外，本书把教师学术职业分化问题放在当下地方本科院校转型发展这一特定的改革实践背景下进行研究，不仅及时呼应和跟进了当下我国高等教育改革发展的主题，也有利于更加深入地研究和把握大学教师学术职业分化的新的内涵和特征。以2015年《指导意见》的颁布为标志，新一轮地方本科院校转型发展作为一项由国家、政府主导的高等教育改革发展战略部署和行动进入推进实施阶段。但是，地方本科院校转型发展作为地方高校以明确办学目标定位为主旨的一项高等教育改革探索实践，最早则应当追溯到世纪之交我国高等教育刚刚开始进入大众化发展的时刻。21世纪之初，在我国高等教育迈入大众化发展的时刻，如何在高等教育体系内部对不同层次和性质的高等学校进行科学的分类定位，成为当时高等教育理论与实践研究的一个重大的、紧迫的课题。而地方普通本科院校是我国高等教育体系中的一个特定的办学类型和层次，其办学定位游弋于精英型大学和典型的大众化高等教育之间，在理论和实践上面临着一系列的矛盾。处于研究型大学和高职高专两类高校之间的这个特定的办学层次，即本书所论及的地方本科院校的办学属性和功能定位，是进入大众化发展阶段我国高校分类定位的一个突出和关键的问题。经过十多年高等教育的改革探索和实践，这一问题不仅没有得到较好的解决，反而大有一种积重难返之势，特别是由此而引发的大学生人才培养与社会需求之间的不适应性矛盾日趋激烈。正是在这样的背景下，新一轮地方本科高校转型发展启动并开始推进实施。本书将大学教师学术职业分化研究放在新一轮地方本科高校转型发展的背景进行，首先当然还是基于地方本科高校转型发展的实践需要。新一轮地方本科高校转型发展在本质上体现为作为大学组织其教育功能和形态的转型重构，而这必然会反映在大学教师的学术职业意识和行为方面。也就是说，大学教师的学术职业意识和行为是关涉地方本科高校转型发展的一个重要的实践课题。推进地方本科院校转型发展必须：①关注在这一实践过程中的大学教师学术职业意识和行为；②积极研究和应对大学教师的学术职业分化与地方本科院校转型发展的相互关系，及其可能对学校转型发展所带来的多方面作用和影响。后者既是地方本科院校转型发展过程中必须面对的一个现实问题，又是推进地方本科院校转型发展过程中的一个重要的实践课题。

需要特别强调的是，地方高校转型发展中的学术研究的功能形态定位及其特征，既是新形势下人们关于现代大学学术功能形态认识的焦点之一，又在转型发展背景下直接关乎地方大学教师学术职业功能形态及其分化与重构。正确认识和把握转型发展背景下地方本科院校学术研究的功能形态及其新的定位与特征，对于科学地认识和应对新形势下地方大学教师学术职业性分化，保障和推进地方高校转型发展都具有重要十分的意义。

第二节　大学教师职业分化研究的理论基础

一、关于大学教师学术职业分化的研究概况

（一）研究概况

1. 学术职业研究

总体上看，大学教师学术职业分化研究属于学术职业研究领域内的一个研究课题。在我国，学术职业研究是高等教育学中的一个新的研究领域，学术职业研究从引入至今不过十多年的时间。国内学者在这一研究领域内形成的研究文献的总量并不大，因而大学教师学术职业分化研究的基本概况也比较清晰。2007年张英丽和沈红发表的《学术职业：国内研究进展与文献述评》[①] 以及 2013 年李木洲发表的《近十五年我国学术职业研究综述——以〈中文核心期刊要目总览〉收录论文为主》[②]，对国内学术职业研究文献的基本概况作了比较清晰的分析。

学术职业研究是我国高等教育学科中一个有着广阔研究前景和拓展空间的研究领域。沈红教授在《论学术职业的独特性》一文中提出："学术职业是一个主要跨教育学（高等教育学）和社会学（职业社会学）两大学科门类（专业）的研究领域。"[③] 其强调学术职业研究是高等教育学科中一个有着广阔研究前景和空间的研究领域，既表明了学术职业研究的理论与实践意义，也说明这一领域的研究尚处于开创时期，目前国内的研究仍然有待推进。在有的研究文献中，研究者主要从大学教师与大学教育的关系，以及学术职业理论研究与高校教师队伍建设的关系这两个视角阐述了学术职业研究的重要意义和价值。至于说这一研究领域

---

① 张英丽，沈红 .2007. 学术职业：国内研究进展与文献评述 . 大学（研究与评价），(4)：54-59

② 李木洲 .2013. 近十五年我国学术职业研究综述——以《中文核心期刊要目总览》收录论文为主 . 武汉理工大学学报（社会科学版），26（2）：260-266

③ 沈红 .2011. 论学术职业的独特性 . 北京大学教育评论，9（3）：18-28

尚存的研究空间，上述两篇综述文章都有明确的表述。需要强调指出的是，在已有文献中，研究者相互之间在学术见解的理念和认识的冲突并不多见。学术职业是关乎大学教育的本质属性和价值功能的根本问题，在大学教育变革发展的进程中，它也同样遭遇到理论与实践的多重挑战，以及人们在观念和实践中的多方面的冲突与抉择。然而，人们在学术职业分化问题上的理论和认识的分歧、冲突，在现有的理论研究中却没有得到充分的体现，这也从一个侧面反映了既有的理论研究尚不够深入。

2. 学术职业分化研究

对大学教师学术职业分化问题的研究，是学术职业研究领域中的一个重要问题，也是近年来国内关于学术职业研究的一个重点和热点。这一点则是毫无疑义的。

拉克・克尔在总结 20 世纪 50 年代以来高等教育机构与社会关系时，就基于美国高教发展历程提出并论证了现代“多元高等教育”系统内的“功能分化”现象。这应该是对大学教师学术职业分化及其体制性根源的较早、较为明确的揭示。[①] 随着世纪之交大学教师学术职业研究被引入国内，大学教师学术职业分化就一直是学术职业研究的核心问题，也是整个高等教育学科研究领域中的一个热点问题。

通过文献搜索，国内以“大学教师学术职业分化”为专题的研究成果，主要包括以下三种类型。

1）直接以“大学教师学术职业分化”为主题的研究。这类研究成果主要有杨超的专著以及周艳、史静寰、李金奇等人的研究论文和苏晓旺的硕士学位论文。由科学出版社出版的杨超的《大学教师的学术职业分化》，是一部以大学教师的学术职业分化为主题的学术专著。综观前期研究成果，关于大学教师学术职业分化的研究成果大致可以分为两个方面：①关于课题研究的一般学术理论；②以学术职业分化理论为学术观照，对相关的高等教育现实问题展开拓展性、实践性研究。杨超的《大学教师的学术职业分化》即属于前者。该著作基于大学职能演进与嬗变的视角，深入和系统地分析了大学教师学术职业分化的内涵、内在规定性、历史进程、影响因素、现实状况等理论与现实问题。著作总结和吸收了近年来国内外关于大学教师学术职业分化研究成果，对大学教师学术职

① 克拉克・克尔 .2001. 高等教育不能回避历史—— 21 世纪的问题 . 王承绪译 . 杭州：浙江教育出版社

业分化展开了多维度、多侧面的研究，既可以看作近年来关于大学教师学术职业分化研究的一个较为全面的梳理和总结，也为这一课题研究提供了新的起点。周艳的《中国高校学术职业的结构性变迁及其影响》，是一篇专门研究当代中国大学学者群体内部结构性的分化的文章。该文章指出，中国教师学术职业的结构性变迁主要体现在两个方面：一方面指教师间学术职业结构的分化，由过去教师—行政人员间的二元结构，演变为现在的教师—课题经理—亦管亦教亦研的“学者官员”—纯管理者之间的多元关系和分层；另一方面指教师本人职业的分化，主要表现在教师学术角色的多元化。此外，文章还从大学学术行政化的管理体制、课题管理商业化操作、教师量化考核等几个方面探讨了引起这一结构变化的原因和后果。史静寰等的研究论文《高校教师学术职业分化中的生师互动模式研究》以我国高等教育大众化为背景，从院校规模扩张与学术职业分化的视角考察研究学术职业分化问题。研究者基于清华大学教育研究院 2010 年在全国 40 余所大学采集的教师和大学本科生调查问卷数据，运用实证研究方法，对大众化阶段高校教师学术职业分化中的生师互动模式进行研究。“调查结果显示：伴随高等教育大众化的发展，中国高等教育系统内部已开始出现功能分化；高等教育大众化发展进程中的院校及教师职业分化是影响生师互动的直接因素和变量。”[①] 李金奇的《大学组织的再学术化与大学教师学术职业分化》从大学组织再学术化的视角研究考察学术职业分化问题和现象，指出：“大学教师学术职业分化的根源在于大学学术的分化。在大学再学术化的背景下，大学学术分化和大学教师学术职业分化是一种常态，它给大学组织运行发展带来了许多新的挑战。”[②] 苏晓旺的硕士学位论文《湖北省地方高校教师职业地位分化研究》以案例研究的方式，对地方高校教师学术职业地位分化为题进行研究。该论文在对高校教师职业地位分化的内涵、特点及历史变迁进行论述的基础上，着重分析地方高校教师职业地位分化的原因，并指出，这些高校中的集体化知识生产模式、学术管理制度缺陷等因素都间接或直接地促使教师职业地位过度分化[③]。

2）与“大学教师学术职业分化”主题相近的研究。主要有两种情况：一是关于大学教师学术职业分层的研究；二是关于大学组织分化的研究。

---

① 史静寰，李一飞，许甜 .2012 高校教师学术职业分化中的生师互动模式研究 . 教育研究，391（8）：47-55

② 李金奇 .2016. 大学组织的再学术化与大学教师学术职业分化 . 高等教育研究，36（2）：6-12

③ 苏晓旺 .2014. 湖北省地方高校教师职业地位分化研究 . 浙江工业大学硕士学位论文

首先，它是关于大学教师学术职业分层的研究。大学教师学术职业分层与大学教师学术职业分化是两个旨意相近的研究课题。在很多情况下，人们几乎把“分层”和“分化”作为两个可以相互替换的概念来使用。目前，国内关于大学教师学术职业分层研究主要有李志峰等人的相关研究成果。如前文所介绍，李志峰等一方面是在相关的文献中直接就我国大学教师职业分层分类的问题展开了多侧面的研究；同时，也注重从学术职业发展变迁的历史进程中，探索职业分化现象发生的机制。例如，他们在论述学术职业现代转型问题时指出：“学术职业的使命扩大了，社会赋予的责任更多了，自由与权力更小了。学术职业的学术性要求更高，独立性弱化，竞争性更强，精神性所面临的挑战更大。”[①] 而作为现代转型背景下的学术职业的这些基本特征，正是学术职业分化发生并不断趋于激化的内在动因。

其次，它是关于大学组织分化的研究。邬大光教授在《大学分化的复杂性及其价值》一文中专门讨论了大学组织分化的问题。文章从不同的维度对大学分化问题进行分析，揭示了大学分化问题和现象的复杂性。仅就大学分化本身而言，即分为基于理念差异的大学分化、基于教育属性差异的大学分化、基于知识分化的大学分化、基于职能拓展的大学分化、基于管理体制、办学体制和投资体制变更的大学分化、基于培养目标不同的大学分化等十种形态、类型。同时，他强调指出：“大学组织形态的分化，给大学和整个高等教育系统带来的影响是深远的。分化既是大学发展的动力，也是大学发展的必然；既是大学理念和制度的一种调整，也是大学结构与功能的一种优化，更是大学应对社会变化的一种主动适应。”[②] 大学组织分化与大学教师学术职业分化之间的关系密切。大学组织分化是大学教师学术职业分化的源头或动因；同时，大学组织分化也体现或承载着大学教师学术职业分化。事实上，人们在讨论大学教师学术职业分化问题时，很多时候需要从大学组织分化的视角切入、展开。

3）在学术职业研究领域中的大学教师学术职业分化问题的研究。如前文所述，大学教师学术职业分化是学术职业研究领域中的一个重要的、根本性的问题。因此，在许多关于学术职业问题的研究著述中，人们都从不同的层面或维度论及大学教师学术职业分化问题。沈红教授在讨论学术职业的独特性问题时指出：“实际上，学术职业的独特之处还表现在这个职业的精神与物质、流动与稳定、教学与研究、从业人员与工作对象等几对关系的偏重上，还继续表现在其

① 李志峰，沈红 .2007. 学术职业发展：历史变迁与现代转型 . 教师教育研究，19（1）：72-75

② 邬大光 .2010. 大学分化的复杂性及其价值 . 教育研究，371（12）：17-23

发展的内在逻辑与外在条件、其国内地位声望与国际竞争能力、当代学术职业人和下一代学术职业接班人的交替与进化等几对矛盾上。"[①] 正是学术职业所内含的这样几对矛盾关系，决定了大学教师学术职业分化现象的衍生与发展。宋旭红的《学术职业发展的内在逻辑》是一部关于讨论学术职业基本理论的学术专著，书中在论及大学教师的当代特征时指出："高校教师开始向社会其他行业的领域延伸、扩展，高校教师的角色和职能更加多元化和分散：教育者、研究者、管理者、官员、顾问，在不同的组织和机构中学术职业拥有不同的角色。"[②] 显然，这里讨论的也是大学教师学术职业分化的问题。

（二）关于大学教师学术职业概念范畴的研究

1. 关于学术概念的研究

关于学术职业概念的内涵即关于对学术职业的性质和内涵的界定，是相对复杂的，因为它涉及对学术和职业两个概念以及大学教师特定的职业内涵的理解和认识。

何为学术？这里既有语义层面的释义问题，也涉及人们对学术作为一种社会现象和社会实践行为的理解和认识。

在西方，学术的概念内涵比较复杂。宋旭红在她的学术专著中就英语世界中与"学术"相近的两个词语作了专门的介绍。该著述指出："学术（academic）一词作为定语来使用，如学术职业（academic profession）；而学术（scholarship）一词作为一个名词单独使用，常与大学学者的学术水平和学术相联系。"[③] 尤其需要强调的是，在西方的语境中，对学术一词的解释包含着怀疑论的；属于大学或其他高深学问机构的，学者式的，抽象的，非技术的或非实用的，纯理论的，传统的，理想化的等含义。西方语言中的学术的这一意蕴非常重要，我们国内的理论研究常常容易忽视学术概念的这些含义。当然，关于学术概念内涵的阐释，影响最大的当属美国学者欧内斯特·博耶的大学学术理论。20 世纪后期，博耶发表了题为《学术水平反思——教授工作的重点领域》的研究报告，将大学教授的学术工作划分为发现的学术研究、综合的学术研究、应用的学术研究和教学的学术研究四个类型。从概念的界定来看，这种关于学术类型的划分，完全可以视为

① 沈红 .2011. 论学术职业的独特性 . 北京大学教育评论，9（3）：18-28

② 宋旭红 .2008. 学术职业发展的内在逻辑 . 武汉：华中科技大学出版社：209

③ 宋旭红 .2008. 学术职业发展的内在逻辑 . 武汉：华中科技大学出版社：8

从外延的角度对学术概念的一种界定。显然，这样的界定可以帮助人们更加具象地理解和把握什么是学术。而且，博耶的这一关于大学学术的解读也得到了国际学界广泛的认同。但是，需要说明的是，博耶的大学学术理论并非是对传统的或经典的学术概念的阐释；而是基于大学教育及其学术实践内涵的变革与拓展，对学术概念所进行的一种新的认识和解读。正如他本人所说的那样："给予'学术水平'这一熟悉的、崇高的提法以更广阔的、内涵更丰富的解释的时候已经到来，这将使学术工作的全面内容合法化。"① 在我国，"学术"从语义上解释是指较为专门、系统的学问（《辞海》）。将"学术"理解为专门、系统的学问，是对学术概念最原始意义的解读。我国辞书对于学术概念的这一解读尽管较为简要，但却十分精准。对于学术的概念阐释，必须从"专门、系统的学问"这一基本要义出发。第一，学术亦即学问。学术在本质上是一种抽象的知识理论，它有别于那些与人们的日常生产、生活密切相关的具体的行为或现象；第二，学术是专门的、系统的学问。它有别于那些零碎的、常识性的生产、生活知识。学术的价值亦即在于知识抑或是学问的本身。只有对某种知识体系的追求和探究，才是我们通常所说的学术研究。在高等教育的实践中，人们经常使用学术研究和科学技术研究这两个概念。如果要对这两个概念加以区分，就要从学术这一概念的原始或本质要义出发。学术研究当然是指那些专注于某种知识体系自身的研究。尽管这样的学术研究也会与人们的社会实践活动相联系，但学术研究的问题指向或价值追求，是基于学术或学科知识自身。这一点恰恰是学术研究与一般所谓的科学技术研究亦即人们通常所说的"科研"的概念的区别之所在。可以这样说，广义的科研既包括严格意义上的学术研究，也包括那些面向社会生产、生活实践的工作和问题研究，亦即人们通常所说的实践研究、问题研究或实证研究。这类科研与学术研究之间的最大区别在于，它们所专注或指向的多是一些与人们密切相关的社会生产、生活实践中的现象和问题。沈红教授曾经明确提出，学术职业人不包括主要从事技能培训的二、三年制职业学院教师。② 这是不是说二、三年制职业学院教师就不需要从事相关的科学技术研究呢？显然不是。事实上，在我国现行的高职高专院校，无论是对学校还是对教师都有关于开展相关的科学技术研究的任务和要求。但是，对高职高专院校及其教师的这种科研方面的任务和要求，与严格意义上的学术研究的内涵和旨趣是不尽相同的。当然，这样的区分只是基于

① 欧内斯特·L．博耶.1994.学术水平反思——教授工作的重点领域.丁枫，岑浩译//国家教育发展研究中心.发达国家教育改革的动向和趋势（第五集）.北京：人民教育出版社：22

② 沈红.2011.论学术职业的独特性.北京大学教育评论，9（3）：18-28

学校办学的基本属性和功能定位所作的一种原则上或概念上的阐释，但这也并不意味着高职高专院校的教师完全不应该或不可能从事学术研究活动。

李志峰在他的文章中介绍说，中国学者“学术”的理解有两种观点：一种观点将学术理解为“专门的系统学问”，另一种观点理解为探究学问、发展学问的过程。[①] 其实，后一种关于学术概念的释义人们一般很少采用。在人们通常的表达中，“探究学问、发展学问的过程”一般都会用“学术研究”来表述。

总之，基于已有的研究文献，关于学术的概念，我们认为可以采取这样的表述，即学术是指专门、系统的学问；当代学术研究包括发现的学术研究、综合的学术研究、应用的学术研究、教学的学术研究四个基本类型。

2. 关于职业概念的研究

何谓职业？在中国，就一般语义而言，对于“职业”概念的理解和使用应该说都十分明确，没有太多的歧义。职业，即“个人在社会中所从事的作为主要生活来源的工作”[②]。中国近代职业教育家黄炎培更是明确地把职业看作是“用劳力或劳心换取生活需求的日常工作”[③]。直到今天，绝大多数的中国人依然把职业视为个人在社会中所从事的作为主要生活来源的工作。

相对而言，在西方语境中，所谓职业概念的表达较为复杂。譬如在英语中，vocation（职业），曾专指以体力劳动为主的比较“低下”的职业或职位。此外，关于职业作为人类社会生活中的一种行为方式，对其内涵或价值的理解中西方也有差异。在西方，人们把职业行为看作是人的一种“天职”，认为从事职业劳动是人应尽的义务。“‘天职’的观念一直是影响西方社会职业态度、职业精神的核心要素。”[④]

正如许多学科概念一样，在特定的学科研究领域，人们对于“职业”概念的理解和认识依然存在着分歧。张英丽在讨论职业概念时指出：“对‘职业’概念的界定是职业社会学早期研究中一个令学者非常困惑的问题。”[⑤] 在已有的研究文献中，人们讨论得比较多的是关于如何认识和把握职业的物质属性和精神诉求。

从上文的综述中看出，对于职业概念，中西方之间在理解上的一个最重要

① 李志锋，沈红 .2007. 学术职业发展：历史变迁与现代转型教师教育研究，19（1）：72-75

② 中国社会科学院语言研究所词典编辑室 .2005. 现代汉语词典 . 北京：商务印书馆：750

③ 黄炎培 .1985. 黄炎培教育文选 . 上海：上海教育出版社：291

④ 肖凤翔，所静 .2011. 职业及其对教育的规定性 . 天津大学学报（社会科学版），13（5）：435-440

⑤ 张英丽，沈红 .2007. 学术职业：概念界定中的困境 . 江苏高教，（5）：26-28

的差异在于一方强调职业的物质属性，而另一方比较注重职业的精神诉求。这种关于职业价值内涵的认知，的确从一个侧面十分真实地反映了中西方文化的差异。在中国，职业还有一个通俗的说法，叫“饭碗”。这一表述更是直接地呈现出职业与人们的物质需求、生存需要之间的关系。显然，对于职业概念的中西方的比较有利于我们更加全面、准确地理解和把握职业以及学术职业的内涵与特征。我们应当立足于国内语言文化和社会生活的实际，在对职业及学术职业问题的研究中，既要注重把握住职业概念的本质和特征，又要善于吸收西方文化和学术研究的成果，注意职业和学术职业理论与实践研究中的精神内涵和价值取向。

3. 关于大学教师学术职业概念范畴的研究

什么是学术职业呢？在学术职业概念的认识上还存在着一些什么问题呢？无论是在我国还是国际上，学术职业这个看似“基本没有争议”的概念，仍然需要从内涵和外延的层面进行澄清和梳理。概要地说，前期关于学术职业概念研究方面的问题大致反映了人们对学术和职业两个概念的认识上的问题与分歧。

沈红教授在论及学术职业概念时曾指出，学术职业研究的核心词意是“一群从业者所从事的一类社会工作”，简单而言，有“一群人＋一种工作”之意[①]。这就意味着理解学术职业概念需要从两个方面入手：一是关于学术职业主体的外延，即对学术职业所涵盖的职业人群的界定。它要解决的是哪些人属于学术职业人的范畴，抑或是学术职业人指的是哪些或哪一类人群。二是关于学术职业概念本身的内涵，即对学术职业其工作性质、内涵的界定。这里所要解决的问题，是学术职业是一种什么样的职业，它具有怎样的内涵、属性和特征。

1）关于学术职业所涵盖的职业人群的界定。目前，实际上有两种主张。一是所谓广义与狭义并存说，即关于学术职业的外延有广义与狭义两种解说；二是所谓的特指说，即学术职业特指大学教师职业。其实，关于学术职业概念的这两种主体外延，许多人并没有在严格的意义上加以区分。譬如，张英丽在“学术职业：概念界定中的困境”一文中，明确地表示“对‘学术职业’的概念提出广义和狭义两种解释”，即从广义上说，学术职业是以系统化的高深知识作为工作对象，以知识的发现、整合、应用和传播作为工作内容的一种职业，在狭义上，学术职业特指在大学和学院中以教学、科研、服务为工作内容的一种职业[②]。在目

① 沈红.2011. 论学术职业的独特性. 北京大学教育评论，9（3）：18-28

② 张英丽，沈红.2007. 学术职业：概念界定中的困境. 江苏高教，26（5）：26-28

前国内的相关问题的研究中，人们较多地是在狭义的层面理解和使用学术职业的概念。但是，正如李本洲在研究综述中指出的那样，这样的概念定义和运用也存在一定的问题。从学术角度讲，把大学教师划入学术职业范围，却未涉及社科院及其他研究机构群体。①因此，这一概念的科学性或准确性当然就值得商榷了。

如果我们学术职业看作一个引入的概念，那么这一概念原本就是特定指向大学教师的。张英丽在阐释学术职业概念虽然有所谓的广义与狭义两种解读，但是她在文中同时又指出："'学术职业'（academic profession）是西方高等教育研究中的专门术语，在狭义上特指大学教师群体。"②李志峰在论述学术职业发展演变的历史过程时说："从学术职业的形成与大学的兴起来看，学术职业与大学存在着十分密切的关系，没有学术职业的形成与发展，就没有欧洲中世纪大学。大学作为一个学者权利保护的组织又为学术职业的发展提供了平台。"③与此同时，在一些西方发达国家，没有作为一种社会建制或组织的学术或科研机构的存在。所以，在这些国家，除了大学教师之外，自然也就没有所谓专门的学术职业人。正如张英丽所说："在英、美这样没有专门科研系统的国家，科研人员和教师都在大学里工作，他们说的学术职业就是指在大学里的教师和专职研究人员所从事的职业"。④

2）在现有的关于大学教师学术职业问题研究中，关于学术职业主体的外延已经有了一个较为明确的处理方式，即在学术职业的前面加上大学教师加以限制，因而对学术职业的主体给予了明确的界定。事实上，大学教师和其他专门科研机构的从业人员，他们的学术职业属性既有共性，也存在着较大的差异。将这两种不同的学术职业加以区分同样是必要的。

然而，当人们把学术职业的概念进一步定位为大学教师的学术职业分化职业属性或称谓，同样面临着一个进一步对大学教师学术职业群体进行界定的问题。随着高等教育事业的变革与拓展，大学抑或高等教育以及大学教师的构成成分也在不断地变化和扩展。那么，在当今高等教育的视域中，是不是所有的高校教师都被纳入学术职业人的范畴呢？沈红教授指出，鉴于中国各类高等院校所从事"高深知识"和"学术"的程度，学术职业"指的是将四年制本科院校作为其职业发展场所的学者和他们从事的学术工作"，为明确起见，沈红教授进一步强

① 李木洲.2013.近十五年我国学术职业研究综述——以《中文核心期刊要目总览》收录论文为主.武汉理工大学学报（社会科学版），26（2）：260-266

② 张英丽，沈红.2007.学术职业：概念界定中的困境.江苏高教，26（5）：26-28

③ 李志峰，沈红.2007.学术职业发展：历史变迁与现代转型.教师教育研究，19（1）：72-75

④ 张英丽，沈红.2007.学术职业：概念界定中的困境.江苏高教，（5）：26-28

调：“学术职业人包括医学教授和法学教授，但不包括医院医生和法院法官；包括从事教学和科研的四年制及以上学制大学的教师，但不包括主要从事技能培训的二、三年制职业学院教师；包括以学术为生、为业的全日制大学教师，但不包括以别‘业’为主兼职学术的人”。[①]需要特别指出的是，沈红教授这里提出的学术职业人不包括主要从事技能培训的二、三年制职业学院教师，也是一个值得重视的问题。一方面，这是从我国大众化高等教育新的格局的实际出发，进一步明晰大学学术及职业学术人的概念的需要；另一方面，在涉及大学分层分类等问题上，作出这样的概念定位也有重要的实践意义。

概言之，关于学术职业主体的外延的研究主要涉及两个方面的问题：①学术职业主体是特指大学教师，还是包括所有专门从事学术或科学研究的人们。对于学术职业主体的外延虽然需要加以区分，但人们在这一问题上的认识和理解并不存在分歧。②要在大学教师这个概念范畴内，进一步明确学术职业人的涵盖范围。这一问题的关键，是要明确学术职业人不包括主要从事技能培训的二、三年制职业学院教师。

3）关于学术职业内涵的阐释。如果说通过学术职业主体外延的研究，我们已经明确了所谓学术职业是哪些人所从事的职业，那么，关于学术职业内涵的阐释，则需要进一步回答学术职业是一种什么样的职业，它具有怎样的内涵、属性和特征。

关于什么是学术职业抑或是学术职业是一种什么样的职业，西方学者马克斯·韦伯有过一个较为经典的解说，即学术职业是“以学术作为物质意义上的职业”[②]。在国内，华中科技大学沈红教授也有过类似的界定，即学术职业是具有“以学术为生，以学术为业，学术的存在和发展使从业者得以生存和发展”特征的职业[③]。在此基础上，一些学者作了进一步的拓展研究。张英丽等认为，学术职业“广义上，泛指以系统化的高深知识作为工作对象，以知识的发现、整合、应用和传播作为工作内容的一种职业；狭义上，特指在大学和学院中以教学、科研、服务为工作内容的一种职业”[④]。李志峰等认为：“学术职业是以专门和系统化知识的研究、教学、综合和应用为工作对象的特殊职业。学术职业的物质性是职业的基本特征，而精神性是其本质诉求。”[⑤]综观国内学者关于学术职业概念的

① 沈红 .2011. 论学术职业的独特性 . 北京大学教育评论，9（3）：18-28
② 马克斯·韦伯 .2004. 学术与政治 . 冯克利译 . 桂林：广西师范大学出版社：155
③ 沈红 .2011. 论学术职业的独特性 . 北京大学教育评论，9（3）：18-28
④ 张英丽，沈红 .2007. 学术职业：概念界定中的困境 . 江苏高教，（5）：26-28
⑤ 李志峰，沈红 .2007. 学术职业发展：历史变迁与现代转型 . 教师教育研究，19（1）：72-75

阐释可以看出，这些关于学术职业概念范畴的研究具有两个明显的特征：其一，是结合中文语境，对学术的本质属性进行了描述，强调了学术所专属的“高深知识”的特性；其二，吸收关于大学学术内涵的创新研究成果，即这些关于学术职业概念的阐释都不约而同地借鉴了美国学者博耶的大学学术内涵理论。此外，关于学术职业的内涵，人们把大学学术研究的基本内涵和主要方式，与大学教学的基本内涵和功能视为相互关联的两个方面的要素。譬如，张英丽关于学术职业的广义与狭义的两种理解即是如此。“知识的发现、整合、应用和传播”及“教学、科研、服务”其实都是对现代大学教育或学术研究的基本形态和内容的概括、表述。

学术职业作为“以学术作为物质意义上的职业”，是一种特殊的高层次的职业。宋旭红“把学术职业中的‘职业’与一般意义上的‘职业’进行了区别，强调了学术职业概念中职业的‘专业’含义，使学术职业概念的分析置于学术专业化的发展背景之下，进而彰显学术职业以学术为业为生的本质属性”[①]。正是学术职业的“专业性”决定了所谓学术职业区别于一般意义上的职业的根本特性。柯根（M. L. Cogan）曾对专业做过这样的界定：专业是指对某一学问或学科的理论体系深入理解基础上开展业务活动的职业。[②]从这样的意义上说，学术职业是一种具有专业属性的、特殊的高层次的职业。

关于学术职业的内涵和属性还有一个值得关注、研究的问题，即学术职业的物质和精神的属性或价值取向的问题。如前所述，马克斯·韦伯对学术职业做出了“以学术作为物质意义上的职业”的基本判断。但是，他同时又强调学术职业具有双重属性，并提出“学术作为一种志业”[③]。杜驰在解读学术职业的双重属性时说：“作为‘职业’，是谋生之道，反映其物质属性；作为‘志业’，是虔敬天职，反映其精神内涵。”[④]关于学术职业的物质和精神的属性或价值取向的问题，中西方学界有着文化认识上的差异。这一点，我们在关于学术概念的综述中已经提及。关于学术职业的概念的理解和认识，同样也存在着这样的差异，亦即西方学者在关于学术职业的理解和认识上更为关注这一职业领域中的精神内涵和价值取向。也正是基于此，李志峰才有了“学术职业的物质性是职业的基本特征，而精神性是其本质诉求”这样的表述。然而，从我国近年来的研究中，人们对于

① 宋旭红.2008.学术职业发展的内在逻辑.武汉：华中科技大学出版社：14

② 转引自：宋旭红.2008.学术职业发展的内在逻辑.武汉：华中科技大学出版社：13

③ 马克斯·韦伯.2004.学术与政治.冯克利译.桂林：广西师范大学出版社：160

④ 杜驰.2008.高等教育发展与学术职业的制度变迁.高教探索，（4）：10-13

学术职业问题的研究主要还是集中在“以学术作为物质意义上的职业”的层面上的研究。这样的研究倾向主要还是基于我国特有的文化传统和现实社会背景所形成的。

当然，我们肯定、认同国内学者对学术职业集中在“以学术作为物质意义上的职业”层面上的研究主体倾向，并不是否认学术职业的精神特质和价值取向。实际上，大学教师学术职业的精神诉求方面的特质同样是我们理解和把握这一基本概念和相关理论必须关注、重视的问题。学术职业的精神内涵和取向，归根结底还是由学术研究活动的内涵和规律所决定的。阿什比说：“学术是非物质的。”① 学术劳动的这种非物质性，决定了学术职业行为所具有的更多的精神特性与内涵。特别是在当今社会分化凸显的时代，相对于那些以体力劳动或简单劳动为内容的职业行为而言，学术职业这类智力劳动也必然地具有更多的精神内涵和价值追求。从这样的意义上，如何突破国内既往的研究中主要关注学术职业物质层面的研究局限，更多地从学术活动所特有的精神特性的角度深入研究、分析问题，也是今后学术职业研究的一个方向。

此外，沈红教授从学术职业之中文概念界定的复杂性、学术职业的基础性和关键性、学术职业人对学科的高度归属感几方面研究了学术职业的特点。她还强调：“学术职业的独特之处还表现在这个职业的精神与物质、流动与稳定、教学与研究、从业人员与工作对象等几对关系的偏重上，还继续表现在其发展的内在逻辑与外在条件、其国内地位声望与国际竞争能力、当代学术职业人和下一代学术职业接班人的交替与进化等几对矛盾上。”② 这些论述对于我们理解和把握学术职业的属性和特征具有启迪的意义。

4. 大学教师学术职业分化概念范畴的研究

在汉语的一般语义上，分化是指“事物向不同的方向发展、变化；统一的事物变成分裂的事物”。在这里，分化是一种“统一”的裂变，由一元到多元。英语中用 differentiate 和 become divided 来表达“分化”。这里的“分化”强调的是差异，是整体中个体或部分之间的差异。

在讨论大学教师的学术职业分化问题时，“分化”显然是一个社会学方面的概念。但是，把握分化的一般语义特征对于理解作为社会学概念的分化依然具有重要意义。从社会学考察，社会分化是指社会结构系统在发展过程中不断分解为

① 阿什比.1983. 科技发达时代的大学教育. 滕大春，滕大生译. 北京：人民教育出版社：88

② 沈红.2011. 学论术职业的独特性. 北京大学教育评论，9（3）：18-28

新的要素，且各种社会关系分割重组并形成新的结构及功能专门化的过程。[①]从这种解读中可以看出，分化既是一种现象，也是一种过程。

需要进一步指出的是，作为一种社会生活现象，分化还体现着多种不同的内涵和形式。董泽芳先生在“略论社会分化与教育分流”一文中指出：“社会分化有两种形式：因类别差异引起的水平分化，亦称角色分化；因等级差异形成的垂直分化，亦称地位分化。”[②]杨超在一篇专门讨论大学教师学术职业分化概念的文章中也明确地指出：“社会分化具有两种基本形式：一是社会系统中各结构要素的类型呈多样化形式存在（水平分化），如社会组织、社会群体以及社会阶层等；二是社会系统中各结构要素之间的差距不断增大，社会各要素不平等程度发生变化（垂直分化）。”[③]显然，社会分化的这两种表现形态所体现的社会生活的现实意蕴是不尽相同的。

那么，基于社会学“分化”的概念内涵，大学教师学术职业分化究竟是一种怎样的分化形态呢，即大学教师学术职业分化具有怎样的属性呢？杨超在他的研究论文中说，依据社会分化理论和大学发展现实，大学教师学术职业分化是指教师学术职业横向层面的功能性分化和专业化，即大学教师在从事学术职业活动中，由原来“单一身份承担单一功能（教学）”发展为“单一身份承担双重功能（教学与科学研究）”再到“多种身份承担单一功能（教学或科学研究或社会服务）或多元身份承担多元功能（教学、科学研究和社会服务）”的过程[③]。换言之，杨超认为大学教师的学术职业分化是基于大学教育功能性分化和专业化需要而体现出的一种平等性的水平分化。

这里实际上提出了一个问题，即大学教师学术职业分化在根本性质上究竟是一种平等性的水平分化，还是体现着大学教师群体之间的相对不平等的垂直分化。换言之，关于大学教师学术职业分化的概念认知体现着两种不同的理解：一是认为这种学术职业分化仅仅只是基于大学分工的需要以及学术研究所体现出的不同的属性和价值，而对大学教师学术职业的性能及其行为范式进行的一种分类。因而，在这种学术职业分化的背后并不存在职业主体之间的经济社会地位的不平等；二是认为这种学术职业分化在对大学教师学术职业的性能及其行为范式进行分类的同时，也对大学教师的经济社会地位进行了有所区别的制度安排，即大学教师学术职业分化在本质上体现着职业主体之间的经济社会地位的不平等

① 杨建华.2009.分化与整合——项以浙江为个案的实证研究.北京：社会科学文献出版社：1

② 董泽芳.1995.略论社会分化与教育分流.华中师范大学学报（哲社版），(6)：11-18

③ 杨超.2016.大学教师学术职业分化：概念、内涵与规定性.现代教育管理，(2)：90-94

性。实际上，在已有的研究成果中，关于大学教师学术职业分化，人们通常是从水平分化和垂直分化这两个相互关联的层面或视角进行认识和加以研究的。杨超在同一篇文章中把大学教师学术职业分化划分为几种不同的类型，然后他特别强调指出："每种教师学术职业类型承担的功能具有差异性，并发挥着不同的作用和具有不同的地位。"①既然不同类型的学术职业具有不同的社会地位，那么这种学术职业分化就已经不是一种纯粹的水平分化。

苏晓旺对大学教师职业地位分化的概念作了阐释，并指出："高校教师职业地位的分化主要是从高校教师这一职业群体内部来看的，指在高校教师这一学术群体中出现的不同教师个体或亚群体之间形成的职业地位的等级差异化，这种职业地位等级差异化的过程必然伴随着个体或亚群体对整体的分裂。"②苏晓旺对大学教师职业地位分化的解读，非常明确地从等级差异的视角来研究大学教师学术职业分化问题。

另外，最为重要的就是大学教师学术职业分化的形态，即大学教师学术职业是如何分化，抑或大学教师学术职业分化的形态是怎样的。关于这个问题，学者从不同侧面有过一些论述，但是，已有的文献研究对这一问题的关注则远远不够。概括地说，大学教师学术职业分化具体地表现在三个相关的层面上。

1）学术职业形态的分化。伯顿·克拉克认为，截然不同甚至相互对抗的两种力量把学术职业分成了两部分：在声望等级上的上层部分变得更加专业化，这里的学术职业更加根植于高深知识，更倾向于同行评议，更独立于顾客需求及其相关市场驱动；在这个等级的下半部分，尤其是底部的1/4，专业化程度更低：这里的学术职业从事基础知识的教学，依赖于学生反应和同行认可，严重地受到市场力量的驱动。③显然，这里所揭示的是学术职业形态或现象所发生的分化，但它也是大学教师学术职业分化的一种呈现方式，因为学术及其活动形态总是和大学教师的学术职业行为相联系的。

2）学术职业角色的分化，即作为学术职业主体的大学教师学术职业意识、理念及行为方式、社会地位所发生的分化。杨超把大学教师学术职业分化后的类型划分为教学为主型、教学科研并重型、研究为主型和应用为主型等四类。并且他认为，从社会分工理论和大学职能的演进历程来看，各种学术职业类型教师的地位、待遇等应没有高低之分，各学术职业类型之间的差异应在于学术职业任务

---

① 杨超.2016.大学教师学术职业分化：概念、内涵与规定性.现代教育管理，(2)：90-94

② 苏晓旺.2014.湖北省地方高校教师职业地位分化研究.浙江工业大学硕士学位论文

③ 转引自：宋旭红.2008.学术职业发展的内在逻辑.武汉：华中科技大学出版社：20

和使命的不同。[①] 但实际上，在不同的时空环境下，对于这些担负着不同的学术职业任务和使命的学术职业类型，人们在享有社会资源以及由此而显示的社会地位又是有着许多层级差异的。对于这一点，许多研究者做过具体的考察和分析。

3）学术职业组织的分化，即关于大学组织机构的分化，它既包括大学作为一种组织机构的分化，也包括大学组织机构内部学科、专业的组织机构形式的分化。大学组织的分化是与大学学术职业形态和大学学术职业角色分化密切相连的。法国学者 P. 波丢（Pierre Bourdier）指出，在大学发展的历史上，由于“社会性学术的同质性在处于顶级（如名牌大学、医科大学甚至某些古典语言专业部门）还保持完好，但在那些处于中等地位的或地位在教育体系中还不甚稳定的单位或机构中，社会性学术的同质性一般很薄弱”[②] 。当然，P. 波丢在这里并非是专门论述大学组织的分化问题，但毫无疑问他从与学术分化现象相关联的角度，揭示了大学组织分化现象。正是基于对大学组织分化问题的关注，世界高等教育研究史的大学分类成为一个较为专门的研究领域。围绕着大学组织分类的问题，人们形成了多种不同的研究视域和方法。在我国，特别是在我国高等教育进入大众化发展阶段之后，学者对大学学术组织分化问题给予了关注，并进行了比较深入的研究。国内学者借鉴西方研究成果，结合我国高等教育的实际，提出了多种不同形式的大学分类的认识方法和基本理论。正如邬大光教授所说的那样：“分化既是大学发展的动力，也是大学发展的趋势；它既是大学理念和制度的一种调整，也是大学结构与功能的一种优化，更是大学应对社会变化的一种主动适应。”[③] 因此，大学组织分化的问题同样需要认真、深入地加以研究应对。

5. 相关概念的研究

与大学教师学术职业分化概念相关联的，还有大学教师学术职业分层和分类。

李志峰等先后提出过学术分层的概念，并对这一概念进行过阐释。李志峰在“高校学术职业分层与教师岗位设置管理制度创新研究”课题研究报告中，从学术职业分层的理论视角对教师岗位设置管理制度问题进行研究。为此，课题研究对学术职业分层的概念进行了阐述：“学术职业分层是依据各个学科领域、院校的不同，对高校教师所拥有的高深知识的质和量进行层级的划分，从而形成的学术职业分层结构，教师具备哪一层级的学术资格水平，就可以通过评聘达到相

---

① 杨超 .2016. 大学教师学术职业分化：概念、内涵与规定性 . 现代教育管理，（2）：90-94

② P. 波丢 .2006. 人：学术者 . 王作虹译 . 贵阳：贵州人民出版社：181-182

③ 邬大光 .2010. 大学分化的复杂性及其价值 . 教育研究，（12）：17-23

应的职称级别，承担一定的义务，并享有与其层级相对应的学术权力和地位。”[①] 很明显，李志峰这里论及的学术职业分层是与人们广泛关注和讨论的学术职业分化密切相连的一个概念范畴。如果说两者之间有什么区别，那么这种区别即在于，前者侧重体现学术职业层次性特性的制度安排的含义，是一个内涵指向较为专门的概念范畴；而后者则是重在揭示学术职业内部结构的多元要素及其相互关联和冲突，以及这一职业现象演化的过程，同时也是相对于前者其内涵较为宽泛的一个概念范畴。

在李志峰的课题研究报告中，学术职业分层虽然是一个内涵相对狭窄的概念，但这里所讨论的学术职业分层，与人们经常使用的学术职业分层的概念在本质上是契合的。譬如，研究者认为学术职业分层制度是必要而不平等的学术制度安排。学术职业分层将学术人员划分为不同的阶层，并将不同学术阶层的学术人员嵌入学术等级结构之中，形成了收入、权力和声望等地位上的差异，使不同学术阶层的学术人员存在着社会冲突的可能性。从学术职业分层结果引起的社会不平等来看，这种不平等在推动学术进步的同时，也形成了不同阶层的等级秩序。这里讨论的观点，与上文中我们介绍的学术职业分化所具有的职业主体之间的经济社会地位的差异性和不平等性是一致的。但是，学术分层毕竟不同于学术分化。苏晓旺在他的硕士论文中，一方面把学术分层作为与学术分化相近的一个概念在使用；另一方面也注意到了这两个概念之间的差异。他指出，“学术职业分层主要强调的是学术共同体中不同学者间由于学术声望的差异而形成的等级形态”，学术分化还需要“从经济资本、社会资本、文化资本、权力地位等维度上来考察”[②]。

李志峰等在提出学术职业分层概念的同时，也提出了学术职业分类的概念，并对这一概念作了阐释：“高校学术职业的分类与学科专业门类密切联系。在不同高校和不同学科专业发展过程中，学术职业分类定位与高校以及学科专业的定位密切联系，因此，在高校学术系统大体可以分为研究主导的学术职业、教学与研究并重的学术职业，教学主导的学术职业，应用为主导的学术职业。”[③] 杨超在他的研究论文中也提到了学术职业分类的问题，而且文中关于学术职业分类的思路和方法也大致相同。学术职业分类也是一个与学术职业分化相互关联的概念范

① 全国教育科学规划领导小组办公室 .2015.“高校学术职业分层与教师岗位设置管理制度创新研究”成果报告 . 大学（研究版），(4)：7-83

② 苏晓旺 .2014. 湖北省地方高校教师职业地位分化研究 . 浙江工业大学硕士学位论文

③ 李志峰，杨开洁 .2011. 基于社会分工的高校学术职业分层分类 . 华北电力大学学报（社会科学版），(5)：125-131

畴。学术职业分类既可以看作学术职业分化的一种体现或方式，也可以看作学术分化的结果。但是，学术职业分类只能是对大学教师学术职业分化的一种粗略呈现。因此，学术职业分类的概念很难全面地反映、体现出学术职业分化的内涵和意蕴。这也是学术职业分类区别于学术职业分层、分化之所在。

李木洲在他的研究综述中指出："学术职业的本体研究，即对学术职业自身的研究，主要包括探究学术职业的概念、内涵、产生及其内部结构与发展规律等。该方面研究尚为数不多，且基本没有争议的问题。"[①] 其实，关于大学教师学术职业分化基本概念范畴的研究"基本没有争议"，正是因为截至目前，该方面研究尚为数不多。正如他在文中所述，目前国内关于大学教师学术职业分化问题的研究在总体上处于初级研究阶段。关于大学教师学术职业分化问题的研究在总体上处于初级研究阶段的结论，恰恰体现在对大学教师学术职业分化的本体研究成果尚为数不多上。换言之，所谓大学教师学术职业分化基本概念范畴的研究"基本没有争议的问题"只是一个表象。有学者在讨论学术职业的概念内涵时指出："对于在现代学术界众说纷纭的'学术职业'概念，试图以一种非历史的、普遍性的、并为所有人都接受的方式来进行界定显然是不合适也是不太可能的，重要的是要把它放在具体的历史语境，具体的环境条件下加以考察和把握。"[②] 显然，这一观点意在说明对类似于学术职业一类的基本概念范畴的认知和解读的复杂性，同时暗含着人们对这类问题认识和阶段可能会出现的分歧的估价。而前期关于这类问题的研究之所以会让人们产生"基本没有争议"的感觉，正是由于我们对于大学教师的学术职业分化这一大学教育现象和问题理论研究依然十分肤浅。也正是前期研究的浅薄和局限，才使得在关涉这一问题的基本理论研究方面依然显得那么平静，没有一点波澜。

在李木洲的研究综述中，关于学术职业的本体研究即相关概念、内涵、产生及其内部结构与发展规律研究是其中的一个重要的内容。在关于大学教师学术职业基本概念范畴的研究中，抑或在关于学术职业的本体研究中，本书仅从项目研究的角度，着重就国内关于大学教师学术职业和大学教师学术职业分化两个概念范畴的学术研究进行梳理。厘清人们就这些基本概念的研究成果，以及认识分歧与不足，有利于就大学教师学术职业分化课题开展深入的探究。

---

① 李木洲 .2013. 近十五年我国学术职业研究综述——以《中文核心期刊要目总览》收录论文为主 . 武汉理工大学学报（社会科学版），26（2）：260-266

② 张英丽，沈红 .2007. 学术职业：概念界定中的困境 . 江苏高教，26（5）：26-28

二、大学教师学术职业分化发生的归因研究

（一）大学教师学术职业分化发生的归因研究概述

大学教师学术职业分化发生的归因研究即探索大学教师学术职业分化发生的背景和动因的理论研究。关于大学教师学术职业分化衍生的归因研究是大学教师学术职业分化中的一个重要问题，也是与本书研究关联更为紧密的一个问题。如前所述，前期国内关于大学教师学术职业分化研究大致可以分为一般理论研究和以学术职业分化理论为学术观照的实践性研究两个方面，而大学教师学术职业分化发生的归因研究则是大学教师学术职业分化理论研究中的核心问题。此外，本书从大学组织再学术化的视角研究学术职业分化问题，这一研究在本质上也是以一种新的理论视角探索大学教师学术职业分化的背景和动因。因此，我们有必要对前期国内外关于大学教师学术职业分化的研究动态和成果做一个粗略的梳理和反思。

1）在学术职业理论研究中，学术职业的变迁、变革和发展与学术职业分化是一组内涵相近的概念；所谓大学教师学术职业分化发生的归因研究一般都蕴含在关于学术职业的变迁、变革和发展的理论研究之中。也就是说，在已有的研究文献中，关于学术职业变迁、变革和发展的研究或论述，通常蕴含着关于大学教师学术职业分化归因研究的内容。进入 20 世纪 70 年代之后，随着高等教育逐步走向社会经济生活的中心，高等教育拨款政策和财政模式出现变化，学术职业日益在大学公司文化的环境中生存。在此背景下，危机和变革成了学术职业研究的主题[①]。实际上，在这些关于学术职业变革的研究综述中，这种“变革”即内含着分化。换言之，人们在这里所讨论的关于学术职业的变革，在本质上所反映的则是关于学术职业分化现象。学术职业变革即学术职业分化，抑或是学术职业变革引发了学术职业分化。1997 年，杰伊 • 拉宾格（Jay A. Labinger）经研究发现，“以知识本身为目的者和以知识应用为目的者之间发生了一场‘科学战争’，两者之间在学术职业功能定位上存在着矛盾和冲突”[②]。显然，杰伊 •拉宾格的这一所谓发现，既是关乎当代学术职业的变革，又揭示了学术职业由一元向多元分化的现实、现象。正如许多学者指出的那样，传统的或古典的学术职业是以知识本身

① 宋旭红 .2008. 学术职业发展的内在逻辑 . 武汉：华中科技大学出版社：22

② 杰伊 • A. 拉宾格尔，哈里 • 格林斯 .2006. 一种文化？关于科学的对话 . 张增，王国强，孙小淳译 . 上海：上海科技教育出版社：60

为目的的。而进入当代，变革的亦即分化的学术职业则出现了以知识本身为目的和以知识应用为目的并存的状况，尽管这种学术形态是相互矛盾、冲突的。李志锋在讨论学术职业变迁问题时指出："在近千年的历史变迁过程中，学术职业的发展和各国社会变迁相伴相随，呈现出各自不同的形态。现代学术职业秉承现代大学的使命，发生了重要的历史转型。这种现代转型继承了欧洲中世纪学术职业的精神内核，在外在表现上又呈现出不同的特征。"[①] 不言而喻，在这段论述中，关于学术职业在其发展变迁的过程中逐步呈现的"不同的形态"和"不同的特征"，也就是对学术职业不断走向分化的概括和描述。

2）就研究内涵看，关于大学教师学术职业分化发生的归因研究大致可以分为内在逻辑和外部动因两个方面的内容。张英丽的《论高校学术职业使命的嬗变》一文，专门讨论大学教师学术职业的发展变迁问题。在对大学教师学术职业发展变迁的历史进行考察的过程中，作者既注意分析作用于大学组织及大学学术活动的外部力量，也更注重着眼于大学人才培养和学术活动的内在动力。正是基于这样的分析研究，张英丽认为："社会需求变化是学术职业使命演变的外在力量，知识发展是学术职业使命演变的内部。"[②] 当然，把大学教师学术职业分化发生的归因研究大致分为内在逻辑和外部动因两个方面的内容，仅仅是为了论述的方便。实际上，大学教师学术职业分化发生的内在逻辑和外部动因是不能决然分开的。在大学教师学术职业分化的进程中，作为推动大学组织和大学学术活动发展变迁的社会外部要素必须也只能是通过大学学术活动及其要素的变革创新方可发挥作用；同样如此，大学组织内部任何要素或功能的改变，也总是与一定的社会需求动因相互联系的。阿特巴赫说，近半个世纪的"学术革命"从根本上改变了大学本质，使"学术职业经历前所未有巨大压力"[③]。在这里，论者看似着眼于大学自身的学术革命，但是，透过"学术职业经历前所未有巨大压力"的背后，我们看到的则是社会环境要素对大学学术所发生直接或间接的作用和压力。

总之，为了洞悉大学教师学术职业分化发生、发展的逻辑过程及其内在关系，我们有必要从大学教师学术职业的内在逻辑和外部要素两个认识维度入手进行分析研究。事实上，在前期的研究中，人们较多地关注社会环境要素对大学教

---

① 李志峰，沈红.2007.学术职业发展：历史变迁与现代转型教师.教育研究，19（1）：72-75

② 张英丽.2009.论高校学术职业使命的嬗变.河南师范大学学报（哲学社会科学版），36（4）：229-231

③ 转引自：史静寰，李一飞，许甜.2012.高校教师学术职业分化中的生师互动模式研究.教育研究，（8）：47-55

师学术职业分化所造成的影响，而对大学组织及其学术活动自身所呈现的新的特质和规律，及其对大学教师学术职业分化所产生的影响则是注意不够的。但是，坚持这样的认识方法和原则，并不意味着是要否认在大学教师学术职业分化过程中，作为大学学术活动的内在要素及其活动规律与一定的社会外部环境之间的相互关联与作用。

（二）大学教师学术职业分化发生的内在逻辑

首先，研究者非常注重从学术职业的“内在逻辑”这一特定的视角去研究大学教师学术职业分化发生的现象和问题。

宋旭红在她的著述中就大学教师学术职业分化发生的内在逻辑问题做过专门讨论。她说：“学术职业发展的内在逻辑是学术职业内部所拥有的最基本的规定性和规律性，是学术职业在发展过程中的自身的必然性、自身逻辑和自身法则。内在逻辑是学术职业内部稳定、共同的因素，是学术职业区别于其他事物成为自己的主要决定力量。”[①]当然，她也注意到这种所谓的学术职业的内在逻辑并非是固化的、一成不变的，尽管如此，她还是强调：“学术职业发展的内在逻辑是与生俱来和不断生成的传统精华和关键成分，是学术职业在不断的、渐进式变革所积淀下来的合理内核，是学术职业的基因和环境之间相互作用之果。”[①]

那么，什么是学术职业自身所拥有的最基本的规定性和规律性呢，学术职业自身所拥有的基本的规定性和规律性是如何决定和影响着学术职业分化的呢？这里我们依然不能不回归到那些关于大学和大学教育的经典论述上。

“教学与科研相统一”，即大学的学术活动与大学的教学工作、人才培养的统一性和一体化，是被誉为现代大学之父的德国高等教育专家威廉·洪堡对大学组织形态和基本理念的一种顶层设计，它规定了大学教育的基本形态和本质特征。在洪堡的时代，在洪堡的大学理念中，原本作为一种纯粹的、具有独立价值体系的大学的学术活动和行为与教学及人才培养实现了有机的融合与统一。洪堡创立“教学与研究相统一”的大学理念，将科学研究引入大学教育的内涵与目标，是基于他的所谓“完人”（vollstandigemenschen，又译“完全的人”）的教育目标和教育理想的。洪堡曾经提出，初等教育和中学教育在一定程度上只不过是为大学教育做准备罢了，而大学教育则是培养“完人”的最重要的阶段[②]。而这种以

① 宋旭红 .2008. 学术职业发展的内在逻辑 . 武汉：华中科技大学出版社：20

② 转引自：吴红 .2011. 论洪堡的大学理念 . 毕节学院学报，29（3）：106-109

培养“完全的人”为目的的教育专注的是“纯粹地关心教育本身，关心作为知识的知识，关心心灵的培养”[①]。正是由于洪堡的这种所谓的“完人”的教育目标同样是一种以知识追求和人格培养为目的的纯粹的教育，它才可以与那种不带有任何功利目的、纯粹的学术活动相融合、相统一。也正是“教学与科研相统一”的大学教育观，为现代大学教师学术职业分化埋下了制度的伏笔。

在威廉·洪堡之后，对大学学术职业的内在逻辑及其所发生的重大变革揭示最为深刻的当属美国高等教育专家欧内斯特·博耶。20 世纪后期，博耶发表了题为《学术水平反思——教授工作的重点领域》的研究报告。报告将大学教授的学术工作划分为发现的学术研究、综合的学术研究、应用的学术研究、教学的学术研究四个类型。博耶的思想继承了洪堡的“教学与研究统一论”的内核，将“教学的学术”纳入学术研究的范畴，强调了大学教学工作的学术内涵与价值。然而，博耶的学术观的真正意义，并不在于或并不仅仅在于它进一步明确地把大学教学工作归属到学术的范畴，而在于或更在于它揭示了当代大学学术的功能、内涵及形态的拓展。博耶的大学学术观，原本是从研究大学教育实践中教学与科研相互僭越所引发的矛盾冲突入手的，它所针对的是美国大学一度出现的重科研轻教学，进而导致大学教学工作受到干扰，大学教学质量出现滑落的现状。但是，当这种对于大学教育的特性所进行的理论和实践探究不断深入的时候，学者按照学术研究的逻辑和方法，必然推导出大学学术在新的时代背景下的内涵与形态的扩张。也就是说，博耶的大学学术观虽然是以大学教学工作的现状作为问题研究的逻辑起点，但是这一学术研究所产生的认识成果并没有局限于大学教学工作的场域内，而是最终引发了学者对于大学学术的新的认识和理论概括。

无论是洪堡的“教学与研究统一论”还是博耶的多元大学学术观，都是从大学组织内在的属性和规律的视角揭示了大学教师学术职业分化的内在逻辑。换言之，是大学组织的学术基本属性，决定了大学教师学术职业分化的内在逻辑。一方面，早在大学组织及其学术活动功能形态形成之初始，大学学术活动就为大学教师学术职业分化播下了生长的种子。郭丽君在她的博士论文中指出：“从西方原生状态的古希腊柏拉图的阿卡德米学园中一群为着真理的探求而群聚起来的、从事学术的研究和讨论的学者们开始，学术活动内在的求知、求真、求善的特质使学术职业的职业取向和价值追求绝不仅仅限于作为学者的一种劳动形式的物质手段。”[②] 这就意味着即便是在大学组织诞生的初始时期，作为大学教育活动的基

① 转引自：周川 .2005. 从洪堡到博耶：高校科研观的转变教育研究，(6)：26-30

② 郭丽君 .2006. 学术职业视野中的大学教师聘任制研究 . 华中科技大学博士学位论文

本形态，学术活动也内含了十分鲜明的精神文化追求与物质谋生手段的双重属性，这也是大学教师学术职业会生发出各种各样裂变的内在的根本的原因之一。随着高等教育内涵的不断拓展与创新，大学学术自身承载的功能和使命也在不断地拓展延伸，进而推动着大学教师学术职业分化的不断衍生和发展。也正是在这样的背景下，人们愈来愈清晰地意识到大学学术形态的发展、变革与大学教师学术职业分化的内在逻辑关系。正如沈红教授所说的那样，“高等教育扩张、高等教育的差异性、社会对高等教育的期望、学术职业作用的变化等等，都有可能使学术越来越背离其原本意义，并呈现出新的特征，甚至产生新的职业忠诚。同时，现代社会对知识态度的新变化也扩展了学术的作用”①。

然而，当代大学学术究竟呈现着一种怎样的功能和形态，以及这种新的学术功能形态是如何规定着，或者是影响着大学教师学术职业分化的？显然，上述这些论述并没有就大学学术活动对大学教师学术职业内部分化发生作用的最基本的规定性和规律性做出明晰的概括和阐释。而这些恰恰是笔者想在本书中进行探究的问题。

（三）大学教师学术职业分化发生的外部归因

所谓大学教师学术职业分化发生的外部归因，就是将大学教师学术职业分化发生的原因归结于影响大学教师学术职业行为的外部社会因素。如前文所述，尽管大学教师学术职业分化从根本上说是由大学学术活动内在的规律性所发生的某些变异而导致的，但是，大学组织自其诞生之日起，就没有真正完全地脱离现实社会而独立存在，即便是人们把一段时期的大学称之为“象牙塔”。特别是在当今时代，大学高度地融入社会是这个时代的大学最为重要的特质之一。也正因为如此，大学教师学术职业分化从一开始，就是在外部的社会因素的作用下不断向前推进。

1）研究者指出，社会需求的增强与扩张，是引发、推动大学教师学术职业分化的最重要的外部原因。总体上说，“从外部力量的推动来看，社会对各种人才的迫切需求、知识社会各种复杂问题的解决、国家发展对大学依赖程度的加深、全球化社会对大学提出新的要求，这些促使学术职业的使命从人才培养转向科学研究，扩展到社会服务，并即将承担国际化的使命”②。如果进一步分析，有

① 沈红 .2007. 变革中的学术职业—从 14 国 / 地区到 21 国的合作研究《大学・研究与评价》（4）：49-53

② 常维亚，赵莉：2007. 论行政权力与学术权力的平衡——和谐管理的视角 . 国家教育行政学院学报，（10）：28-30

学者认为，社会需求导致的高等教育量的增长，是引发和推动大学教师学术职业分化的最为重要的因素。宋旭红在对学术职业理论研究问题进行综述时指出，学术职业理论的兴起始于高等教育大众化变革时期。正是在高等教育大众化背景下，“学生人数的剧烈扩张导致了教师数量的‘反应性增长’。规模不断扩大的学术职业逐渐成了一个规模不断增大的研究课题”[①]。这一论述当可视为典型的规模扩张归因论。

2）如果说社会对于高等教育人才培养和学术研究的需求，为大学教师的学术职业分化提供了最基础的原动力，那么市场经济作为主导当今社会发展的最基本的社会制度和运行机制，则是一种直接地改变大学学术活动的功能、形态的社会环境要素。许多高等教育的理论专家和社会理论工作者都一致地、十分清晰地意识到这一问题，并就这一教育和社会现象展开了研究。詹姆斯·杜德斯在《21 世纪的大学》一书中探讨、分析了当代大学变革的现象及其原因。他在著述中明确提出，市场和绩效的因素引发并全面地体现在大学的学术及教育教学活动之中[②]。市场经济作为一种主导经济资源配置的社会制度，其核心的、内在的则是顺应了人们追逐经济利益的心理机制。市场经济以其巨大的社会力量影响、改变着大学组织及其学术研究活动。2003 年，美国丹佛大学教授埃里克·古尔德（Eric Gould）在《公司文化的大学》一书中认为，美国的高等教育机构作为争取学生、教院和资金的机构，已经形成了不断强大的公司文化特征。学术职业正处在以下“公司文化”的环境中……正是由于市场经济的强劲驱动，学术职业也因此而具有了“公司文化”的特征。而这种具有了所谓的“公司文化”特征的大学教师学术职业，已经彻底改变了它原本所固有的功能和形态。“从此，作为学者的科学家将面临学科忠诚和市场忠诚两种不同价值观念的煎熬。工业需求、政府政策等方面的不确定性都驱使学术职业加快变革步伐。而学术职业本身一方面不断地控制和适应高等教育赞助者变化的态度和需求、学生不断变化的特征以及不断变化的教师聘用环境、不断推广的现代教学技术……”[③] 此外，特定的时代环境同样在以其特殊的方式决定和影响着大学教师学术职业分化的现实进程。影响大学教师学术职业分化的外部社会环境，既有普遍性和共生性，又有特殊性和相对性。换言之，大学教师学术职业分化既取决于一定的时代大趋势，又受到特定的时空环境的影响。在反思我国大学教师的学术职业

① 宋旭红 .2008. 学术职业发展的内在逻辑 . 武汉：华中科技大学出版社：21

② 詹姆斯·杜德斯 .2005. 21 世纪的大学 . 刘彤译 . 北京：北京大学出版社

③ 宋旭红 .2008. 学术职业发展的内在逻辑 . 武汉：华中科技大学出版社：24

分化问题时，宋旭红指出："中国的学术职业自中华人民共和国成立以来往往并不是按照学术生涯正常的发生轨道来运行，学术生涯往往强行地被外部因素中断。"[①] 显然，研究这一时段的大学教师学术职业分化，是离不开对这一特定时期中国社会历史文化背景的分析研究的。一段时期以来，国内关于大学教师的学术职业分化问题的研究，主要集中在对我国学术职业分化的负面现象和效应的分析上，而这一重点的研究内容与旨趣又与当下我国社会生态环境对大学教师学术分化的影响有着密切的关系。

三、大学教师学术职业分化的认知与实践研究

（一）大学教师学术职业分化的认知研究

学术职业认知的一般理论问题的研究和探讨，密切关联着人们关于大学教师学术职业分化问题的认知。因此，人们在大学教师学术职业问题研究中首先十分注重关于学术职业认知问题的一般理论研究，在此基础上一些研究者直面并深刻地揭示了当前我国大学教师学术职业认知存在的问题。

首先，杨移贻专门就大学教师学术职业认知问题进行研究。他指出："学术职业群体的共同价值观包括坚持学术自由、组织自治的大学精神；以探求高深知识、促进人类知识进步为职责和核心的职业活动，'以学术为志业'，对高深知识充满'陶醉感'；身份神圣，行为自律等。"[②] 这里强调的是，大学教师学术职业认知的核心问题，即在于对大学教师学术职业共同价值理念的认同和感知。同时，他进一步指出："由于历史和现实的原因，我国大学教师关于学术职业的群体认知出现缺失和扭曲。中国大学教师作为专业群体或学术职业群体存在严重的历史缺失和现实扭曲。"[②]其对我国大学教师关于学术职业的群体认知出现缺失和扭曲的基本判断，应该说得到了人们广泛的认同，许多研究者都从不同的层面强调和阐释了这样的观点。

其次，在关于大学教师学术职业认知研究的问题上，即在应当如何面对、认识和评价大学教师学术职业分化的性质和功能问题上，人们展开了多层面的讨论、研究。而这一讨论、研究的重点多集中在关于大学教师学术职业分化认知的两重性的问题上。

---

① 宋旭红 .2008. 学术职业发展的内在逻辑 . 武汉：华中科技大学出版社：8

② 杨移贻 .2010. 大学教师学术职业的群体认知 . 高等教育研究，31（5）：52-55

基于理性的认识，在大学教师学术职业认知研究的问题上人们通常坚持了两点论的原则与方法。而所谓两点论，就是对大学教师学术职业分化坚持肯定性评价和批判性评价相统一的认识论、方法论。然而，在实际上，在对于大学教师学术职业分化的价值认知和评价的问题上，人们的认识和态度是存在分歧和冲突的。基于已有的研究文献我们可以看到，在这一问题上，人们的观点、态度上的分歧和冲突是显而易见。而这种分歧和冲突的焦点即在于大学教师学术职业分化是否具有合理性，以及我们应当如何认识和评价大学教师学术职业分化在一定意义上存在的合理性。

一方面，是对大学教师学术职业分化的合理性、必然性给予积极、正向的认知评价。邬大光指出："我们需要对大学分化现象进行深刻反思。反思的基础就是：我们正处在一个大学分化的时代，而且是一个加速分化的时代。只有承认大学分化，才有可能更加清晰地认识高等教育的属性和本质；只有厘清大学分化的特征和轨迹，才有可能深刻理解大学分化的意义；只有从分化的视角去解读大学，才有可能推动高等教育学科迈向新的水平和高度。因此，我们只能理解大学的分化，接受大学的分化，在分化中把握大学的属性和本质，在分化中形成新的大学思想。"[①] 从这一论述中不难看出，研究者是一种积极的认知态度去对待大学教师学术职业分化。当然，也有人比较客观地从合理性即应然的角度评价大学教师的学术职业分化现象。杜驰在文中指出："对'学术'这一学术职业的工作对象需要重新厘定，过于狭隘地将学术等同高深学问探究，必将加剧学术职业内部业已存在的紧张与冲突。"[②] 另一方面，则是对大学教师学术职业分化的批判和讨伐。在国外，高等教育研究专家从不同侧面描述了在新的时代背景下大学教师学术职业的内部撕裂。杰伊·拉宾格（Jay A. Labinger）经研究发现："以知识本身为目的者和以知识应用为目的者之间发生了一场'科学战争'，两者之间在学术职业功能定位上存在着矛盾和冲突。"[③] 而正是在这样的背景下，作为学者的科学家面临着学科忠诚和市场忠诚两种不同价值观的煎熬。[③]伯顿·克拉克用"研究漂移"（research drift）这一术语来刻画大众化背景下科研与高等教育系统日渐严重的分离趋势。"现代科研的需要，强行规定，越来越多的科研份额被安排在承担教学系统的院系之外，而且进一步安排在大学之外。这些地方，可能有或者可能没有它们自己的教学形式和科研学徒的参与，它们明确地把科研活动从大学的

① 邬大光.2010. 大学分化的复杂性及其价值. 教育研究，（12）：17-23

② 杜驰.2008. 高等教育发展与学术职业的制度变迁. 高教探索，（4）：10-13

③ 转引自：宋旭红.2008. 学术职业发展的内在逻辑. 武汉：华中科技大学出版社：24

教学单位和中心的课程构架中分离出去。这个趋势叫作研究漂移。”[①]在国内，人们对大学教师学术职业分化现象这样进行描述：一方面大学中行政主导的格局依然没有根本转变，官本位、行政化痼疾难除，学术职业的权利、地位和声望更多地来自于政府的授予，而不是专业的裁决；另一方面市场力量攻城略地，使学术权力异化，以至于出现“教授越来越像商人，商人越来越像教授”的“非学术化”和学术不端、学术腐败、学术泡沫等学术失范现象[②]。朱景坤也表示自进入20世纪以来，随着大学职能的拓展，大学批判精神面临失落。[③]眭依凡也表达了类似的观点[④]。从整体上看，人们认为“学术职业传统上统整的价值取向面临危机，并与真实境况形成了巨大沟壑，导致大学教师职业定向时的焦虑、冲突以及学术职业自身的紧张与分裂，进而在一定程度上动摇了学术职业的根基”[⑤]。尽管对于大学教师学术职业分化所带来的负面效应的批判和讨伐，并不意味着从根本上否定这一大学教育现象的正向价值和功能；但是，从以上这些不同的论述中，其实我们还是可以看到关于大学教师学术职业分化上的两种不同的认知和取向。

当然，关于大学教师学术职业分化的性质和功能的认知还有一种颇具代表性的观点，即所谓的中性论。概言之，关于大学教师学术职业分化的性质和功能的中性论，就是认为大学教师学术职业分化现象本身是中性的，无所谓对错。譬如杨超就持这样的观点，他在著述中明确指出：“大学教师学术职业分化成为世界高等教育发展的重要趋势，其所带来的影响本无‘积极和消极’之分，也没有‘对和错’之分。”[⑥]仔细探究这种关于大学教师学术职业分化的性质和功能的中性论，我们不难看出，论者其实是想掩盖人们在对待大学教师学术职业分化的性质和功能两重性问题上的认识冲突。然而，事实上，杨超本人也曾在相关的著述中讨论过大学教师学术职业分化性质的“两面性”问题。正如他在文中所说的那样，大学教师学术职业的分化在很大程度上反映了大学发展通过自身不断在结构上的变化，以适应大学职能的演变和外部环境的变化，这有助于提升教师学术职业发展的整体效能。这是大学教师学术职业分化积极性的一面。但是，在现实中，由于政府、社会和市场对高等教育的需求以及大学自身办学类型与定位和发

---

① 伯顿·克拉克.2001.探究的场所——现代大学的科研与研究生教育.王承绪译.杭州：浙江教育出版社：14

② 杨移贻.2010.大学教师学术职业的群体认知.高等教育研究，31（5）：52-55

③ 朱景坤.2005.失落与重建：论大学批判精神.现代教育科学，（6）：12-15

④ 眭依凡.2011.大学的使命及其守护.教育研究，（1）：68-72

⑤ 杜驰，沈红.2008.研究漂移视域下的学术职业定向.江苏高教，26（2）：26-28

⑥ 杨超.2016.大学教师的学术职业分化.北京：科学出版社：2

展战略目标等的影响，大学教师的学术职业不但出现了分化，更为明显的是教师对学术职业类型的选择出现不均衡现象。[①]需要进一步强调的是，在现实的教育实践中，就事论事往往无法对大学教师学术职业分化的合理性作出正确的认知和评价，它需要人们超越大学教师学术职业这一表现，去深层地探究和认识大学的本质属性和功能。西班牙著名思想家奥尔托加·加塞特曾经指出，关于大学“我们应该直接地、明确地回答大学是什么、大学应该干什么”[②]。只有真正从理论和实践的层面上弄清楚了“大学是什么、大学应该干什么”，关于大学教师学术职业分化的合理性的认知问题也就会迎刃而解。“大学之大”几乎是一个永恒的问题，各个时代的人们都在发出这样的关于大学的叩问。关键是，人们既要从用大学所固有的本质属性去回答大学之问，又要基于变革发展的时势对大学的内涵和功能做出合理的解读。

（二）关于大学教师学术职业分化的实践研究

1. 关于大学教师学术职业意识、行为的失范和异化问题研究

基于我国高等教育改革创新发展以及现代高等教育学科研究转型的需要，以我国当下大学教育的实践为现实背景，对大学教师学术职业分化问题展开了多视角、多层面的研究，是近年来我国学术职业研究领域的一个突出特点。纵观国内学术职业研究领域中的实践研究或实证研究，有两个重要的问题尤其需要关注：一是大学教师学术职业分化所引发的我国大学教师学术职业身份与地位的分化及其意识、行为的失范和异化；二是伴随着我国高等教育大众化的进程而出现的大学组织结构的分化。上述两个问题既是当前我国高等教育改革发展进程中的重要的实践课题和前期国内学术职业研究领域中的热点问题，也是与本书研究密切相关联的理论实践问题。

大学教师学术职业分化所引发的我国大学教师学术职业身份与地位的分化，以及大学教师学术职业意识、行为的失范和异化，是两个相互关联的问题。

一方面，作为一种社会分工的方式，大学教师学术职业分化必然引发大学教师学术职业身份与地位的分化。“社会分化有两种形式：因类别差异引起的水平分化，亦称角色分化；因等级差异形成的垂直分化，亦称地位分化。”[③]其实，社会分化的这两种形态是相互关联、互为一体的。在迄今为止的人类社会中，通

① 杨超.2016.大学教师学术职业分化：概念、内涵与规定性.现代教育管理，(2)：90-94

② 奥尔特加·加塞特.2001.大学的使命.徐小洲，陈军译.杭州：浙江教育出版社：6

③ 董泽芳.1995.略论社会分化与教育分流.华中师范大学学报（哲社版），(6)：11-18

过多种不同的社会机制的作用对人们的社会角色的分化，必然同时会使作为不同社会角色的人们社会地位的相应的分化。简而言之，人们作为社会角色或身份的分化或差异，必然会引发人们之间社会地位的分化和差异。周艳在她的研究论文中详细地描述了大学学术活动中的“学术项目经理”角色形成的过程。在现行大学官本位的行政体制和科技界普遍推行的“项目化”制度下，大学形成了这样的学术格局：一些学校的学科带头人把工作的重点放在“争取科研项目”和“协调各方面利益和关系”上，由此也形成了“项目弄到了，却没有时间去做”的尴尬局面，于是只好采取分工合作甚至转包的方式，让研究生或没有项目的教师去完成。这种合作和转包采取的是“项目负责制”，因此成果的发表、出版和鉴定都要签署项目主持人的名字，这无形中形成了主持人的专有（或专利）权。项目主持人如果在第一次项目承包中完成比较顺利，那么他们就有可能以此为基础申请到下一个项目。几次申请和结题之后，曾经是一线的专家学者，逐渐演变成“学术项目经理”[①]。从这段描述中人们已经不难看出，“学术项目经理”这种学术活动角色形成的背后是利益的驱动。这种“学术项目经理”与那些实际承担着项目研究任务研究生或没有项目的教师之间依然存在着明显的学术职业身份与地位的差距。而且历史的经验告诉人们，这种大学教师学术职业身份与地位的分化常常容易突破特定的历史时期人们的社会心理承受能力，进而导致大学教师群体内部关系失衡。

另一方面，大学教师学术职业分化在引发我国大学教师学术职业身份与地位的过度分化的同时，也引发了大学教师学术职业意识、行为在整体上的失范和异化。大量的学术研究论文其批判的锋芒所向高度地集中于一段时期以来中国大学教师学术职业意识和行为失范问题。陈伟、戎华刚等撰文讨论了我国大学教师学术职业失范的现象、问题和原因。陈伟在他的研究论文中对我国大学领域内学术目标的庸俗化倾向、学术价值选择的失衡、学术行为失范、学术贿赂、学术腐败问题进行了深刻的揭露，同时分析指出，所有这些问题，皆肇始于学术伦理的缺失，根源于缺乏神圣化传统，专业化程度不高，以及过早遭受商业化冲击等。[②]戎华刚则从被规范者违背规范的行为表现规范缺失、含混或丧失权威性的存在状态两个方面讨论当前我国学术职业伦理规范的失范问题。同时他认为，当前的失范主要体现在规范自身的疏漏、含混与虚置以及权威性的缺失上[③]。联系

① 周艳 .2007. 中国高校学术职业的结构性变迁及其影响 . 清华大学教育研究，28（4）：50-55

② 陈伟 .2009. 论中国学术职业的伦理缺失及诊治 . 现代大学教育，（4）：22-27

③ 戎华刚 .2011. 论中国学术职业伦理规范的失范 . 国家教育行政学院学报，（3）：37-40

上文关于大学教师学术职业分化引发大学教师学术职业身份与地位分化的论述，我们可以进一步看出，由大学教师学术职业分化引发的大学教师学术职业身份与地位的分化，既是大学教师学术职业意识、行为在整体上失范和异化的一种表现，其本身又在加剧和不断引发大学教师学术职业意识、行为在整体上的失范和异化。

2. 关于大学组织结构分化的问题研究

仅就国内研究文献而言，关于大学组织结构分化的问题研究包括两个方面的内容：一是在大学学术职业研究的视野下进行的专题研究；二是在高等教育大众化理论和实践背景下进行的相关方面的问题研究。后者通常将其内容归于高等教育大众化背景下高校分类定位问题研究。

在大学学术职业研究的视野下，大学组织整体结构的分化体现着大学学术职业分化的属性。换言之，在大学学术职业研究的视域内研究大学组织整体结构的分化，使得关于大学组织分化问题的研究成为一个与大学教师学术职业分化相关联的一个理论和实践问题。正因为如此，在国内前期的相关研究中，一些理论研究著述十分注重从大学组织分化这一特定的视角，去考察、研究大学学术分化的现象和问题，并从多种视角探析、揭示了大学组织结构的分化与大学教师作为学术职业群体内部结构的分化两者之间的相互关联性。史静寰等的研究论文指出："伴随高等教育的规模扩张，大陆地区高校教师的学术职业也开始发生分化。教师学术职业明显表现出与其所在院校相吻合的特征，而这些特征很大程度上是受大众化进程的影响。"[①] 这里，论者将体现着大学学术分工的理念和原则的大学教师学术职业分化问题，与大学教师所在的高等院校相联系，并强调了这种大学教师学术职业分化与不同高等院校的功能属性之间具有相互吻合的特征。杨超在他的研究论文中更是十分明确地提出："一所大学里，何种学术职业占主导，教师主要从事何种学术职业工作，从整体上受制于这所大学的类型和性质。"[②] 正是由于教师学术职业明显表现出与其所在院校相吻合的特征，伴随着大学组织结构内部越来越精细的分化或分工，对于大学教师这样一种学术职业群体，其内部结构的分化或分工也会愈来愈清晰。

需要强调的是，在高等教育大众化背景下，大学组织分化打上了鲜明的大众化高等教育的烙印。基于大众化高等教育的理论与实践，人们认为在这种新的

① 史静寰，李一飞，许甜.2012. 高校教师学术职业分化中的生师互动模式研究. 教育研究，(8)：47-55

② 杨超.2016. 大学教师的学术职业分化的作用力及影响因素. 学材探索，(2)：152-156

高等教育体制内部并存着狭义的精英教育和大众化教育两种形态。关于这一点，在高等教育大众化理论与实践研究课题中，人们似乎已经形成共识。那么，在大学学术职业研究的视域内，大学组织分化具有怎样的属性和特征呢？基于高等教育大众化的理论，高等教育体系内部并存着的狭义的精英教育和大众化教育两种大学组织形态，在学术分化和学术职业分化的问题上又会表现出怎样的属性和特征呢。如果我们认同在高等教育大众化发展阶段，高等教育体系内部并存着狭义的精英教育和大众化教育两种大学组织形态这一基本判断，那么，作为同属于本科教育层次的精英教育和大众化教育两种大学组织其学术活动的功能形态是如何分化的呢？这种大学组织分化给大学教师学术职业分化带来了哪些新的变化和影响呢？遗憾的是目前人们对这一问题缺少应有的关注和研究。当然，也正是这一学科研究的现状，为本书提供了创新研究的动力与需求。

总之，在我国，大学教师学术职业分化问题研究尚处于初始阶段。这首先是由学术职业问题研究的属性和现状所决定的。其次，就大学教师学术职业分化问题研究的本身来看，目前国内明确地以这一问题为主题的研究文献有限。最后，就大学教师学术职业分化问题研究的内容来看，我们认为依然还有一些基本的问题需要继续深入研究、探讨，譬如，大学教师学术职业分化的动因研究，大学教师学术职业分化的基本形态，关于大学教师学术职业分化的认知与评价，以及应对大学教师学术职业分化的实践研究，等等。也正是基于已有研究文献的这一状况，本书研究确立了现有的思路和基本内容。

第三节　大学教师学术职业分化

一、研究思路与方法

（一）研究思路

基于学术职业学科研究领域在我国尚处于初始阶段的现实，我们把本书定位为在理论创新指导下的实践创新研究。其基本的研究思路可表述为：以大学再学术化作为理论观照，以当下正在推进的地方普通本科高校转型发展为现实的时空背景，以地方普通本科高校大学教师学术职业分化为具体的研究对象，以厘清认知、调试冲突、加强制度建设为应对策略，展开对大学教师学术职业分化的理论与实践研究。

确立本书在理论创新指导下的实践创新研究的基本定位，其要旨在于强调当下学术职业学科研究领域实践研究的紧迫性和理论研究的基础性。

第一，就研究的主体内涵和基本思想而言，本书研究重在进行实践研究，即坚持从当下中国高等教育的实践问题出发，以应对和解决我国高等教育改革创新发展中出现的大学教师学术职业分化的实践问题为着眼点。正是基于这一基本的认识和理念，我们把研究的问题和对象聚焦在我国地方本科高校大学教师学术职业分化的层面上。一方面，按照我国学者对大学教师学术职业涵盖范围的基本界定，我国大学教师的学术职业分化在整体上体现为国家重点大学和地方普通本科院校两类大学教师群体之间的相对分化。故此，研究和应对大学教师学术职业分化问题，首先就必须着眼于当下我国大学教师群体所体现出的学术职业分化的这一基本问题和特征。而只有对我国地方本科高校大学教师学术职业分化的基本特征有了比较深刻的剖析和认识，才能够对当下我国大学教师学术职业分化的整体状况有一个较为清晰而准确的认识和把握。另一方面，在我国高等教育进入大众化发展阶段的背景下，地方普通本科院校明确自身办学及人才培养的目标定位，始终是这类学校建设发展面临的重大实践课题，也是在整体上关乎着我国高等教育持续、协调发展的重大战略问题。当前，由国家相关部门共同主导推进的地方普通本科高校转型发展，正是基于这一高等教育改革发展的重大实践问题而确立的。因此，地方本科高校大学教师学术职业分化是一个与地方普通本科高校转型发展关联十分密切的实践问题。地方普通本科高校转型发展过程中出现的许多新的情况和问题，都与这类高校学术研究活动以及学校教师学术职业意识和行为有着内在的关联。

第二，发生在当代中国的大学教师学术职业分化既是一个十分重要的教育实践问题，也是一个蕴含着多重学科基本理论和价值内涵的高等教育学科理论问题。无论是学术职业作为一种新兴的学科研究领域，还是人们在应对大学教师学术职业分化过程中所表现出的诸多的思想认识和价值理念的困惑与冲突，都向人们提出了十分紧迫的理论探索与建构的任务和要求。也就是说，我们所确立的关于本书在理论创新指导下的实践创新研究的基本定位，绝不仅仅是基于一般意义上的理论与实践的关系，更重要的是它取决于大学教师学术职业分化问题研究的现实需要。

概言之，本书强调以当下正在推进的地方普通本科高校转型发展为现实的时空背景，以地方普通本科高校大学教师学术职业分化为具体的研究对象，以厘清认知、调试冲突、加强制度建设为应对策略，突出和坚持课题研究的问题导向的原则和实践研究的基本属性。与此同时，本书研究以大学再学术化为创新理论，并从这一新的关于大学教师学术职业分化的发生论出发，对地方本科高校大学教师学术职业分化的现状和现实进行分析研究，提出应对策略和方法。在课题研究推进的过程中，大学再学术化创新理论既是我们解读和认识当代中国大学教师学术职业分化的理论武器和价值原则，又为这一问题的研究界定了一个特定的理论视域和实践背景，使得课题研究的内涵能够在一定意义上超越已有的研究文献及其思想理论成果。

（二）研究方法

本书主要采用理论研究和实践研究相结合的研究方法。首先，在文献研究基础上确立学术职业的内涵，确立本书的研究要素与范围。其次，采用调查研究方法抽样调查全国地方高校教师学术职业身份分化与职业地位分化状况。再次，从理论上研究我国地方高校教师学术职业分化的产生机理，分析学术职业分化的正向和负向功能。最后，利用政策学及高等教育学理论来构建促进地方高校教师学术职业发展的政策与实践体系。

本书的研究方法主要有：

1）文献研究法：对学术界研究学术职业与高校教师发展的学术成果进行综合分析，为本书的研究确立文献依据。

2）调查研究法：按照高校地理分布与发展水平选取30所地方高校，调查研究高校教师学术职业身份分化与职业地位分化的状况。为本书的研究确立数据依据。

3）数学建模法：从资本、地位、学术声望角度建立数学模型，研究地方高校教师学术职业分化状况。

二、本书的创新与不足

（一）本书的理论创新

1. 大学教师学术职业分化发生论的创新

首先，本书首次提出了大学教师学术职业分化发生论的问题。通过上文的文献综述我们可以看到，在已有的研究中，人们虽然从不同的层面关注和涉及了关于大学教师学术职业分化的动因的问题，但是迄今为止少有人比较明确地提出这一问题并就这一研究课题进行集中、系统的研究。本书研究在关于相关文献综述的研究部分，曾就大学教师学术职业分化“归因”问题做过专题研究；接着还将从大学再学术化与大学教师学术职业分化问题进行专题研究，以期对当代大学教师学术职业分化发生发展的背景和动因进行比较系统和深入的研究。

其次，本书明确地提出了大学再学术化是当代大学教师学术职业分化发生发展的实践背景和根本动因的观点，这是关于大学教师学术职业分化发生论理论的创新。如果说在前期的理论研究中，人们已经从不同的层面对大学教师学术职业分化的思想理论基础和实践背景进行过一些分析研究，那么，大学再学术化理论的确立以及关于大学教师学术职业分化是大学教师学术职业分化发生发展的根本动因的观点，则是在这一研究领域里的一个重要的学术发展与创新。大学再学术化是在总结、综合国内外专家学者的相关方面的学术理论而提出的一个学术创新概念和理论。在前期的相关研究中，国内外专家学者对当今大学学术的新的功能形态做过多层面的分析和阐述，并为这种新的大学学术的功能形态建构了相应的思想理论体系。其中，最为重要的当属美国高等教育学专家博耶的关于当代大学学术的构成与分类的理论。大学再学术化作为一种学术创新概念和理论，其最为重要的内涵与价值就在于它对当今大学学术的新的功能形态及其特征做出了一个新的、更为明确和清晰的理论概括和描述。同时更为重要的是，本书是从探索大学教师学术职业的背景和动因的角度，提出和确立大学再学术化的学术创新概念和理论，这一学术思想理论的价值在于它着眼于大学学术职业的内在逻辑，紧紧扣住学术研究作为大学组织最本质的内涵要素，洞悉或揭示了导致大学教师学术职业分化发生的最为本质的要素和动因。

2. 大学教师学术职业分化认知论的创新

本书研究大学教师学术职业分化认知论的创新，即在于比较系统地分析和阐述了大学教师学术职业分化的认知和评价的问题和现象，并就如何结合当下我国大学教育的实际认识、评价大学教师学术职业分化的两重性价值属性和功能的问题进行了探讨，提出了具有一定创新意义的见解。

一方面，关于大学教师学术职业分化的认知和评价问题，尽管有些研究者也从不同的层面上有所涉猎，但是迄今为止，国内很少有人就这一问题进行专门的研究；另一方面，本书讨论的关于大学教师学术职业分化的认知和评价，既是一个关乎大学教师学术职业分化研究的理论问题，也是与当下的大学教育关联十分紧密的实践问题。尽管从理论或理性的角度，人们通常能够认识到大学教师学术职业分化的两重性价值属性和功能，但是在具体的大学教育的实践情境中，人们的认知和评价却常常出现倾向于某一个极端的摇摆现象。本书在系统梳理和阐释大学教师学术职业分化的两重性价值属性和功能的基础上，结合当下我国高等教育的实际，分析了已有的学术研究过于关注和强调大学教师学术职业分化的负面效应和功能，以及对其正向作用和功能认识不足的问题。这一研究对建立科学、完整的大学教师学术职业分化认知论既是新的、重要的，又对于当下我国高等教育的实践推进具有重要的认识借鉴意义和作用。

3. 大学教师学术职业分化实践论的创新

本书关于大学教师学术职业分化的实践研究创新的一个重要方面，就是在对新时期大学教师学术职业宏观把握的基础上，从地方本科高校教师这一特定的教师群体着眼，对我国大学教师群体内部的分化及其多样化结构内涵进行探究，重在分析、解构的研究方法和视角，这有助于学术职业研究的深入和拓展。

我国现有的关于大学教师学术职业属性和特征的研究，大多还是停滞在对大学教师学术职业的一般属性和特征的认知、研究上，很少对大学教师这一群体结构的内部各要素作深入的分析。特别是在我国高等教育大众化和市场化的宏观背景下，大学教师学术职业出现了多层面的分化，仅从大学教师群体及其学术职业的一般特征出发，是难以准确地把握和揭示新的教育及时代背景下大学教师学术职业的内涵和规律的。

（二）本书的不足

本书强调以当下正在推进的地方普通本科高校转型发展为现实的时空背景，以地方普通本科高校大学教师学术职业分化为具体的研究对象。这一特定的研究视角和对象不仅有利于我们把对当代中国大学教师学术职业分化的问题研究引向深入，也有利于进一步增强这一研究领域学科研究的实践意义和价值。但是，由于多方面原因，本书客观地存在着两个方面的不足。一是对地方普通本科高校与国家重点大学两类大学教师之间的学术观念意识、行为方式和社会地位的比较研究不够。应该说在研究中，我们已经注意到了这一问题，并在相关内容中已经有所涉及。但是，由于对国家重点大学大学教师的学术观念意识、行为方式和社会地位的研究还不够系统、充分，这种关于地方普通本科高校与国家重点大学两类大学教师之间的学术观念意识、行为方式和社会地位的比较研究也显得比较粗浅。二是对当代中国大学教师学术职业分化的整体状况和基本特征作出的描述和概括仍然显得不够到位。显然，这一方面的不足是与前者相关的。正是我们把主要的精力放在地方普通本科高校转型发展背景下的大学教师学术职业分化研究，致使课题研究缺乏更为宽阔的理论内涵的覆盖。

上述两个方面的不足，既与研究团队自身的学术研究实力和水平相关，也是本书研究固有的局限所致。这也成为我们继续推进研究的原动力，将引领、激励我们继续沿着这一方向，把当代中国大学教师学术职业分化的问题研究推向纵深。

第二章

大学再学术化与当代大学教师学术职业分化

学术研究是大学组织和大学教育活动的根本属性和特征。大学学术研究的内涵、功能和形态决定了大学教师学术职业的属性和特征。当代大学进入了再学术时代。大学再学术化是关于大学学术研究的一种新的思想理论，它以新的思想理念和研究视野认识和解构当代大学学术；大学再学术化也是相对于传统大学学术的一种新的学术研究的功能形态，它是大学学术在当今时代背景下的再造和重构。大学再学术化是当代大学教师学术职业分化发生发展的实践背景和根本动因。在大学再学术化背景下，大学学术研究内涵、功能和形态的多元化、多样性及其内在张力，进一步加剧了大学教师学术职业分化，并使大学教师的学术职业分化现象和问题呈现新的内涵和特征。

第一节　大学演变与大学再学术化

一、大学组织属性及其演变

（一）大学组织的基本属性

在高等教育相关学术理论研究中，人们总是习惯于从追溯大学组织的创建及其发展演变入手，来阐述或确立某种学术思想或理论。那么最初的大学究竟是因何而创立，又是沿着怎样的内在逻辑发展演变的呢？换言之，什么是大学组织最初始、最基本的属性呢？在这一问题上，其实人们的认识是存在着分歧的。

大学作为一种组织机构起源于十一二世纪的欧洲，这是人们关于大学起源的一个共识。有研究者在考察大学教师学术职业的发展演变问题时认为，人才培养是大学教师学术职业使命的原点，中世纪大学教师的首要职责是教学。他们甚至明确地提出："19 世纪之前，（大学）学术职业一直以传授知识、培养人才为主要使命。"[①] 笔者以为，这样的认识和判断值得商榷。说初始的或最早发端于中世纪的欧洲大学是以传授知识、培养人才为主要使命，这话本身并不错。但问题是，这样的分析和判断忽视或抹杀了中世纪大学的一个最为重要的属性和特征，即大学教育的学术性。因为论者提出在 19 世纪之前，（大学）学术职业一直以传授知识、培养人才为主要使命的观点同时，还坚持认为直到 19 世纪的欧洲新大学运动和德国柏林大学的创立，才"使科研正式成为大学的一项职能也使（大学）学术职业的使命发生了转向"[①]。这样的论述实际上在告诉人们，中世纪的大学是以传授知识、培养人才作为其基本的内涵和使命。坚持以传授知识、培养人才为主要使命这原本是大学作为一种教育机构的题中应有之义。也就是说，大学作为一种教育机构或组织，明确地坚持传授知识、培养人才的基本使命既是应然的，也是必需的。但是，大学作为一种有别于那些以启蒙和培养少年儿童的基础教育的特殊的教育机构、组织，推进学术研究与发展则是它与生俱来的一种内涵和特性。最初的大学即是如此。正如研究者指出的那样，"中世纪大学即缘起于中世纪知识分子对知识的共同兴趣和追求"，"正因为如此，中世纪欧洲的知识分子才能因为对学问的共同爱好与追求而走到一起，形成知识分子社群，其后发展成为正式的'学者行会'，常态化地开展学术活动"[②]。毫无疑问，大学组织因学者和学术研究而创立，大学教育也因其特有的学术研究的内涵和使命而自立于社会之中、教育之林。简而言之，大学组织正是在这种"对知识的共同兴趣和追求"中，实现着自身的知识传授和人才培养的使命与目标。如果我们只是简单地将中世纪的大学教育的性能定位为传授知识、培养人才，进而忽视了其学术研究的内涵与属性，那就可能是对中世纪大学性质和功能的一种误解。这对于我们今天如何去认识大学教育的"原点"，也会带来许多思想理论的分歧和误区。

那么，什么是大学教育的最基本的属性，抑或什么是大学教育的原点呢？简而言之，其就是以研究和发展学术的方式实现人才培养的功能与使命。这不仅是大学与生俱来的最基本的属性和特征，而且是人们关于大学教育的最基本的认识。但是，为什么在现今的学术研究中人们还会提出一些不同的观点、看法呢？

① 张英丽 .2009. 论高校学术职业使命的嬗变 . 河南师范大学学报（哲学社会科学版），36（4）：229-232

② 陈金圣 .2015. 学术权力的制度化：中世纪大学的案例及启示 . 江苏高教，（4）：149-152

其实这里涉及了对“科学研究”与“学术研究”两个概念及其相互关系的理解问题。国外高等教育专家们的确曾经说过，19 世纪以前，“科学研究不在大学之列”“大学在整个社会创造性智力生活中没有发挥出什么重要作用”①。但是，这样的说法并不意味着否定中世纪大学的学术的属性特征。在我们国内的学术研究的语境中，“科学研究”与“学术研究”是两个相互交叉的概念。在广义的“科学研究”中通常包括“学术研究”的内涵。但是，“学术研究”并不等于“科学研究”。在实际的运用中，学术研究和那些应用性、技术性的科学研究活动还是有着明显的区别。在西方语言中，这两者之间则有着十分明显的区分。《牛津英语大词典》（Oxford English Dictionary）（2004 年版）关于学术一词的释义：1. 作为形容词时，词义为：学校的，柏拉图哲学的，【哲】怀疑论的；属于大学或其他高深学问研究机构的，学者式的，抽象的，非技术的或非实用的；纯理论的；传统的，理想化的，非正式的。2. 作为名词时，词义为，柏拉图主义；大学或相似机构中的专业学者或资深学者；沉醉或卓越于学术探索的人；（复数）学术研究。显然，这样的学术或学术研究是不同于为“社会创造性智力”服务的“科学研究”的。也正因为如此，我们不能因为中世纪大学没有开展“科学研究”而否认它所内在的学术的属性和功能。

（二）大学学术的属性与演变

在传统的、经典的大学学术理念中，以追求高深知识的发现与创新为目标，遵循知识发现与创新的价值理念和行为规范是大学学术的基本内涵和秉性特征。换言之，自从大学组织创建之日起，大学学术的本质属性即在于它是一种纯粹的、不附带任何功利目的的，且坚持和遵循着自身独立的价值理念和行为规则的一种知识创新活动。时至今日，人们依然坚持认为，致力于对真理的自由探索，是对“大学学术责任的狭义定位”②。

在传统的、经典的大学理念和形态中，大学学术的这种纯粹性、独立性的价值理念得到了较为充分的体现和张扬。被誉为现代大学之父的洪堡曾经这样描述大学的学术属性和行为：“大学的真正成绩应该在于它使学生有可能、或者说它迫使学生至少在他一生中有一段时间完全献身于不含任何目的的科学。”③在这里，“不含任何目的的科学”强调、揭示的正是大学学术的纯粹性、非功利性。

① 阿特巴赫 .1985. 比较高等教育 . 符娟明，陈树清译 . 北京：文化教育出版社：28

② 崔延强，邓磊 .2014. 论大学的学术责任——现代大学学术研究的四重属性 . 教育研究，（1）：84-91

③ 转引自：周川 .2005. 从洪堡到博耶：高校科研观的转变 . 教育研究，（6）：26-30

毫无疑问，大学是一种教育机构，是以人才培养作为组织活动的基本内容和目标。但是，大学毕竟是与以知识传授为主要内涵的中小学教育相区别的一种教育形态，“教学与科研相统一”是现代大学教育的基本特征。以科学研究亦即学术研究的理念和方式开展教学工作、进行人才培养，这就是大学教育的教学与科研相统一。如果将大学置身于教育亦即人才培养机构之行列，那么这种教育机构的一种基本属性即在于它的学术性，学术性与人才培养活动相统一，是大学教育区别于中小学教育的一个基本特征，也是大学组织自立于现代社会之根本。教学与科研相统一强调的是大学的学术活动与大学的教学工作、人才培养的统一性和一体化，这是洪堡对大学组织形态和基本理念的一种顶层设计，它规定了大学教育的基本形态和本质特征。

然而，大学学术既具有以专注知识发现与创新为特征，坚持自身独立、纯粹的价值目标的基本属性，又具服从、服务于社会发展终极目标和现实需要的特性，即从属性和服务性的特征。

就像大学组织基于学术生产的本质属性和内在规律而坚持知识发现与创新所固有的价值体系一样，大学学术服从、服务于社会发展终极目标和现实需要的特性，同样也是这种学术行为的本质规律所决定的。社会作为大学的外部环境无时无刻不在以各种方式影响着大学组织及其学术生态和学术行为。有学者借助生态学理论提出，大学的学术，一方面要保持其自身已形成特色的传统和风格，包括对早期经典大学学术范式和理念的继承，即所谓的“物种”特性，而维持某些学术活动或现象的存在；另一方面为了适应环境的变化，就得不断推陈出新，通过“杂交”技术或“现代生物”技术，进行“基因”重组，达到学术的发展与创新，即产生预期的学术“变异”[①]。这里所谓的学术变异，其实就是在社会发展现实需求的引导下，传统、经典的大学学术逐步显现其服从和服务社会的属性和功能。特别是当现代大学走出了传统的“金字塔”模式之后，大学通常总是自觉或不自觉地去满足和适应社会发展的终极目标或现实需求。但是，大学学术对于社会的服务和服从的属性决定了它不仅是社会环境作用的结果，也是学术活动本身的特性和规律，因为作为学术研究对象的知识本身所具有的实践性和应用性，决定了大学学者的学术活动和行为与人们现实的社会实践活动之间的关联性。尽管在经典的大学学术形态下，大学学者的学术研究与创新的主观意向或许并不在于对现实客观世界的服务或改善，但这种学术的

① 刘贵华 .2002. 大学学术生态研究 . 华东师范大学博士学位论文

研究与创新终究不能完全与社会发展的现实相隔离。人们把大学学者按照知识发现与创新的价值理念所开展的学术研究视为“大学学术责任的狭义定位”，亦即“大学学术的内在传统”；而把这种学术活动所实现的服务社会的职能，看作“大学学术责任的广义延伸”。然而，“大学学术的内在传统与外在延伸并没有明显的界限，只是在不同的视域下呈现的具体状态不同”①。正是在这样的背景下，“大学既要按学术逻辑发展自己，又要通过学术，服务社会、引导社会。也就是说大学处于既要走出象牙塔，又要固守象牙塔精神的痛苦的两难境地”②。早在大学走出“象牙塔”，开始自觉地贴近、靠拢社会的时候，美国大学教育的先驱者弗兰斯纳并不以为大学是“象牙塔”，但他强调大学应严肃地批判地把持一些长永的价值意识。③ 弗兰斯纳的这番话虽然意在批评那些无原则地依附、迎合时俗的大学教育行为，但它也的确反映了那一特定的历史时期人们对于大学学术二元价值所面临的两难抉择。

随着社会发展需求与大学组织发展需求的互动不断加强，以及由此而产生的大学与社会发展现实需求之间的联系愈来愈紧密，大学学术服从、服务于社会发展终极目标和现实需要的价值属性不断强化，逐步张扬，形成了大学组织“学术的工具合理性与价值合理性”的分立。也就是说，自从大学组织创建之时开始，大学的学术就内在地蕴含着“学术的工具合理性与价值合理性”的冲突和张力。大学的发展演变也正是沿着大学组织的这种内在逻辑不断地向前推进。

大学学术从一元性走向多元化的价值取向和实践形态经历了一个历史发展演变的过程。伯顿·克拉克说：“复杂万端的高等教育系统从本质上讲是个混血儿，而不是任何观念的极端产物。”④ 这番话显然是在强调当代大学教育内涵及其功能形态的多元化、多样性和复杂性。但是，最初的大学教育并非如此。换言之，今天这样一个包含着多元化、多样性教育内涵及其功能形态的高等教育历经了一个较长时间的发展演变的过程。

---

① 崔延强，邓磊.2014.论大学的学术责任——现代大学学术研究的四重属性.教育研究，(1)：84-91

② 刘贵华.2002.大学学术生态研究.华东师范大学博士学位论文

③ 转引自：周进.2010.大学理念的文化论争与价值诉求——金耀基先生《大学之理念》的思想解读.黑龙江高教研究，(4)：81-83

④ 伯顿·克拉克.1999.高等教育系统学术组织的跨国研究.王承绪，徐辉译.杭州：浙江教育出版社：294

二、大学演变与大学再学术化

（一）大学演变的哲学思辨

有学者在论述高等教育政治论和认识论两种哲学观的博弈时指出："在西方高等教育发展史上，政治论和认识论哲学一直主导着高等教育发展的历程，要么二者在高等教育实践中交替起作用，要么二者在并存、冲突中起作用。"① 在世界高等教育史上，关于高等教育的政治论和认识论两种哲学观的相互冲突和博弈，首先鲜明地体现为大学学术价值观的内在冲突，即大学学术所蕴含着的"学术的工具合理性与价值合理性"两种价值观之间的冲突和张力。而且，也正是大学学术的"工具合理性与价值合理性"两种价值观的冲突和张力，推动着大学组织的演变与发展。

对于处于最初始阶段的大学，主导其学术活动运行与发展的是学术研究的"价值合理性"，即以对学术自身价值的追求为主导的学术价值观。换言之，在这一时期，学术研究的"工具合理性"并没有多大的市场。这一方面是由于这一时期学术的工具性价值还没有得到充分的体现；另一方面，当时的国家、社会也没有向大学学术提出更多的应用性、服务性的需求。因此，这一时期的大学，正处于一种令今人十分向往的"象牙塔"时代。关于初始阶段大学学术的这种较为单一的价值追求，在上文关于洪堡的相关论述中我们可以找到十分清晰的答案。但是，也正是从洪堡的时代开始，大学学术开始清晰地呈现出其固有的工具性的价值追求。

"现代西方高等教育在发展过程中更多地表现为（政治论和认识论）两种哲学观的冲突以及政治论哲学的强势彰显的实践特征"。①遵循这样的逻辑思路我们认为，如果说洪堡时代的大学学术呈现为两种价值观的相互冲突与博弈，那么，到了美国威斯康星大学时代，大学学术则开始了工具价值论抑或是政治论哲学的强势彰显。美国威斯康星大学的教育实践及其办学思想，是大学学术从一元性走向多元化的价值取向和实践形态的重要标志。作为高等教育政治论和认识论哲学的创始人，布鲁贝克就曾经明确地指出："政治论的高等教育哲学与认识论的高等教育哲学并驾齐驱，甚至压倒了认识论的高等教育哲学。'威斯康星思想'大概是这两种理论并驾齐驱的最早例证……这一思想相当成功，其他州立大学以及

① 马廷奇.2002.冲突与整合：西方两种高等教育哲学观的演变.江苏高教，（3）：112-115

其他私立和公立院校，都接受了这一思想。”①“威斯康星思想”是美国威斯康星大学倡导并发展起来的关于大学服务社会的思想观念和实践体系，指大学利用自己的资源直接服务于州政府和全州公民乃至整个国家和全世界。该理念在美国及世界高等教育发展史上具有重大意义，它标志着实用主义大学观正式形成并取得与传统理性主义大学观相同的地位，成为影响美国高等学校发展的深层次支配力量。②

20 世纪初，出任威斯康星大学校长的查尔斯·范海斯（Charles R.Vanhise）十分强调大学的社会服务职能，他甚至宣称服务应成为大学的唯一理想。范海斯可谓是服务性、应用性现代大学教育的倡导者和先行者。他旗帜鲜明地提出："在州立大学，教育是为全州人民利益的，不限阶层和性别，它的大门向所有性别的人打开，只要他们有足够的智力，学费低廉使勤奋的贫穷者可找到道路，所有学生感到根本的平等，这就是州立大学的理念……州立大学的生命力在于她和州的紧密联系。州需要大学来服务，大学对州负有特殊责任。教育全州男女公民是州立大学的任务，州立大学还应促进与本州发展有密切关系知识的迅速成长。州立大学教师应运用其学识专长为州做出贡献，并把知识普及全州人民。”③这是范海斯就职威斯康星大学校长时的演讲，这段精彩的演讲实在可以看作高等教育政治论的宣言书。

威斯康星大学的教育实践及其办学思想，是大学学术从一元性走向多元化的价值取向和实践形态的重要标志。从本质上说，威斯康星大学的教育实践也是大学学术从传统走向变革和重构的重要标志。

（二）大学演变与大学再学术化

如果说以威斯康星大学的教育实践为标志，大学学术进入了一个新的时代，那么，我们将这个进入新的发展阶段的大学学术称之为大学再学术化。结合上文的分析和论述，大学再学术化不仅是大学学术变革的实践的产物，也是关于大学发展的相关学术理论研究深入推进的必然结果。换言之，它是大学学术变革的实践进程及其相关的学术思想理论的变革与发展，共同引导着大学学术进入到再学术化时代。

在人类发展史上，任何一种社会实践的变革，几乎都是伴随着一定的学术

① 约翰·S. 布鲁贝克 .2001. 高等教育哲学 . 王承绪等译 . 杭州：浙江教育出版社：17
② 陈建国 .2014. 威斯康星思想与我国地方高校转型发展 . 高等教育研究，35（12）：46-53
③ 转引自：陈学飞 .1998. 美国、德国、法国、日本当代高等教育思想研究 . 上海：上海教育出版社：45

思想理论的变革与发展的。只是在这一进程中，社会实践与相关的学术思想推进二者之间的互动关系的表现形式不尽相同罢了。回顾人类社会发展的历史我们看到，由于某一种思想理论先导而引发了一种主流的社会变革的历史潮流，抑或疾风暴雨式的社会实践变革，都推动着相关的学术思想理论的及时跟进、总结和提升。大学再学术化的演进也是如此。一方面，它是大学学术变革的实践进程及其相关的学术思想理论的变革与发展，共同推进着大学再学术化的进程；另一方面，在大学再学术化的进程中，大学学术变革的实践及其相关的学术思想理论的变革，二者相生相伴、互动发展。总体上看，大学学术变革的实践进程推动着相关学术思想理论的发展。正是在大学学术不断发展变革的实践中，理论工作者对这一事件现象及时地进行总结、概括，进而形成相关的学术理论。但是，客观地评价，在大学再学术化的进程中，学术思想理论的跟进还是显得有些迟滞。时至今日，虽然一些中外专家学者也从不同的层面对大学再学术化的某些问题进行过分析、论述，但是大学再学术化这个时代命题，仍然缺少系统、完整的理论归纳和阐释。

概言之，从中世纪欧洲大学“象牙塔”式的“非实用的”“纯理论的”学术形态，到以美国威斯康星大学为标志的“实用型”“服务性”的大学学术，再到今天的世界性的高等教育大众化时代，大学再学术化作为一种新型的大学学术实践体系，完成了从传统的大学学术向当代大学学术的转变。与此同时，围绕着大学学术的变迁与发展这一实践课题，理论工作者进行了一系列的学术思想的再创造，从而为大学再学术化作为一种理论体系的建构夯实了基础。而在这方面的理论建构中，大学发展进程中的政治论和认识论哲学观，以及博耶的现代大学的学术观，则是大学再学术化理论体系的根基。

正如人们反思大学哲学观及其演变的过程时指出的那样，在当今时代，“高等教育政治论和认识论哲学在实践中走向融合”[①]。高等教育政治论和认识论哲学在实践中走向融合是大学学术内在规定性的必然反映和要求。同时，两种高等教育哲学观的当代融合，也为大学再学术化奠定了思想理论的基础。大学再学术化是一种新的大学学术体式，它的一个基本的、核心的内涵，就是从一元的价值观念和实践范式，走向二元化和多样性的价值观念和实践范式。大学再学术化虽然是对传统大学学术的再造和扬弃，但并不是完全推翻传统的学术价值理念和实践体系，而是实现了传统与现代的融合。正是在这样的意义上，大学再学术化充分

① 马廷奇.2002.冲突与整合：西方两种高等教育哲学观的演变.江苏高教，(3)：112-115

体现了高等教育政治论和认识论哲学在实践中走向融合。如果说，高等教育政治论和认识论及其相互关系，奠定了大学再学术化的哲学基础，那么，博耶的现代大学的学术观则是大学再学术化的学科理论基础。对于大学再学术化理论而言，博耶的学术观的一个重要贡献，就是把传统的、一元的学术价值和实践体系，拓展并分解成四种不同类型的学术样式，进而为大学再学术化提供了一个现实的蓝图。

第二节　大学再学术化的理论建构与实践解读

一、大学再学术化的概念范畴及其内涵解读

（一）大学再学术化的概念解析

大学再学术化是相对于传统的大学学术的属性、功能和形态而言的一个概念。就这个概念的语义而言，它是对当代大学学术所具有的新的属性、功能和形态的一个概括。就其本质而言，大学再学术化是关于大学学术研究的一种新的思想理论，它以一种新的思想理念和研究视野认识和解构当代大学学术；大学再学术化也是相对于传统大学学术的一种新的学术研究的功能形态，它是大学学术在当今时代背景下的重构和再造。

如上文所述，博耶关于大学学术的思想体系，虽然是以研究和应对大学教学工作因为受到科学研究的挤压而陷入困境这一问题为导向，但是，博耶并没有因此而将大学的教学工作简单地“提升”到科研或学术的范畴和高度，而是基于大学学术和大学教学工作的基本属性，对大学教学工作所应当具有的教学的学术研究的功能和属性进行新的概括。博耶关于大学教学工作具有教学的学术研究的功能和属性的学说，不是要大学学术低下高贵的头，去迎合那些浅薄的照本宣科似的、灌输式的所谓的大学教学，而是强调大学教学应当且必须以学术的价值理念和实践方式，去实现其人才培养的目标和功能。为此，他明确地强调：“研究人员的探索精神，是学术界和全世界的无价之宝。学术上的调查研究是各个学科学术生活的核心，必须努力培养和保护对知识的追求。这种探索精神燃起的智

力上的激情为教师队伍带来了活力，使高等学校充满了生机。”① 由此我们可以看出，博耶教学的学术研究功能说，是对于大学教学的一种应然的解读和价值的判断，而不是关于大学教育现状的一种实然的评价。

有研究者在比较洪堡和博耶的学术思想时指出，在洪堡的思想体系里，“研究”是确定的，而“教学”概念被扩展了：“教学”从传统的讲课听课扩展到科学研究的全过程，研究的过程就是教学的过程。而在博耶这里，保持了“教学”的独立内涵，却扩展了“研究”的概念，将教学视作研究，而且是与经典的“发现”同样重要的研究，从而赋予教学以研究的性质，赋予教学水平以学术水平的含义。② 的确，博耶学术思想的一个重要贡献，就在于它“扩大了‘研究’的概念”。而这种扩大了的“研究”的概念，为我们揭示了当代大学再学术化的时代特征，即大学学术已经由传统、单一的“发现”的功能和形态，走向了发现的学术研究、综合的学术研究、应用的学术研究和教学的学术研究并存的新时代。如果说博耶的教学的学术研究理论解决的是大学学术与大学教学工作的矛盾关系，揭示了大学学术向大学教学工作的拓展这一基本走向，那么，博耶总结的关于大学学术中综合的学术研究和应用的学术研究，它所解决的是大学学术与社会发展现实需求之间的矛盾关系，揭示了大学学术朝着社会发展现实需求的方向拓展的新趋势。在社会与大学互动发展的过程中，在大学学术价值理念融合和实践形态变革发展的相互激荡下，大学学术以更加迅猛的态势突破大学校园的藩篱，走向社会实践与应用的广阔天地；进而从根本上改变了过去那种单一的知识发现与创新的学术功能与形态，朝着学术形态和功能的多元化、多样化方向发展。因此，相比较而言，博耶关于综合的学术研究和应用的学术研究的理论概括，更具有“发现”的意义和价值，因为它向人们揭示了大学学术应该和正在发生的这种深刻的变化，并使得当代大学“学术的工具合理性与价值合理性”相互融合的价值取向，有了更为坚实的学理和科学范式的支撑。

博耶曾庄严地宣告“给予‘学术水平’这一熟悉的、崇高的提法以更广阔的、内涵更丰富的解释的时候已经到来，这将使学术工作的全面内容合法化”③。然而，正是博耶给予“学术”的这种“更广阔的、内涵更丰富的解释”，宣告了大学再学术化时代的到来。

---

① 欧内斯特 • L. 博耶 .1994. 学术水平反思 . 丁枫，岑浩译 // 国家教育发展研究中心 . 发达国家教育改革的动向和趋势（第五集）. 北京：人民教育出版社：22-24

② 转引自：周川 .2005. 从洪堡到博耶：高校科研观的转变 . 教育研究，（6）：26-30

③ 国家教育发展研究中心 .1994. 发达国家教育改革的动向和趋势 . 北京：人民教育出版社：20-31

（二）大学再学术化的内涵解读

首先，大学再学术化是一种关于当代大学学术的思想理论，它包含着以一种全新的思想理念去认识当代大学学术，以及由此而形成的关于当代大学学术的内涵、形态与特征等方面的思想理念。

什么是学术？抑或什么是大学学术？在西方，关于学术有着十分明确的内涵界定，即属于大学或其他高深学问机构的、学者式的、抽象的、非技术的或非实用的、纯理论的、传统的、理想化的，等等。在我国，虽然人们通常将学术与科研混为一谈，但人们在单独地使用学术这一概念时，则依然保持着对这一概念所固有的高深学问的理解和认识。什么是学术化呢？"'学术化'是指大学普遍存在的追求高深学问的态度和行为，以及以学术为中心的状态。'学术化'是大学价值的原本，是大学区别于其社会组织的价值所在。"[①] 但是，以上这些关于学术和学术化的理解或解读，是就其原本的、传统的意义而言的。仅就传统的大学学术的内涵特征来说，非实用、纯理论是这种学术的最核心的属性和最本质的特征。大学再学术化则是在大学学术的这些原本意义的基础上，对当代大学学术的一种新的认知与解读。在这种再学术化的理论视野下，大学学术固然保持着对那些非实用的、纯理论性的高深知识的追求和探索，但是这种新的学术形态同时也在朝着实用性和应用性的方向发展。人们把这种关于大学学术的新的价值取向称之为"世俗化"。[①]因此，这种新的大学学术形态不再只是由传统的非实用的、纯理论的一元论的学术价值观主导，而是出现了非实用、纯理论的和实用性、应用性两种价值取向并存的新的价值体系；抑或如人们所说的学术化和世俗化并存的局面。正是在这样的新的价值观念的主导下，当代大学教育才出现了如今这样丰富的内涵和多姿多彩的形态。

其次，大学再学术化是关于当代大学学术功能、形态及实践体式的高度概括和具象的描述。换言之，大学再学术化是一种新的大学学术范式。如果说大学再学术化首先表现为非实用、纯理论的和实用性、应用性两种价值取向并存的新的价值体系，那么与这种新的价值体系相适应的，则是一套完整的、有别于传统学术范式的当代大学学术功能、形态及实践体式。关于这种新的、有别于传统学术范式的当代大学学术功能、形态及实践体式的内涵，我们将在下文做专门阐述。在大学组织自身发展及其与社会发展的互动中，当代大学学术出现了一种全新的价值观念体系和实践范式。于是，我们把这种新的大学学术范式称之为大学

---

① 孙孝文.2007.大学"学术化"与"世俗化"的冲突和协调.重庆交通大学学报（社科版），7（5）：91-93

再学术化。伯顿·克拉克说："复杂万端的高等教育系统从本质上讲是个混血儿，而不是任何观念的极端产物"。[①]克拉克的这番论述，当然不是对传统的高等教育的描述，而是对大学再学术化的一种形象的概括和注解。

大学再学术化作为一种新的大学学术实践范式，它体现在现代大学教育的实践进程之中。以中国高等教育跨入大众化发展阶段为标志，大学再学术化进入了一个新的发展阶段。大学再学术化作为一种关于大学学术研究的新的思想或观念体系，它见之于许多高等教育学专家关于大学学术的理论研究的著述之中。其中，博耶的大学学术论是这一思想或观念体系的基础和核心。李金奇在《大学组织再学术化与大学教师学术职业分化》一文中首先提出了大学再学术化的概念范畴，此后，又在相关著述中对这一概念范畴进行了拓展研究。同时，我们也希望通过本书的理论探索与思考，将大学再学术化的理论研究引向深入。

二、大学组织再学术化的观念、形态与实践特征

（一）大学学术价值理念的多元并存与融合

在大学和社会的互动发展进程中，大学学术实现了从固守一元价值目标和单一的功能形态到坚持二元价值理念融合与多种功能形态并存的转变和演进，当代大学也由此进入了再学术化的时代。而大学再学术化首先就表现为大学学术的价值理念的多元并存与融合。

一方面，在大学再学术化时代，大学学术在价值理念上体现为学术研究的独立性与公共性价值的并存与融合。大学学术的独立性与公共性的价值理念，是指大学学术所具有的价值属性与追求。公共性与独立性是大学学术和大学教育内在的、固有的两种价值属性。在大学教育发展史上，正是这两种价值理念和价值取向之间的交互作用，推动着大学学术及其教育事业的不断变革与拓展。这里所描述的关于高等教育政治论和认识论两种哲学观在大学教育实践进程中的冲突与整合的状况，也正是大学学术和大学教育的公共性与独立性相互博弈的现实写照。

大学学术和大学教育所具有的公共性与独立性的二元价值属性，既是现代大学多元属性和功能的要求及其体现，也是大学组织与社会之间的互动和博弈的必然结果。因此，大学学术和大学教育的公共性与独立性的相互融合不仅是必要

① 伯顿·克拉克.1999.高等教育系统学术组织的跨国研究.王承绪，徐辉译.杭州：浙江教育出版社：294

的，也是可行的。通过考察中外高等教育史我们不难发现，大学学术和大学教育的公共性与独立性之间并非只是一种绝对分裂和冲突的关系。事实上，真正意义上的大学学术和大学教育的公共性，不仅不会绝对地排斥大学学术和教育活动的独立性，还会积极鼓励大学学术及其教育活动按照其自身所固有的价值原则和实践规律独立自主运行发展。因为只有这样，大学学术及其教育所给予社会的，不仅是现实的社会“想要的”，而且是作为社会运行发展“所需要的”。同样，在大学学术及其教育实践过程中恰当地遵循社会公共性的原则和理念，可以更为有效地推进大学学术及其教育活动的自主发展。大学学术和教育从传统的“象牙塔”式的运行模式，逐步走向与社会、与大众之间的融合，正是社会公共性的原则和理念制衡的结果。因此，在一个相对理想的社会环境中，理想的大学学术和大学教育常常会展现公共性与独立性和谐共生的局面。

当然，政治论和认识论这两种高等教育哲学观的融合，抑或大学学术和大学教育的公共性与独立性的相互包容，并不意味着大学学术和大学教育的公共性与独立性两种价值属性的消融，而是要在保持两种价值属性之间的必要张力的基础上进行的一种实践调适。

概言之，大学教育的公共性和独立性维系着大学教育的内在张力。二者既有着各自特定的内涵与取向，又相互关联地共同作用于大学组织的运行与发展。美国大学教育的先驱者弗兰斯纳就告诫人们，大学应该是“时代的表征”，但不应该随社会的风尚、喜恶而乱转；大学不应该是“象牙塔”，而应严肃地批判地把持一些长永的价值意识。显然，弗兰斯纳的这一论述意在强调大学教育的独立性。但是，其中关于大学应严肃地、批判地把持一些长永的价值意识的观点，又的确是在宣示大学教育的公共性的最高原则。

另一方面，在大学再学术化时代，大学学术在价值理念上体现为工具合理性与价值合理性的并存与融合。大学学术在价值理念上的工具合理性与价值合理性，是与上文讨论的大学学术独立性与公共性价值相关联的一对价值范畴。这一对价值范畴在大学组织和大学学术的演变、发展之中的功能形态，与上文讨论的大学学术独立性与公共性之间的相互关系和互动发展有着相同和一致的轨迹。价值传统的大学学术是以追求学术研究自身的价值实现为主导的。随着大学教育和社会发展的不断进步，大学学术的工具性价值逐渐凸显，并日益强化。首先，大学学术从大学组织创建伊始，就有着其自身固有的价值内涵与目标理念。其次，大学学术的工具性价值内涵与目标也是伴随着大学组织的创建而生成的。回顾大学发展的历史我们不难看出，初始阶段的大学学术虽然有十分强烈的“象牙塔”

式的色彩或基调，但是这一时期的大学学术所崇尚的那些看起来似乎十分纯粹的研究话题，其实也是那一时期、时代社会所激发出来的同样带有一定现实性、实践性的学术研究的问题。正如人们描述的那样，中世纪大学初创时期，作为高深知识抑或是学术研究的内涵主要有所谓的文科七艺，以及法学、医学和神学等学科内容。仔细考察后我们不难发现，这一时期大学所热衷研究的这些学科内容，也正是这一时期欧洲社会历史进程中占主导地位的一些学术研究的热门问题。事实上，如果一个学术研究的话题或问题完全与现实的社会实践毫无关系，那么这样的学术研究是不会被人们视为有价值的。这也就是说，大学学术的工具性价值内涵目标同样是大学组织与生俱来的。

同上文讨论的政治论和认识论两种高等教育哲学观学术在世界大学发展史上的相互博弈及其演变的过程一样，作为大学学术工具合理性与价值合理性两种价值倾向的博弈与演变同样经历一个此消彼长，并最终实现融合的过程。

初始阶段的大学学术是以其自身的价值追求为主导的。这一点不容置疑。尽管我们说即便是初始阶段的大学学术也并非是与现实的社会生活完全相脱离的，但是就其功用和形态而言，这种学术研究所关注的是一种纯粹的学术价值，而很少有一些功利的目标追求。一位 11 世纪的学者曾经这样描述那个时期的人们对高深知识的渴望和追求：

> 奥尔波特不满足于自身对学习的渴求，当他听到某人在艺术上才华出众时，他马上就飞跑到那里，而且他越是渴望，就越能从大师那里吸收令人喜悦的东西……此后正如蜜蜂在百花上一样，迫切地吸吮着知识的甘露，他回到蜂房，在这里虔诚地学习，也学习虔诚。①

无论是学子还是学者，都在如饥似渴地学习研究着高深的知识，以至于在追求学术方面达到了一种近似痴迷的专注和虔诚。

正如上文所论述的那样，这种由学术自身价值所主导的学术研究的状况一直延续到欧洲的新大学运动，亦即洪堡的时代才开始改变。此后，大学学术的工具理性逐步凸显；甚至像人们所描述的一样，一度达到了主导地位。正如布鲁贝克所说的那样，在当代，“政治论的高等教育哲学与认识论的高等教育哲学并驾齐驱，甚至压倒了认识论的高等教育哲学”②。

然而，作为工具合理性与价值合理性两种价值倾向终究是大学学术自身所具有的富有张力的二元价值观。这两种价值观通过否定之否定的矛盾运动，最终

① 佩里 .1993. 西方文明史（上）. 胡万里等译 . 北京：商务印书馆：320

② 约翰 • S. 布鲁贝克 .2001. 高等教育哲学 . 王承绪等译 . 杭州：浙江教育出版社：17

实现了大学学术工具合理性与价值合理性的并存与融合。

（二）大学学术内涵与形态的多元并存与融合

如果说从固守大学学术的一元价值理念，到实现大学学术“工具合理性与价值合理性”两种价值理念的融合，是当代大学再学术化的内在特性，那么，从单一的知识发现与创新的学术功能与形态，到学术形态和功能的多元化、多样化，则是大学再学术化的外在表征。

其实，洪堡确立“教学与研究相统一”的大学理念之日，就已经为现代大学学术功能和形态的多样化埋下了伏笔。在上文中我们已经提及，洪堡的“教学与研究相统一”的大学教育论，是建立在学术研究的和“完人”培养的纯粹性即非功利性的共同的价值理想的基础上的。但是，这种“教学与研究统一论”并不能抹杀或掩盖大学的学术研究和人才培养两种实践活动、形态的各自不同的内涵与特质。在洪堡之后，英国教育家纽曼就明确地提出：“发现和教学是两种迥异的职能，也是迥异的才能，并且同一个人兼备这两种才能的情形并不多见。整天忙于把自己现有知识传授给学生的人，也不可能有闲暇和精力去获取新知识。”[①]当然，纽曼把大学教育中的教学与科研这样截然地对立起来并不可取。实际上，在今天，人们在大学学术支撑人才培养这一问题上，已经取得了广泛的共识。但是，纽曼强调大学教育中教学与科研工作各自不同的特性、内涵和规律则是对的。其实，洪堡之所以提出“教学与研究相统一”，不仅是注意到了大学教育的这两种活动方式的内在关联性，也看到了它们之间的差异与张力。洪堡始终认为，学校首先要“纯粹地关心教育本身，关心作为知识的知识，关心心灵的培养”，在这一前提下,“要关心科学”[②]。因此，从某种意义上说，洪堡的“教学与研究相统一”论，也是建立在他对教学与科研二者之间的差异和张力的认识之上的。

洪堡的“教学与研究统一论”强调了大学学术与教学和人才培养工作在价值理念上的一致性，明确地赋予或规定了现代大学教学和人才培养工作的研究亦即学术的属性和功能。美国学者弗莱克斯勒曾经对“德国教授不采取灌输式教学这样一个事实”[③]给予了充分认可。这一评价的实质即在于它揭示了洪堡以及他那一时代的大学教育工作者对“教学与研究相统一”的大学教育论的实践，以及

① 约翰•亨利•纽曼 .2001. 大学的理想（节本）. 徐辉，顾建新，何曙荣译 . 杭州：浙江教育出版社：4

② 转引自：周川 .2005. 从洪堡到博耶：高校科研观的转变 . 教育研究，（6）：26-30

③ 亚伯拉罕•弗莱克斯纳 .2001. 现代大学论 . 徐辉，陈晓菲译 . 杭州：浙江教育出版社：278

由此而创造了具有鲜明的学术创新意义和价值的教学及人才培养模式。在“教学与研究相统一”的大学教育论的实践背景下，“让研究控制教学”，以“科研作为教学方法”成为现代大学教学及人才培养的价值理念[①]。科学研究进入教学的场域，教学具有了研究和学术的价值意蕴，这是现代大学教育的显著特征，也是大学学术的延展和变异。

博耶曾庄严宣告：“给予‘学术水平’这一熟悉的、崇高的提法以更广阔的、内涵更丰富的解释的时候已经到来，这将使学术工作的全面内容合法化。”[②]然而，正是博耶给予“学术”的这种“更广阔的、内涵更丰富的解释”，宣告了大学再学术化时代的到来。

（三）大学学术制度及实践方式的多元并存与融合

随着大学学术价值观念和内涵体系的多元化趋势的扩展，大学学术制度及实践方式也开始出现了多元并存与融合的新格局。

1. 大学学术制度的多元并存与融合

“学术职业的发展状况及其特征受外部环境的影响，这个外部环境可以包括政治、经济、文化、技术等方面，它们通过政府、市场、组织三种制度形式作用于学术职业。”[③]从这一论述中我们可以看到，影响和制约大学学术职业发展的制度原本就是一种内涵繁复的体系结构。因此，对大学学术制度的研究也是一个庞大的研究课题。为此，我们在这里只是就这种制度体系所内含的多元要素或是价值理念及其相互关系做一简略论述。

宋旭红在论述科学研究奖励制度的时候指出：“科学的发展不仅要靠少数杰出科学家的天才创造，同时也要依靠众多的普通科学工作者的辛勤劳动。所以，科学奖励系统不仅要奖励少数科学家天才的重大贡献，也要保证对大多数普通科学家所做出的点滴贡献给予适当的承认，使各个层次的科学家都受到激励，以保证科学体制的正常运行。”“在学术共同体中，处于不同层次上研究者希望获得的承认是不同的，因而产生了不同声望和知名度的奖励等级。这些不同等级的建立反映了科学贡献大小和才能高低。”[④]这一论述实际上是对多层次、多元化的科研

---

① J.D. 贝尔纳 .1985. 科学的社会功能 . 陈体芳译 . 北京：商务印书馆：346

② 国家教育发展研究中心 .1994. 发达国家教育改革的动向和趋势 . 北京：人民教育出版社：20-31

③ 阎凤桥 .2009. 转型中的中国学术职业：制度分析视角 . 教育学报，5（4）：8-17

④ 宋旭红 .2008. 学术职业发展的内在逻辑 . 武汉：华中科技大学出版社：139

奖励制度产生的原因及其必要性进行了阐述。科学研究奖励制度是一种重要的学术制度和机制，它是各类学术和科学研究实践活动持续推进的动力。当代社会，特别是在一些科技创新社会机制比较健全的国家和地区，已经建立起比较完备的学术激励机制。而正如上文论述的那样，这种较为完备的学术制度体系的一个重要特征，就是为应对多层次、多样化的学术研究或科学研究而设计了体现出层次性和多元化的奖励制度。

王应密在他的博士学位论文《中国大学学术职业制度变迁研究》中较为详尽地解读了中国大学学术职业制度及其变迁。其在文中指出，大学学术职业制度尽管非常庞杂，但其主体内容无外乎涉及学术职业者的聘任、评价、晋升、解聘等。因而，对大学学术职业制度的考察就可以主要从准入制度、评价制度、晋升制度、薪酬制度及解聘制度等几个方面来进行。①综观近年来的关于大学学术职业研究成果，学者从不同的层面入手，对大学教师学术职业的准入制度、评价制度、晋升制度、薪酬制度以及解聘制度进行了研究。总体上看，这些研究从纵向的视角对各类制度的发展演变考察分析较多，而立足当下对这些学术职业制度现状考察则略显不足。

我国大学学术制度在满足和适应大学学术价值观念和内涵体系的多元化、多样性方面已经有了一个初步的架构。譬如我国大学普遍实施的学术、科研成果的评价制度，以及大学教师学术职务、职称的评聘制度，等等。但是，总体上看，这方面存在的问题较多，制度建设的任务依然十分艰巨。一方面，大学再学术化为适应大学教师学术职业分化提供了一定的制度环境；另一方面，日渐加剧的大学学术职业分化现象又对现行的大学学术制度不断地提出了新的诉求。正如杜驰强调指出的那样："当前高等教育大众化进程的迅速推进，引发了日渐严重的研究漂移现象，学术职业传统上统整的价值准则走向分裂并动摇了学术职业的根基，学术职业未来走向的明朗化面临新的制度变迁诉求。"②除此之外，现行大学学术管理制度的缺憾和弊端，也在影响和加剧着大学教师学术畸变。"为了提高教师的学术产出，高校大多是根据发表论著多少、论文所载期刊的等级以及科研经费获取的数额和级别来评判和衡量教师的学术水平，并为此做出了硬性的指标规定。这种量化的管理方式尽管强化了学术职业出成果的那种'射门'意识，使对教师的成果判断有一个相对比较客观和明确的标准，但同时构成了对教师较大的心理压力乃至生存压力，从而实际上限制的却是真正富有创造性的研究者，

① 王应密.2009.中国大学学术职业制度变迁研究.华中科技大学博士学位论文

② 杜驰.2008.高等教育发展与学术职业的制度变迁.高教探索，(4)：10-13

因为创造力和想象力是宽松自由的产物，而不是紧张压力的产物。”① 正是在这样的背景下，适应大学再学术化的需要，努力建构起一种与大学学术价值观念和内涵体系的多元化、多样性相适应的制度体系的任务显得更为紧迫而艰巨。

2. 大学学术实践方式的多元并存与融合

大学学术实践方式的多元并存与融合，是与上文讨论的大学学术内涵与形态的多元并存与融合相关联的一个问题；可以说是大学学术内涵与形态的多元并存与融合决定了大学学术实践方式的多元并存与融合。从大学学术职业分化的角度考察大学学术实践方式的多元并存与融合，我们可以从分工和分层两个方面进行认识、加以研究。

从分工的角度考察大学学术实践方式的多元并存与融合，我们可以按照今天人们对大学教学、科研和社会服务三项基本功能入手。第一，人们讨论得最多的是大学教学及人才培养与学术研究、科学研究的关系。尽管洪堡从他那个特定时代的大学教育的实际出发，创立了“教学与研究相统一”的大学理念，但是，大学教育中的“教学与研究”的关系，从来就是一对具有内在张力的矛盾关系，二者之间的相对分立以及在一定意义上的相互冲突具有必然性。这首先是因为教学与科研是大学教育中两类性能不同的教育实践活动，二者不可等同，更不可相互替代。在大学，教学与科研虽然可以统一于人才培养这一共同的目标，而且相互融合、促进，但是大学的教育与科研活动又有着各自不同的实践内涵以及目标任务和价值追求。无论是在教学科研两种实践活动方式之间，还是作为大学教育的实践主体教育工作者在这两者之间的抉择，都不可避免地会存在着一定意义的矛盾冲突。既是要正视作为大学学术的两种实践方式教学与科研并存的格局，又要努力地保障和促进二者之间的融合和互动。第二，还有社会服务工作与教学、科研工作的关系问题。特别是在当下高等教育转型发展的背景下，由于社会服务工作的重要地位愈来愈加凸显，大学社会服务与教学、科研工作的关系也在引起人们的广泛关注和重视。同样，我们既要正视作为大学学术的三种不同形态社会服务与教学、科研工作的相互关系，同时又要注意保障和促进三者之间的融合和互动。

从分层的角度考察大学学术实践方式的多元并存与融合，大学教师学术职务、职称的层级分化及其相互关系是一个重要的内容。大学教师学术职务、职称的层级分化既是大学教师成长所呈现的阶梯性的一个标志，也是基于大学教学科

① 郭丽君.2006.学术职业与大学的组织制度安排.辽宁教育研究，（12）：21-24

研工作的层次化和多样性的一种制度设计。从我国大学教育目前的情况看，大学教师学术职务、职称的层级分化较多地体现了大学教师发展、成长的层次性、阶梯性，而如何使这种大学教师学术职务、职称的层级性更多地体现出大学教学科研工作的层次化和多样性，则无论是在制度设计和理论研究方面都显得不足。这方面的问题尤其需要人们加以关注和重视。

大学再学术化是一种关于当代大学学术属性与功能的一种学科理论，也是对当下的大学学术内涵体系和结构方式的一种新的解构。从大学再学术化与大学学术职业分化的关系看，大学再学术化既为人们解析大学学术职业分化提供了新的思想武器和认识方法，又从大学再学术化的视角对当下大学学术内涵体系和结构方式进行了新的解构，它所呈现给人们的本身就是关于大学学术职业分化的图景。本节对大学组织再学术化的观念、形态与实践特征的论证和分析，实际上已经在一定的层面上揭示了大学学术职业分化的现象与特征。只不过本节对大学组织再学术化的观念、形态与实践特征的分析论证，是从这种观念、形态与实践范式的多元构成要素及其共生与融合的角度展开的。

第三节　大学再学术化与当代大学教师学术职业分化

一、大学再学术化与现代大学教育的多元化和多样性

（一）大学再学术化与高等教育大众化

大学组织的学术属性决定着大学教师的学术职业属性，大学组织再学术化也必然引发大学教师学术职业的分化。着眼于宏观层面，当代大学再学术化所引发的大学教师学术职业分化，首先体现在高等教育大众化背景下的大学教育体系内部的精英教育与大众教育的相对分立。

高等教育大众化理论奠基人马丁•特罗认为，在高等教育大众化发展阶段，“精英高等教育主要是塑造统治阶层的心智和个性，为学生在政府和学术专业中充当精英角色做好准备。而大众高等教育的对象则更为广泛，包括社会中所有技术和经济组织的领导阶层。普及高等教育的主要目的是提高人们对迅速变化的社

会的适应能力，为发达工业社会大多数人的生活做准备”①。进入大众化发展阶段的高等教育，包括后续的普及化的高等教育，改变了精英式发展阶段的高等教育的内涵和形态。这种新的高等教育的一个显著的特征，就在于这种新的高等教育体系内部呈现为狭义的精英教育与大众教育两种教育形态的相对分野。

作为高等教育大众化体制下的精英教育和大众教育模式，与作为高等教育的两个不同发展阶段的精英式教育和大众化教育，是内涵不尽相同的两对概念范畴，为了加以区分，我们将作为高等教育大众化体制下的精英教育和大众教育模式称之为狭义的精英教育和大众教育。在高等教育大众化发展阶段，狭义的精英教育与大众教育不仅在教育宗旨、办学模式和人才培养方式等诸多方面体现出了各自不同的实践倾向，也反映了新的时代和教育背景下人们在高等教育的价值取向与认知方面的分歧和冲突。认识高等教育大众化必须抓住这一根本问题。一些学者根据发达国家大众化进程的经验、教训以及我国高等教育多样化的现实；提出了建立多元化高等教育发展战略。②然而，这种多元化高等教育发展战略确立，则应当建立在对高等教育内部精英教育与大众教育两种教育价值体系和实践体系分立、并存的认识基础上，高等教育内部精英教育与大众教育二元分立才是高等教育多元化发展的基础。

顾名思义，在高等教育内部存在着的精英教育和大众教育，它们之间的最本质上的分野即在于，前者是以面向少数英才学生和培养少数精英型人才为宗旨的，而后者则是面向大众、服务大众的教育体制。同时，教育对象和服务宗旨的不同，决定了这两种教育模式在教育理念和实践体系上的许多差异和冲突。其实，在精英教育阶段，高等教育内部就已经存在着以培养精英人才为宗旨和以培养实用型人才为目的的两种不同的教育价值体系和实践模式。中国现代大学的奠基人蔡元培先生就曾经明确地提出，要在高等教育领域里实行“学与术分校”“治学者可谓之大学，治术者可谓之高等专门学校”③。在这里，所谓治学的大学与治术的高等专门学校，其实就是高等教育内部两种不同的教育价值体系和实践体系。事实上，在此后，中国的高等教育也一直是在按照“学与术分校”的路径在运行，国家在开办一批以培养高级专门人才为主的大学的同时，也设置了一些以培养社会急需的应用型人才为目的的高等专科学校。当然，中国现代大学发展初

① 谢作栩 .2001. 马丁・特罗等教育大众化理论述评 . 现代大学教育，（3）：14-18

② 杨兰芳，陈万明 .2007. 我国高等教育大众化的理论与政策研究综述（1999—2006）. 辽宁教育研究，（8）：24-27

③ 中国蔡元培研究会编 .1997. 蔡元培全集（第 3 卷）. 浙江 ：浙江教育出版社 ：291

期实行的高等教育“学与术分校”，亦即精英教育与大众教育两种教育价值体系和实践体系分立，也是从西方现代大学教育体制中借鉴过来的。也就是说，即使是在中西方典型的精英教育时代，高等教育内部也同样存在着一些以培养实用型人才为主的大众教育。然而，当时主导高等教育的是精英教育的价值体系，而那些以培养实用型人才为主的大众教育又没有形成相应的气候，不足以作为一种独立的教育价值体系和实践体系与精英教育分庭抗礼。因此，两种不同的教育价值体系和实践模式之间的差异和冲突也就没有得以凸显。高等教育进入大众化发展阶段之后，与传统的精英教育相对应的大众教育开始崛起，并在数量和规模上成为高等教育的主体；而此时的精英教育依然在整体上维系着其固有的价值准则和实践模式。于是，高等教育内部两种价值体系和实践模式分立的局面开始形成。

在高等教育进入大众化发展阶段之后，原有的精英教育体制和教育模式仍然被保留下来。这一点既在特罗教授的理论中已有明确的表述，也在我国的高等教育大众化进程中得到了印证。与此同时，大众化教育内涵和教育模式成为高等教育的新的组成部分。这样，大众化发展阶段的高等教育就由精英教育和大众教育两种不同的教育内涵和教育体制构成。尽管此时的精英教育与传统的大学精英教育已经有了些许改变，但它依然保留着传统的精英教育的特质；而狭义的大众教育作为一种新的高等教育的内涵与形态，在生源构成、教育目的和培养方式等方面都表现出了区别于精英教育的不同特质。概括地说，狭义的精英教育与大众教育作为两种不同的高等教育实践体系和价值体系，它们之间的差异和区分不仅表现在人才培养目标的定位方面，也广泛地存在于学科研究及教育的内涵与方式上，还存在于学校教育的价值取向和办学模式之中。

大学再学术化与高等教育大众有着内在的关联性。大学再学术化是一个渐进的过程，直到目前我们依然难以将这种进程及其阶段性做出一个清晰的描述。但是，可以肯定地说，高等教育大众化加速了大学再学术化的进程，高等教育进入大众化发展阶段也就意味着大学再学术化进入了一个新的历史时期。借用博耶的大学学术理论，如果说传统大学其学术研究的内涵和旨趣重在开展“发现的学术研究”，那么，在高等教育大众化发展阶段，“综合的学术研究”“应用的学术研究”“教学的学术研究”则占有更大的比重，甚至成为主体。大众化发展阶段的高等教育更加注重“综合的学术研究”“应用的学术研究”“教学的学术研究”，这并不意味着“发现的学术研究”的地位降低，而是“综合的学术研究”“应用的学术研究”“教学的学术研究”被提到了相对重要的地位。大众化发展阶段高等教育学术研究的这种变化固然取决于高等教育自身结构和内涵所发生的深刻变化，也与这一时期经济、社会和科学事业的发展进步及其对大学学术研究和科学研究的需求有着重要的关联。

（二）高等教育大众化背景下的大学教师学术职业分化

讨论高等教育大众化背景下的大学教师学术职业分化问题，首先需要进一步明确和强调大学学术职业的概念内涵。虽然在高等教育大众化背景下，大学教育内部相对地呈现狭义的精英教育与大众教育两种教育形态之间的分野，但是大学教育内部的精英教育与大众教育两种教育形态之间的相对分野，并不等同于大学学术职业分化现象。在我国，当高等教育事业以跨越式的步伐迈入高等教育大众化发展阶段之后，大学和大学教育工作者都自觉地形成了一种共识，即在我国现阶段高等教育体系中，只有相当少的一部分研究型大学抑或国家重点大学归属于精英教育的行列，除此之外的一大批高等院校都自觉地将学校办学定位归属到大众教育的行列之中。这就意味着在狭义的大众化高等教育中，既包括各地兴办的高职高专，也包括一大批本科院校和大学。

高等教育大众化背景下大学教育内部的精英教育与大众教育两种教育形态之间的相对分野，本身就是大学学术职业分化的一种内涵与表征；同时，这种办学体制和形态的分野也使得当代大学教师学术职业分化表现得更为清晰、明朗，更多地体现出了制度化的色彩和特征。

在高等教育大众化背景下，大学学术职业分化首先表现为精英型大学和大众化高等教育的相对分立。在高等教育大众化的背景下，研究型大学抑或人们通常所说的一流大学和重点大学应当以精英人才培养为目标，在我国高等教育领域里似乎已经成为一种通行的说法。一些研究高等教育的专家们反复强调，“研究型大学应该永远培养精英”；有些研究型大学的领导同志也不假思索地提出，他们的学校必须始终坚持“精英教育”人才培养目标的理念。在高等教育这个大系统中，不同类型和层次的高等院校在人才培养方面有着各自不同的使命和特征，高等学校的分类与定位也主要体现在人才培养的层次和类别上。那么，研究型大学将学校的人才培养目标定位于精英人才，这样的办学理念和思路是否科学、恰当呢？其实，我们对这一表述始终表示质疑。首先，笔者不赞成在高等教育领域里过度地张扬精英人才和精英教育的理念，因为研究型大学以精英人才培养为目标，这种提法本身不科学。其理由有二：第一，精英人才是一个内涵宽泛、具有不确定性的概念。第二，按照上述精英人才的理念，高等教育不能直接培养出精英型人才，研究型大学不是精英人才培养的主渠道，更不是唯一的渠道。因此，我们认为，研究型大学的人才培养目标应该定位研究型人才，而不应该一概地使用精英型人才的概念。但是为了表述的方便，我们在本书中依然采用了目前人们通用的说法。然而，需要说明的是，这里所说的精英型大学和大众化高等教育的分立是基于大众化背景下高等教育人才培养目标分类的需要而言的；但它同时表明了这两种类型的大学在学术研究和学术职业方面的差异。潘懋元先生说："参考联合国教科文的国际教育分类标准，中国的高等学校，似可以分为三种基本类型：一类是少量的综合性、研究型大学，培养自然科学、社会科学、人文学科的研究人才；另一类是大量的专业性、应用型的多科性或单科性院校，培养有宽厚理论基础的不同层次的工程师、经济师、律师、教师、临床医师和各级干部；还有一类是更大量的职业性、技术型的院校，培养在生产、管理、服务第一线从事实际工作的技术人才，一般为专科层次，少量为本科层次，有的可以培养硕士生。每类高校，都可以有重点院校，都可以成为国内（或省内）知名，国际（或全国）有影响的名牌高校。"[①] 从潘先生的这番论述中我们可以看到，大学分类标准既涉及人才培养目标的定位，也关涉学校学术研究和传播的功能和特性。这恰恰印证大学教育通过学术研究和学术传播的方式和途径培养人才的基本理念。换言之，在高等教育大众化背景下，高等教育体系内部相对地呈现出精英型大学和大众化高等教育之间的分立；而这两种相对分立的高等教育，在学术研究和学术职业的内涵、旨趣及实践方式等诸多方面也相对地表现出彼此分立或分化的现象。

其次，高等教育大众化背景下大学学术职业分化更为广泛、深入地体现在大学教育的各个层面上。也就是说，高等教育大众化带来或引发的大学学术职业分化，除了直接地体现为精英教育和大众教育的并存和分化之外，还使得这种新的高等教育形态在整体上更为广泛、深入地呈现出了学术职业分化的现象和特征。马丁·特罗（Martin Trow）博士是人们公认的高等教育大众化理论的奠基人，他从十个方面对精英型高等教育和大众化高等教育之间差异进行了分析。在谈及学术标准问题时，特罗指出，在精英高等教育阶段，一般设有共同的和相对较高的学术标准。大众高等教育阶段，学术评价标准趋向多样化，在不同的机构和系统中其标准的严密性和特点均各不相同。[②] 在大众高等教育阶段，大学学术评价标准的多样化决定了大学学术职业分化的必然性。

---

① 转引自：新京报.2005. 惊闻北大要"造"领导型人才.[DB/OL].http://News.qq.com/a/20051111/001867.htm.（2005-11-17）[2018-6-18]

② 转引自：谢作栩.2001. 马丁·特罗高等教育大众化理论述评. 现代大学教育，（3）：14-18

二、大学再学术化与大学组织机构的分化

（一）大学再学术化与大学分层分类

如果说在宏观层面上，当代大学再学术化具体地表现为大学系统内部精英教育大众教育的相对分野，那么再学术化背景下大学学术功能形态的多元化和多样性还体现为大学组织层次和类型的分化。

在现代大学体系中，大学依据自身的学术传统和服务职能而区分为不同的层次和类型。也正是在现代大学的背景下，大学分层分类就一直是高等教育理论研究中的一个重要的研究领域。随着高等教育大众化和大学再学术化的推进，以分层分类为标志的大学组织分化也在不断加剧，并日趋明朗化、制度化。以这样的视角研究大学分层分类，首先需要把握的是高等教育结构内部的精英教育与大众教育两种教育体制的相对分野。关于大众化背景下狭义的精英教育与大众教育两种教育体制的相对分野，在上文中我们已经进行过讨论；而狭义的精英教育与大众教育两种教育体制的相对分野的一个最为具体的表征，就是精英型高等学校与大众化高等学校的相对区分。在我国高等教育进入大众化发展阶段之后，几乎所有的大学机构都在自觉地按照精英型高等学校与大众化高等学校的分野进行了自我办学的定位。这里有一个重要的背景，那就是国家在高等教育体系内部推行了“985 工程”“211 工程”等大学工程建设。于是，那些位列于“985”大学行列的高校，多将自己的学校定位为精英教育；而那些“985”“211”之外的大学也多自觉地将自己的学校定位在大众化教育的行列。这里还需要说明的是，“985”“211”之外的一大批本科大学尽管在总体办学指导思想上确立了大众化办学定位，但是这依然阻挡不了许多学校按照精英型大学的办学思路和模式趋同发展。

从大学学者的角度考察，这种基于大学组织性能而进行的分类，其实也是基于学术职业的不同而进行的大学学者的分类。可以这样说，同一类型的大学，究其本质而言是由那些从事着相同性质的学术研究活动的大学学者组成的学术共同体；不同类型的大学，则是由一些从事着不同性质的学术研究活动的大学学者组成的各不相同的学术共同体。在我国，一种通行的大学分类方法，就是把大学分为研究型大学和教学型大学（在这一基本的类型划分体系下还可以进一步细分为若干层次、类型）。那么，依据博耶的学术分类法，研究型大学的学者主要从事发现的学术研究；而教学型院校的学者，则以从事教学的学术研究为主。随着

我国高等教育步入大众化发展阶段，“高等教育单一体系分化为学术性高等教育与应用性高等教育两大体系”①。在这样的分类体系下，学术型高校的学者侧重于从事发现的学术研究和综合的学术研究，而应用型高校的学者则侧重于从事应用的学术研究、教学的学术研究。需要强调指出的，大学的这种基于学术研究的层次和类型的分类，也与其确定的人才培养的目标定位相关联。2015 年，《上海高等教育布局结构与发展规划（2015—2030 年）》强调，将高等院校按人才培养功能区分为学术研究型、应用研究型、应用技术型和应用技能型四大类。从这种分类的名称即可以看出，这种大学分类不仅体现的是人才培养功能的区分，也是一种学术研究的层次和类型的区分。②

大学组织分化与大学教师学术职业分化之间的关联性，取决于大学组织与大学教师学术职业都是以学术活动的形式和载体实现着自身的功能和使命。因此，大学教师学术职业分化也通常与大学组织之间的相对分化联系在一起。邬大光在他的研究论文中具体地分析了大学分化的 10 种现象，其中，基于理念差异的大学分化、基于教育属性差异的大学分化、基于知识分化的大学分化、基于职能拓展的大学分化、基于培养目标不同的大学分化、基于高等教育规模扩张引发的大学分化、基于信息技术进步的大学分化等 7 种大学分化现象直接或间接地与当代大学学术功能、形态的分化有关。③仅就大学组织分化与大学教师学术职业分化之间的关系看，人们通常认为大学组织分化决定了大学教师学术职业分化，这一点从上文所引用的研究文献即可以看出。实际上，在大学学术职业研究的视域内，大学组织分化既是大学学术职业分化的基础和条件，也是大学学术职业分化的一个重要的显性特征。

（二）我国大学分层分类中的问题分析

大学分层分类是基于大学再学术化背景下，大学学术的多种功能形态所进行的一种制度安排；也是不同层次和类型的大学依据大学学术的多元化和多样性的功能形态进行的一种能动的选择。但是，由于多方面的原因，我国高等教育在分层分类方面存在的问题长期以来没有得到较好的解决，大学趋同化发展始终是困扰我国高等教育持续、协调发展的现实问题。

---

① 张兄武，许庆豫 .2014. 关于地方本科院校转型发展的思考 . 中国高教研究，（10）：93-97

② 财新网 .2017. 地方大学新一轮“合并”“重组”提上日程 .http://www.caixin.com/2017-01-25/101048766.html（2017-01-25）[2017-07-12]

③ 邬大光 .2010. 大学分化的复杂性及其价值 . 教育研究，（12）：17-23

大学组织分化抑或是大学分层分类涉及不同大学之间的办学功能的科学定位。关于高校定位的内涵，郭桂英和姚林在《关于我国高校办学定位的研究》一文中将其具体地概括为社会服务面向的定位、发展目标的定位、办学类型的定位、人才培养规格的定位、办学规模和层次的定位和办学的特色定位等六个方面。① 其实，基于大学（这里主要是指四年制本科大学）研究高深学问的根本宗旨和属性，学术定位应当成为高校办学定位的核心内涵之一。在我国高等教育大众化背景下，应对大学分层分类这一实践课题，就是要努力促进不同层次和类型的高校基于社会需求以及高校生态环境对各自学校学科建设和人才培养做出科学的定位。这一问题在高等教育大众化背景下显得尤为重要和突出。杨德广教授强调，在大众化背景下，高等学校在人才培养方面应当各就各位，有所作为。他说："研究型大学主要是培养高层次、高水平、有研究能力、创新能力的拔尖人才；教学型大学主要培养'宽口径、应用型'人才；职业技能型大学主要培养第一线的技术精英、实践能力强的人才，这些人才都是社会所需要的。因此各类高校必须正确定位、安于本位，不要越位，沿着既定的目标踏踏实实，一步一个脚印地前进。"② 杨先生这里所说的教学型大学主要指的是我们今天所讨论的地方本科高校。然而，就是在这样一个十分理性的问题上，我国高等教育却一直在科学合理地分层分类与不切实际地趋同发展这样一个矛盾的纠葛中难以脱身。其中，一个主要的问题，就是一部分"教学型大学"抑或地方本科高校盲目地照抄照搬研究型大学的办学模式，朝着研究型大学的发展目标和办学路径趋同发展。在世界高等教育史上，也曾出现过"教学型大学"朝着研究型大学的发展目标和办学路径趋同发展的现象；一些高等教育的专家们甚至认为这种大学趋同发展的倾向对于提高大学教育质量、促进高等教育可持续发展具有正向的意义。因此，如何引导和促进地方本科高校依据自身的办学历史、环境和条件，对学校办学做出科学的目标定位，进而不断克服事业发展过程中的趋同现象，就成为进入大众化发展阶段的我国高等教育的一个重要的现实问题。潘懋元先生十多年前就曾指出，地方本科高校既不能盲目地照抄照搬研究型大学的办学模式，又不能办成高职高专，这个问题在理论上虽然不难说清楚，但在实践运作的过程中却不容易把握好、处理好。以至于这一现实问题一直延续到今日。这也就说明，推动高等教育进行合理有序的分层分类是一个十分复杂的问题，也是一项十分艰巨的任务。

---

① 郭桂英，姚林 .2002. 关于我国高校办学定位的研究 . 江苏高教，(1)：59-62

② 杨德广 .2005. 高校必须树立正确的定位观与质量观 . 高等教育研究，(2)：6-9

进入大众化发展阶段以来，在我国高等教育系统中，研究型大学和高职高专作为狭义的精英教育和大众教育两种教育体系的典型代表，鲜明地体现着两种教育体系的内涵及其价值取向。而作为高等教育中一种特定的办学层次和办学类型的教学型院校，亦即本文所说的地方普通本科院校，则更多的是徘徊于这两种不同教育价值体系和实践体系之间的高校。特别是一部分地方本科高校竭力朝着精英大学的模式趋同发展，使之经常陷于十分尴尬和难以自拔的困境。为此，我国政府和高等学校一直都十分关注大学分层分类以及不同层次和类别的大学科学定位的问题，强调各种不同层次和类别的高校都要在明确自身的办学定位的基础上走特色发展的道路；但是，多年来的高等教育发展的实践表明，这些指导思想在实际上并没有收到明显的效果。在这方面，不同层次和类型的大学趋同发展依然是一个主要矛盾。不同层次和类型的大学趋同发展的原因十分复杂，其中固然存在着大学学术竞争的内在驱动力问题，也有其他的负面作用和效应。

高等教育内部存在着两种相对独立的价值体系和实践体系，使得现实的高等教育面临着许多新的情况、问题与挑战，这就要求人们在教育观念、教育体制、教育模式等根本问题上进行重构。这是高等教育发展史上的一个重大课题。马丁·特罗的高等教育大众化理论并没有完全解决好这一历史性课题。特别是中国的高等教育大众化是在我国特定的国情以及新的时代背景下实现的。它有着许多新的、更为丰富的内涵，需要在理论上作出新的认识和解读；它在实践中出现的许多新情况、新问题，更是急需人们加以研究和应对。2006年，曾有教育部官员提出，在高等教育大众化阶段，大学生在就业问题上应定位为普通劳动者。学生应定位为普通劳动者。[①]此言一出，舆论哗然。许多人对此表示不能理解和接受。其实，此话并没有大错，只是不太严密罢了。如果说，在高等教育大众化发展阶段，有相当大的一部分大学生的就业应定位为普通劳动者，则是无可挑剔的了。而这里所说的相当大的一部分大学生，也就是指那些在狭义的大众教育层面接受高等教育的大学生。这位官员的话，实际上触及到了狭义的大众化高等教育的一个最本质、最核心的问题——这种大众化教育形态是一种面向大众、以培养高素质的普通劳动者为旨归的高等教育体制和形态。正因为如此，大众教育作为一种教育形态而进入高等教育的场域，不仅改变了原有高等教育的结构与内涵，也使高等教育的根本宗旨和价值原则发生了重大变化。

---

① 人民网.2006.教育部官员称大学生应定位为普通劳动者.http://edu.people.com.cn/GB/8216/4390411.html.（2006-05-22）[2017-10-16]

马丁·特罗教授在谈到美国高等教育发展时曾说，美国高等教育没有树立“国家样板大学”，从而避免了美国高校的办学和发展趋同化，形成了高等教育的多样化格局，加之市场竞争，才使得美国高等教育能对不断变化的社会生活做出最快的反应和最大的适应。[①]实践证明，在推进大学分层分类和实现不同层次类别的大学科学定位问题上，美国多元化和多样性发展经验值得我们认真学习借鉴。

三、大学再学术化与大学教师学术职业的分化

（一）再学术化背景下的大学教师学术职业分化

在宏观层面上，当代大学再学术化具体表现为大学系统内部精英教育与大众教育的相对分野，以及大学组织层次和类型的分化。同样，大学再学术化作为一种多元内涵结构的学术体系最直接地引发和强化了大学教师学术职业群体及其意识和行为的分化。

尽管迄今为止人们并没有给予“学术”概念的科学阐释，但学术终究还是作为主体的人的一种实践活动、行为，抑或人们认识实践活动所产生的规制、成果。简而言之，学术是人的学术，是与人的主体行为相关联的。由此可见，博耶关于大学学术的四种基本分类，就其实质而言，乃是大学主体学术实践活动的一种相对分类。事实上，博耶关于大学学术的分类研究，原本也就是从大学教授的工作特性出发的。关于这一点，我们从博耶的研究报告的标题《学术水平反思——教授工作的重点领域》即可看出。由此可见，本书讨论的大学学术职业分类绝不同于一般的学科知识体系的分类，它最终体现为大学教师学术职业的分化和分类，即在大学教育的场域内，从事不同的学术研究的人们在价值理念、行为方式乃至职业待遇等诸方面的差异和分化。由此可见，大学教师学术职业理念和行为的分化，实乃大学再学术化的一种内涵的丰富和必然结果。

此外，大学教师学术职业分化更多地则表现为在同一类或同一所大学内部，大学教师作为一个学术群体其内部结构所发生的分化。譬如，一些大学在大学教授的评聘方面采取的“研究型教授”和“教学型教授”相对区分的方法。而“研究型教授”和“教学型教授”的相对区分，正是根据大学教师学术职业分化的需要和现实在学校内部所进行的一种教师职业分类。

① 马丁·特罗.1989.美国高等教育——过去、现在与未来.高等教育论坛，（1）：82-92

概言之，本书这里所说的大学教师学术职业分化，指的是大学教师作为一种学术职业角色的分化。从静态的视角看，这种大学教师学术职业的分化包括不同层次和类型的大学教师学术职业分化，和同一学校内部大学教师学术职业的分化。着眼于学术职业的内涵，在大学再学术化背景下，大学教师学术职业角色的分化主要包括不同的大学教师群体在大学教师职业岗位上所体现出的不尽相同的意识观念和行为方式，以及通过这种职业行为所获得的社会地位和薪酬待遇方面的差异、差距。关于大学教师学术职业分化的这两个方面的主要内容，下文将做专题论述。需要强调的是，大学教师在学术职业方面所体现出的观念意识和行为方式，以及据此而获得的职业待遇，直接影响着大学和大学教师发展目标的实现。同时，无论是不同层次和类型的大学教师学术职业分化还是同一学校内部大学教师学术职业的分化，处于分化状态下的大学教师的学术职业意识和行为模式乃至发展成长轨迹都有着明显的差异。也正是由于大学教师学术职业分化与大学和大学教师发展目标之间的直接的关联性，人们对此现象和问题给予高度关注和积极的应对。

（二）大学教师学术职业的分化的现状与问题

大学教师学术职业的分化的现状，可以从多维度进行分析。概括地说，大学教师学术职业分化主要体现在大学教师的学术职业分层、分类和对外延展三个方面。

首先是大学教师的学术职业分层。高校学术职业的分层分级较多依赖教师的高深知识存量与价值增量，是对教师学术能力和学术贡献相对大小的评价；同时，大学教师学术职业分层体现了不同层级教师之间地位的差异性。[①]在现阶段，大学教师的学术职业分层是一种制度化的产物，是在政府和大学的共同主导下推行的。尽管不同国家、地区，政府和大学在主导大学教师职业分层的制度设计和管理中的角色定位不尽相同，但是，二者在对大学教师职业分层的制度设计和管理中的功能和作用都是不可或缺的。当然，在大学内部，学术权力和行政权力也在共同主导着对大学教师职业分层的制度设计和管理。因此，对于大学教师学术职业分层，既要重视、关注这种学术职业分化现象本身及其背后的一些问题，也要注意研究不同的权利主体在主导大学教师学术职业分化中的主观意志以及相互之间的博弈。从目前我国的情况看，大学教师学术职业分层的确存在着一些不容

① 李志峰，杨开洁 .2011. 基于社会分工的高校学术职业分层分类 . 华北电力大学学报（社会科学版），(5)：125-131

忽视的问题，这些问题既表现在由于分层所带来的教师群体内部的撕裂与冲突，也表现在政府或学校在对大学教师职业分层的制度设计和管理中的一些缺位和越位现象。

其次是大学教师的学术职业分类。相对于大学教师的学术职业分层而言，学术职业的分类是一种横向的学术职业分化现象。学术职业的分类与高校组织定位和教师个体发展旨趣相关。[①]考察大学教师学术职业的分类既可以从不同的大学的角度切入，也可以着眼于同一所大学内不同的教师群体。对于后者的研究显得更为重要，因为在同一所大学内部，不同教师群体的职业行为和地位的差异更容易对学校事业发展产生作用和影响。从存在的问题来看，相对于大学教师的学术职业分层来说，大学教师的学术职业分类存在的问题更多，也更为严重和突出。从整体上看，大学教师的学术职业分层主要依据的是教师的专业知识存量及其贡献，尽管在这种分层评价中也存在一些不尽合理、科学的地方，而且这种分层所引发的马太效应也会带来一些负面影响；但它的激励作用及其带来的积极影响依然占主导方面。而大学教师的学术职业分类则多体现在同一职级的大学教师之中，这种同一职级的教师由于职业性质和行为的差异而带来相互之间地位和待遇的过度悬殊，其产生的负面影响则更为严重。教学与科研是大学教育的内在矛盾张力，也是贯穿于大学运行发展始终的一个主要矛盾；大学教师在教学与科研两种不同职业行为上的分野及其所产生的矛盾冲突，则是困扰大学发展的一个绕不开、理还乱的实践难题，还有科学研究不同内涵和范式之间的冲突，以及教学科研与社会服务之间的矛盾冲突。尽管不同的学校以及不同的历史时期，这些矛盾冲突的性质内涵及其表现形式各不相同，但是应对和调适这些不同类型的教师学术职业行为之间的矛盾冲突，则始终是大学教育及其管理实践的一个艰巨任务。

最后，特别要提及的是，当代，学术职业开始向社会其他行业的领域延伸、拓展，这是讨论、研究大学教师学术职业角色分化必须关注、重视的另一个问题。宋旭红在她的学术专著中曾专门讨论这一问题。作者指出，当代，“学术职业的角色开始向社会其他行业的领域延伸、拓展，学术职业的角色和职能又更加多元和分散：教育者、研究者、管理者、官员、顾问，在不同的组织和机构中学术职业有不同的角色”[②]。在前文中我们已经厘清了这样一个认识，即学术职业是

① 李志峰，杨开洁.2011.基于社会分工的高校学术职业分层分类.华北电力大学学报（社会科学版），(5)：125-131

② 宋旭红.2008.学术职业发展的内在逻辑.武汉：华中科技大学出版社：209

专指大学教师这一特定的行业而言的。但是，在学术及科学研究迅猛发展的当今时代，学术职业已经冲破大学的藩篱，走向了多个社会领域。需要强调的是，学术职业虽然正在向着多种社会领域延展，而且这样的趋势依然在不断地强化，但是这种向外延展的学术职业，依然与大学组织有着千丝万缕的联系，只不过在不同的领域，这种联系的方式以及关联度有所不同。譬如在我国，医学学科的大学教授与医生通常是一体的。而这种紧密型的联系，则与我国医学院校与大型医院之间的紧密合作不无关系。其他类型的关联则相对松散一些。尽管如此，大学组织内部与拓展到其他社会组织中的学术职业，他们之间的内在关联是不容忽视的。

第三章

地方本科高校转型发展与大学教师学术职业分化

地方本科高校是我国高等教育体系中的一个重要的组成部分，地方本科高校办学集中地体现了我国当代大学教师学术职业分化的各种矛盾、冲突。在高等教育进入大众化发展阶段的背景下，地方本科高校转型发展就一直是我国高等教育改革发展的一个重大主题。以地方本科高校转型发展为切入点，研究大学教师学术职业分化问题，赋予了大学学术职业理论研究更加鲜明的时代主题与特色，同时也是地方本科高校转型发展的实践需要。

第一节 高等教育大众化与地方本科院校转型发展

一、大学功能的拓展演变与地方大学的兴起

（一）大学服务社会与地方大学的兴起

联合国教科文组织在 1978 年明确提出，高等教育的新任务之一就是要利用科学理论研究与应用科学实践为社会服务。今天，社会服务与人才培养、科学研究一起被公认为高校的三大基本职能。但是，纵观世界大学发展史，社会服务被纳入大学教育的基本职能，则远远滞后于人们对大学教育的人才培养和科学研究的基本功能的认识。

传统的大学以固守学术的“象牙塔”为骄傲，造成传统的大学教育与现实经济社会之间的相互隔离，这既有大学体制自身的价值取向的作用，也与那个年代

西方社会经济发展的状况有着密切的关系。大学教育的这种自我禁锢也同时严重地束缚着大学组织形式的发展。“大学在 18 世纪和 19 世纪早期还处于一种休眠状态。缺少一种切实的、在知识上的职责，强调传授已有的文化，严格限制发挥社会作用，所有这些都造成了动力上的不足。”[①] 和飞在他的博士论文中指出：迄今为止，学与术在大学发展史上经历了统一—分离—再统一三个阶段。在大学发展的早期，学与术曾经是统一的。中世纪的大学一方面承载着人类学术生活的主要内容，另一方面也体现着鲜明的职业特征。但是，文艺复兴后，学与术在大学中开始分离，并逐渐形成了尊学贬术、重学轻术的传统，这种传统在洪堡的大学理念中达到了顶峰。这一方面造就了像柏林大学这样令世人艳羡的伟大奇迹，另一方面也使贬术的传统登峰造极……学与术的重新统一在 19 世纪中叶的美国大学中重现生机。美国人一方面借鉴德国的学术传统，建立以科学研究和研究生教育为主的研究型大学；另一方面创办美国式的赠地学院和州立大学，使美国高等教育朝着学与术合理分工、深层统合的方向发展。[②] 大学教育中关于学与术的关系的处理，实际上反映了大学教育与社会现实需求之间的关系。尊学贬术、重学轻术实际上就是传统大学脱离经济社会发展的现实、奉行“象牙塔”式的教育体制的一种表征。这种传统的大学体制维系了几百年，直到 19 世纪中叶开始有所改变。19 世纪 60 年代美国国会颁布的《莫雷尔法案》以及在这一法案推动下兴起的威斯康星大学的教育实践，是世界高等教育突破学术“象牙塔”，并逐步确立服务社会的基本职能，进而走向社会经济建设主战场的重要标志。

1862 年，美国国会颁布了《莫雷尔法案》，授权联邦政府可用各州赠予土地来创办新型高等学校。正是在这一法案的推动下，美国各地掀起了兴办赠地学院的热潮。而这些在赠地运动中应运而生的地方高校也非常知趣地投桃报李，开始自觉地履行服务社会的功能。威斯康星大学及其校长范·海斯就是他们中间的代表。范·海斯作为一个高等教育的专家，不仅以其在威斯康星大学的教育实践直接地创立了地方大学服务社会的典范，还极力地为地方大学服务地方经济社会发展进行思想舆论的鼓吹。他明确地提出：“大学应该直接有利于促进农业、使工业效率更高和有利于政府，”并将其作为立校之本，他甚至还提出，“服务社会应该是大学唯一的理想”[③]。当然，地方大学服务社会的职能应该是与其所担负的人才培养和科学研究的基本职能相生相伴的，而不应该是对人才培养和科学研究职

① 阿特巴赫 .1985. 符娟明，陈树清译 . 比较高等教育 . 北京：文化教育出版社：28

② 和飞 .2005. 地方大学办学理念研究 . 华中科技大学博士学位论文

③ 王立新 .2007. 服务区域社会经济是地方高校的必然选择 . 中国高等教育，(17)：51-52

能的排斥和否定。但是范·海斯的关于地方大学服务区域经济社会发展的理论与实践，为最终确立大学教育社会服务的基本功能发挥了决定性的作用。今天，人类社会进入了 21 世纪，科技革命以及经济社会的发展进一步强化了大学服务社会的基本职能。包括我国在内的一些国家，甚至把大学服务社会通过立法的形式加以明确和固化。

如果说是以威斯康星大学为代表的地方大学的教育实践，为现代大学确立服务社会的职能提供了范例、做出了贡献，那么大学服务社会的职能也进一步促进了地方大学的发展。在人类教育史上，大学最初是带着满身的贵族气息来到这个世界上的。然而，当历史的脚步跨入 19 世纪不久，一种崭新的大学形态——地方大学，便伴随着工业革命和资本主义大发展的时代浪潮，得到迅速的发展，成为推动世界高等教育发展的一支充满活力的新生力量。①研究者以诗化的语言描述了地方大学的兴起与成长，但是，地方大学的发展成长却从来不是一帆风顺的。且不说地方大学兴起之初地方大学作为一种新型的大学形态，与传统的大学及其办学理念之间的冲突，时至今日，地方大学依然处于传统大学抑或国家重点大学严重的挤压之中。当然，地方大学今天所面临的困局，既有外部环境的挤压的影响，也与一些地方大学自身办学定位的偏差有关。

着眼于世界高等教育发展史，从美国发端的现代地方大学不仅只是办学体制和投资主体有别于传统大学，更重要的则是它在办学宗旨以及教育体制和内涵的与时俱进及改革创新。1848 年，佛蒙特州国会议员莫雷尔曾建议取消美国学院中“几个世纪以前建立的以欧洲学术为特点的那部分学习，以较新的更有实用价值的学习来填补空白”②。莫雷尔后来还进一步明确地强调，这些新兴的地方大学在学科教学方面要紧密贴近地方经济社会发展的需求，“要在不排斥科学、经典学科和军事战术课程的前提下，教授与农业和工艺有关的学科”②。唯其如此，美国新兴的地方大学在自身发展和服务社会两个方面都获得了成功，以至于美国教育史家卡布来在评价赠地学院时称赞地说：“联邦政府给予教育的多种补助中，似乎没有别的补助像拨地兴建农工学院，和以后拨款举办这类教育，获得更丰硕的成果了。”③但是，并不是所有国家地方大学的兴起都像美国这样一帆风顺。实际上，在欧洲的一些国家，例如，在英国，地方大学的兴起与发展就经历了一个比较曲折的过程。沿着传统大学抑或是精英式大学的办学模式和思路趋同发展，

① 和飞 .2005. 地方大学办学理念研究 . 华中科技大学博士学位论文

② 王英杰 . 美国高等教育的发展与改革 .2002. 北京：人民教育出版社：9

③ 转引自：吴式颖，任钟印 .2002. 外国教育思想通史第三卷 . 长沙：湖南教育出版社：503

就是其中的一个突出问题。而在我国地方大学的兴起和发展的过程中，这个问题则表现得更为突出。

总之，地方大学的兴起，与大学服务社会功能的逐步强化有着密切的关系。伴随着现代大学服务社会功能的不断强化，大学服务经济社会发展的作用和功能也逐渐引起了社会和大学的高度关注和重视。正是在这样的背景下，地方大学也异军突起，成为高等教育的一支重要的生力军。

（二）中国地方大学的兴起与发展

在中国，地方大学与国家重点大学之间有着十分清晰的界限。“地方大学一般是地方根据自身经济社会发展需要举办的，或主要是由地方政府提供经费并进行管理的高校，是我国高等教育体系中非常重要的组成部分。”① 简而言之，地方大学是为了适应地方经济社会发展需要而创建，由地方政府提供经费并进行管理的高等学校。一般来说，地方大学是与国家或中央直接管理的大学（一般称为国家重点大学）相对而言的。但是，也有研究者把地方大学特指为以第三级政府（地市级政府）举办的地方大学②。地方大学的范畴，同样存在着相应的层级的区分，例如，就办学层次而言，就包含有本科院校和高职高专两大类型；在本科层次中，也分为学术教学型、教学学术型和教学型院校。

我国真正意义上的地方大学的兴起始于改革开放新时期的初期。1980 年，教育部批复同意成立汕头大学，由此拉开了构建以第三级政府（地市级政府）举办地方大学为扩张路径的高等教育“中国模式”的序幕。②此后，在一些发达地区和中心城市，地方大学开始蓬勃发展 。从改革开放初期到 1993 年，短短的十几年间，仅全国中心城市举办的地方大学就达 151 所，占当时全国普通高校总数 1080 所的 14%。③ 世纪之交，伴随着高等教育大众化进程的不断加快以及高等职业教育的快速发展，地方大学发展入了一个新的重要的历史时期。一方面，一批原来的专科学校特别是一批在地市州的专科学校趁势跨入大学本科的行列；另一方面，就是大量的高职院校应运而生。根据《中国教育统计年鉴·2003》的资料，截至 2003 年，我国共有 1552 所普通高等学校，其中，中央部门所属高校 111 所，占全部高校总数的 7.2%；地方政府所属高校 1268 所，占普通高校总数

① 蔡袁强 .2012. 地方大学的使命：服务区域经济社会发展——以温州大学为例 . 教育研究，(2)：89-94

② 刘晖，邹艳春 .2011. 中国地方大学发展的回顾与反思——兼议高等教育发展的“中国模式”. 高等教育研究，32（2)：15-19

③ 彭玉芳等 .1995. 中心城市高校的理论与实践 . 北京：机械工业出版社：1

的 81.7%；民办高校 173 所，占全部高校总数的 11.1%。[①] 至此，地方大学与国家重点大学在高等教育体系中所占的比例开始倾斜，地方大学已成为中国高等教育的主体力量。

值得注意的是，自改革开放以来，中国地方大学快速崛起，并有着十分明显政府主导的痕迹。与西方国家相比较，一方面，中国地方大学的兴起的速度之快令人惊叹；另一方面，快速兴起的地方大学也随之出现了许多不容忽视的问题。正如研究者指出的那样：改革开放以后，伴随着我国教育体制改革的深入，全国各地新建数百所本科层次的地方大学，其中仅世纪之交“专升本”的学校就达 100 多所。这批学校的崛起一方面优化了我国高等教育的结构，成为促进我国高教大众化的重要方面军；另一方面也因一部分学校简单照搬、模仿、攀比国家重点大学的办学理念而出现了目标错位、模式单一、人才雷同、特色缺失等弊端。[②] 从世纪之交我国高等教育步入大众化至今，一部分新建本科院校，当然还包括一些建校历史相对较长一些的地方本科院校，朝着国家重点大学的办学模式趋同发展的问题一直没有得到较好的解决，以致如何引导这一部分高校基于学校自身实际进行科学合理的办学定位，成为当今中国高等教育科学、持续发展的一个老大难问题。

二、高等教育大众化与地方本科高校转型发展

（一）高等教育大众化背景下地方大学办学功能定位

20 世纪 60 年代，世界高等教育开始逐步进入大众化发展阶段。无论是西方发达国家先期实现的高等教育大众化，还是我国正在推进的高等教育大众化的进程，都向人们揭示了这种新的高等教育体系的一个基本的属性和特征，即在大众化高等教育体系内部存在着狭义的精英教育和大众教育两种不同的教育形态和内涵，进而使整个高等教育体系相对于传统的精英型高等教育而言，呈现为一种层次性、多样化的办学结构与形态。高等教育大众理论的奠基人马丁•特罗说：“必须强调，从精英向大众、普及转变，并不意味着前一阶段的形式和模式必然消失或得到转变。相反，事实证明，当高等教育作为一个整体过渡到下一个阶段容纳更多的学生，发挥更加多样化的功能时，前一阶段的模式仍保持在一些高校或其

---

① 中华人民共和国教育部发展规划司 .2004. 中国教育统计年鉴 •2003. 北京：人民教育出版社：18

② 和飞 .2005. 地方大学办学理念研究 . 华中科技大学博士学位论文

他高等教育机构中。”“在大众化阶段，精英高等教育机构不仅存在，而且很繁荣，在大众型高校中，培养精英的功能仍在继续起作用。”① 特罗教授这一学说的核心在于，它强调大众化发展阶段的高等教育并不是对精英型高等教育的抛弃或悖逆，而是在大众化的体系内部依然保留甚至发展着精英教育，以至于这种高等教育体系内部包含着狭义的精英教育和大众教育两种相对独立的体制和内涵，并在价值形态和实践体式上呈现为一种层次化、多样性的基本特征。据此，有学者认为，高等教育的多样性是马丁·特罗教授高等教育大众化理论的基石，是其理论的灵魂。② 在西方发达国家，因其文化传统以及社会机制和结构的关系，在推进高等教育大众化的进程中，高等教育在总体上按照层次化和多样性的原则协调发展的问题解决得比较好。尽管在由精英型向大众化发展阶段转变的过程中，西方发达国家的高等教育也曾引起过不小的震荡，包括人们对于高等教育办学质量的质疑，以及伴随着高校规模扩张而出现的大学生就业难的问题，但是在高等教育体系内部，能够较好地克服由单一的精英教育模式所主导的同质化的发展倾向，进而按照层次化和多样性的原则实现内涵、结构的变革与调整。正因为如此，西方发达国家高等教育转型期在经过短暂的阵痛后，很快步入了健康的大众化发展阶段。在亚洲，尤其是日本和韩国这些市场经济国家，在高等教育大众化的进程中也能够较好地处理其内部结构和体系多元化、多样性发展的问题。“日本的私立大学必须在高水平的经营能力下低成本运作，而且必须选择社会需求程度较高的适用领域作为专业教育的对象，另外，几乎所有的私立院校为了增加学生数，都在正规的课程之外设有各种各样的、特别是部分时间制的可以边工作边学习的课程，一般是设置夜间课程或短期课程，也有设置函授课程的私立专门学校，日本的私立院校与美国的公立院校一样，成了大众化教育的承担者。”③ 显然，这种以适应社会和市场人才需求为导向的私立高等学校的兴起，既有力地推动了高等教育大众化的进程，又成功地避免了高等教育在整体上的同质化发展。

回顾西方发达国家高等教育大众化的发展历程，实现高等教育从精英型到大众化的转变，一个最根本、最主要的问题，就是要解决好伴随着高等教育大众化进程而迅速兴起的一大批地方高校的办学定位问题。

尽管随着高等教育从整体上进入大众化发展阶段，作为大众化发展阶段中的精英型高等教育也会在性能和形态上发生一些相应的改变，但是这类大学在基

① 马丁·特罗.1999.从精英向大众高等教育转变中的问题.王香丽译.外国高等教育资料，(1)：1-22
② 张洪亚.2002.马丁·特罗高等教育大众化理论研究.厦门大学硕士学位论文
③ 孙泽厚.2002.高等教育大众化国家避免毕业生就业难题的成功模式.教育科学，18（3）：54-58

本办学功能和运行方式依然维系着其原本所固有的一些属性和特征。这一点从我国高等教育大众化的进程中同样得到了印证。我们通常所说的那些精英型高校抑或国家重点大学，今天依然保持着其精英型人才培养和高端的学术研究的目标定位。而真正需要在大众化背景下，对学校办学定位进行重新思考并作出抉择的，是那些已然归属于大众化办学行列的地方本科高校。这也就是为什么从进入高等教育大众化阶段开始，地方本科高校就一直面临着转型发展的实践课题。

（二）高等教育大众化与地方本科高校转型发展

地方普通本科高校向应用型转变是我国高等教育大众化发展的题中应有之义。

世纪之交高校大规模的扩招，将我国高等教育跨越式地带入了大众化发展阶段。但是，高等教育由精英教育向大众化发展阶段的转变，却并没有随着这种办学规模的快速扩张而“跨越式”地实现。实践证明，由于我国基本国情以及高等教育发展的特征和规律的作用，相对于发达国家走过的高等教育大众化路程而言，我国高等教育由精英型教育向大众化发展阶段转变所面临的矛盾、困难和问题更为复杂、更为严峻，其实践过程也更为漫长。其中一个突出的问题，就是这种新的高等教育体系没有迅速地挣脱单一的、精英型高等教育观念和体制的束缚，进而按照大众化发展阶段的规律和要求，在内涵和教育形式上实现多元化、多样性的发展格局，精英型、同质化的发展倾向一直主导着高等教育的运行与发展。需要进一步指出的是，在我国高等教育大众化进程中，适应高等教育体系结构的层次性和多样化要求的关键或重点，即在于地方普通本科高校这一特定的办学类型和层次。潘懋元先生很早就曾指出：“研究型大学和高职高专两类高校，较易定位，至少在理论上不难说清楚。但在研究型大学与高职高专之间，有一个特定的办学层次，即工农医师等本科与硕士生层次。它们的发展方向是什么？它们既不能走学术性研究型的独木桥，也不应都办成职业技术型的高职高专。这类学校的办学定位面临着许多需要研究和解决的问题。”[①] 今天我们所说的地方本科院校，大致上属于潘先生这里所说的高等教育中的“特定的办学层”。地方本科院校既不能走学术性研究型的独木桥，也不应都办成职业技术型的高职高专，这就意味着这类学校应该根据大众化高等教育新的特征、规律和基本构架，在认真分析人才市场需求和校情的基础上，找准自身运行发展的生态定位，进而确立学

---

① 潘懋元，吴玫 .2003. 高等学校分类与定位问题 . 复旦教育论坛，1（3）：5-9

校办学及人才培养目标的科学定位。然而，时至今日，潘先生所指出的地方本科院校办学定位不清晰的问题依然没有得到有效的解决。

在高等教育大众化发展阶段，大学教育在整体上形成了精英教育和大众教育两大阵营；在狭义的大众化高等教育体系中又依地区不同而分为地方一般普通本科高校和高职高专两个办学层次。值得庆幸的是，在我国高等教育进入大众化发展阶段的那一时刻起，高职高专这个办学层次不仅在办学思想和办学理念上确立了大众化教育的基本原则，更重要的是在学校办学和人才培养的根本问题上找准了自身的科学定位。概言之，高职高专把自身的办学定位高等职业教育的层面上，并确定了高素质的技能型人才培养的基本目标。在这样的基础上，高职高专进一步明确了就业为导向、素质为本位、能力为核心的办学理念和人才培养的目标理念。[①]也正是这样的办学目标理念，使得我国的高职高专一开始就在努力地寻找一条与传统大学有着本质区别的发展模式和办学道路。办学过程中的校地结合、校企结合、双师型教师队伍建设和教学做合一的具体办学形式正是在这样的背景下逐步诞生的。时至今日，实践证明这些教育教学的做法和经验既符合高职高专的办学实际，又满足和适应了知识经济、市场经济体制下高素质技能型人才培养的规律和要求，以至于在今天的地方本科高校转型发展的实践进程中，许多学校都在自觉或不自觉地学习、借鉴、吸收高职高专的这些教育教学的实践模式和方法。

然而，大众化背景下地方本科高校的办学定位问题却要显得复杂得多。一方面，地方本科高校大多自觉地将其办学定位在大众化教育的行列，并努力地按照应用型的学术研究和人才培养的目标定位设计自身的教育体式和行为；另一方面，地方本科高校又始终不愿意将自身混同于高职高专，并力图在学术研究和人才培养方面显示其应有的层次和水平。地方本科高校的这样一种办学格局当然不仅源于学校教育工作者的一种主观的情绪或情感，而且基于这类学校特定的办学层次所采取的一种两难的抉择。地方本科高校本科教育层次及其培养目标，注定了这类学校在学术研究和人才培养方面与处于精英教育行列中的重点大学有着一些相同或相通的价值目标与取向。正是这种价值目标和取向上的共同性，决定了这类学校与精英型大学趋同发展的可能性；与此同时，地方本科高校又毫无悬念地属于狭义的大众化教育的行列，尤其是在关注人才培养的市场化和适应性的问题上，这类学校与高职高专面临着几乎相同的境遇和挑战。简而言之，地方本科

① 辛晓亚.2009.关于高职高专人才培养目标的思考.重庆电力高等专科学校学报，14（2）：39-41

高校从理性上既不能全盘照抄照搬精英型大学的办学模式，又不能完全等同于高职高专；但这类学校的内在办学机制又决定了他们与精英型大学以及高职高专之间的千丝万缕的联系。也正是这样的两难境遇决定了地方本科高校必须探索走出一条既区别于精英型高等学校，又不同于高职高专的发展模式和办学道路。然而，时至今日人们依然没看到这样的发展模式和办学道路，以至于这类院校与精英型大学在学术研究和人才培养方面的趋同发展，成为我国当代大学教育中的一个突出问题和积重难返的顽症。正如《指导意见》指出的那样，高等教育结构性矛盾更加突出，同质化倾向严重，毕业生就业难和就业质量低的问题仍未有效缓解，生产服务一线紧缺的应用型、复合型、创新型人才培养机制尚未完全建立，人才培养结构和质量尚不适应经济结构调整和产业升级的要求。

概言之，推动地方普通本科高校向应用型转变，是大众化阶段高等教育内在规律的反映和要求，是我国高等教育大众化发展题中应有之义。从高等教育步入大众化发展阶段之日起，地方普通本科高校原本就应该遵循高等教育大众化的规律和要求，明确和坚持应用型人才培养的办学定位。然而，我国产业结构、用人机制和高等教育自身体制机制的局限和弊端，致使这类学校长期偏离其应然的目标指向，朝着精英型高等教育的方向趋同发展，才有了地方普通本科高校转型发展的理念和要求。

第二节　新一轮地方本科高校转型发展概述

一、新一轮地方本科高校转型发展的实践进程

（一）前期的酝酿与实践

2013 年 6 月 30 日，全国应用技术大学（学院）联盟、地方高校转型发展研究中心在天津职业技术师范大学成立，这标志着新一轮地方本科高校转型发展进入前期酝酿与探索实践阶段。应用技术大学（学院）联盟（以下简称联盟）作为教育部指导的校际协作组织，围绕建设应用技术大学类型高等学校的目标，组织联盟成员单位推进教育改革创新，促进联盟成员的转型发展、合作交流、学术研究。地方本科高校转型发展研究中心是天津职业技术师范大学的实体性研究机

构，并将纳入教育部教育规划与战略研究理事会管理的教育科学决策研究中心体系内加强建设。

2013年，由中国教育科学研究院孙诚研究员主持完成的《地方本科院校转型发展研究报告》发布。该研究报告对在打造中国经济升级版、高等教育大众化背景下探索建设中国特色的应用技术类型高校、推动高等教育分类管理具有重要的理论和实践价值。课题组负责人——中国教育科学研究院孙诚研究员强调，当前，一方面，随着经济的转型升级，我国高层次技术技能人才的数量和结构远不能满足市场需求，“高级技工荒”难题凸显；另一方面，高等教育的同质化发展，造成高校毕业生就业困难。因而，调整高等教育结构，推动高等教育多样化发展，促进人才培养结构与市场需求的匹配度，已成为当务之急。在我国现行高等教育体系中，研究型大学和高职（专科）院校的定位相对明确，而地方普通高校作为夹心层，定位常有“高不成，低不就”的困惑，其中以地方新建本科院校为典型。截至2012年，我国共有新建本科学校646所，超过普通本科高校总数的50%，2012年培养的毕业生占全国非“985”“211”普通本科高校的45%，已经成为本科人才培养的重要力量。因此，推动这类学校向应用技术类型高校转型，将推动我国高等教育结构的优化，推动我国现代职业教育体系的构建，最终服务社会经济发展。①

2014年4月底，首届“产教融合发展战略国际论坛”在河南省驻马店市举行，论坛以“建设中国特色应用技术大学”为主题，推动、引导一批本科高校向应用技术型高校转型发展，转型的大学主要是地方高校。在这次论坛上，教育部原副部长鲁昕高度肯定了以河南省黄淮学院为代表的地方本科高校开展的转型发展改革实验。他在会上发表讲话指出：“正是由于黄淮学院的创新实践，才诞生了今天中国教育的‘达沃斯’论坛！”这次论坛参加单位有259家，其中国内高校195所。与会人员具有一定的代表性和广泛性，论坛议题也十分丰富。同时，30余家新闻媒体对大会进行了采访报道。

另外，在这次会上还下发了由专家组和教育部领导，在课题研究的基础上综合各方意见形成的《关于地方本科高校转型发展的指导意见（征求意见稿）》。该文件的一个重要内容，就是将地方本科高校转型发展的目标定位为“加快现代职业教育体系建设”。

2014年6月《国务院关于加快发展现代职业教育的决定》发布，文件提出

① 焦新.2013-12-31.课题组解读《地方本科院校转型发展研究报告》.中国教育报，（第二版）

了“引导一批普通本科高等学校向应用技术类型高等学校转型”的战略部署。标志着引导一批普通本科高等学校转型发展作为体现着国家意志的一项高等教育改革发展行动进入了新阶段。“与重点大学无差别的办学定位，普通本科院校已连年面临就业率低、专业对口率低、就业质量不高的生存窘状。针对这一现状，教育部也在力推本科院校转型发展。”教育部原副部长鲁昕在 2014 年中国发展高层论坛上曾表示，教育部正在力推普通本科高校转型发展，1200 所高校中近半高校将逐步转型为应用技术型高校，重点培养工程师、高级技工、高素质劳动者等，其中 1999 年大学扩招后，“专升本”的 600 多所地方本科院校是转型重点。① 尽管如此，在这一阶段，对于地方高校转型发展，“一些高校很拥护，积极加入转型行列，而多数高校在徘徊、犹豫、观望甚至怀疑和抵触”②。对于地方高校转型发展，一些高校所体现出的徘徊、犹豫、观望甚至怀疑和抵触的情绪，既体现了这一特定时期地方本科高校转型发展所面临的困惑、窘境，也暴露出转型发展初期人们思想认识的一些误区和分歧。

（二）转型发展的全面启动与推进

经过一段时间的探索实践，2015 年，由国家三部委制定的《指导意见》颁布实施，标志着转型发展进入全面启动与推进实施阶段。

《指导意见》将这一高等教育改革发展战略行动定位为“地方普通本科高校向应用型转变”。在这一方面，它与 2014 年起草的《关于地方本科高校转型发展的指导意见（征求意见稿）》有着较大的区别。同时，《指导意见》将地方本科院校转型发展的目标内涵表述为“推动转型发展高校把办学思路真正转到服务地方经济社会发展上来，转到产教融合校企合作上来，转到培养应用型技术技能型人才上来，转到增强学生就业创业能力上来”。《指导意见》对新一轮地方本科院校转型发展的目标与内涵做出的这一阐释和解读，对于地方本科院校转型发展的推进实施具有重要的指导意义。

在这一新的背景下，一些省市在地方教育行政部门的主导下开启了地方高校转型发展的实践推进。2014 年，湖北省教育厅出台了《关于在省属本科高校开展转型发展试点工作的通知》，在包括武汉东湖学院在内的 11 所本科院校进行试点。根据通知精神，允许试点高校自主设置目录内专业或确定专业方向，可以

---

① 程孟瑶，张衡 .2015. 鄂 18 所高校转型变身“技术范”. 长江商报，（A26 版）.[DB/OL].（2015-5-18）[2018-6-18].http://www.changjiangtims.com/szb/20150518/a26.html

② 刘振天 .2014. 地方本科院校转型发展与高等教育认识论及方法论诉求 . 中国高教研究，（6）：11-17

在完善新专业设置制度的基础上自主设置新专业；试点高校可以自主聘用教师、引入专业技术人才和高技能人才担任兼职教师；允许试点高校采取市场融资的办法引进先进技术装备、建设生产化实习实训基地；支持具备条件的试点高校举办（扩大）专业学位研究生教育。

笔者所在的黄冈师范学院作为湖北首批转型发展试点院校积极投身转型发展的实践探索。2014 年 9 月，学校被湖北省教育厅确定为全省首批转型发展试点高校。同月，学校明确了以转型发展为旗帜，以“提升学生社会适应能力和学校服务地方经济社会发展能力”的工作目标，确定了“总体设计、分步实施、试点先行、全校跟进”的工作思路、“不麻木，不刻板，不空谈，不折腾”的工作原则和“以全校之力聚焦转型发展试点，以转型发展试点牵引学校综合改革”的工作方针，提出了“真想、真做、真转”的目标要求。2015 年 4 月，学校正式加入应用技术大学联盟。2016 年，湖北省本科高校转型发展试点工作检查组来校检查。校长陈兴荣以《深化改革，务实创新，强力推进转型发展》为题，从“完善顶层设计”“凝聚思想共识”“明晰工作思路”“强化政策保障”“创新应用型人才培养模式”“推进校地校企合作”“打造双师双能型教师队伍”“立足黄冈、服务老区的办学特色形成”“经验与不足”等九个方面，汇报了我校近两年来推进转型发展试点工作的基本情况。专家检查组分别到相关教学学院进行了深入考察，在此基础上，专家检查组充分肯定了学校转型发展工作，认为我校转型发展试点工作指导思想明确，发展思路清晰，尤其在办学体制机制创新、产教融合、校地校企合作等方面，取得了显著成效。转型发展工作抓得早、抓得紧、抓得实、抓得好，走在了湖北省本科高校前列，转型发展经验值得在全省推广。

二、地方本科高校转型发展的内涵与要求

（一）明确应用型人才培养目标定位是地方普通本科高校向应用型转变的根本任务

地方普通本科高校明确自身人才培养目标定位，是这类学校在高等教育大众化的背景和格局下一个重大实践难题，也是当前我国高等教育运行发展中的一个非常现实的问题。这一实践课题和现实问题的重要性决定了它在当前学校转型发展中的重要地位。

“地方本科院校转型发展，是指依据高等教育发展趋势、经济社会需求以及

高校自身特点等基础上科学定位，并在办学体制、专业建设、教学模式、人才培养模式、师资队伍建设、管理服务模式等方面所进行的改革。”① 从理论上说，在高等教育大众化的格局内，研究型大学和高职高专作为典型的精英型和大众化教育体系、办学模式，他们在办学及人才培养目标定位问题上相对明确一些。在大众化发展阶段，研究型大学办学及人才培养虽然也面临着调整办学理念、创新教育模式和方法，以适应社会和教育对象新的需求的问题，但是，在整体上坚持发展学术和培养高端、领军型人才的目标定位则是十分明确的。事实上，自高等教育步入大众化发展阶段以来，国内外精英型大学在坚持这一办学宗旨和目标上从来就没有动摇过。那些典型的大众化教育机构即我国高等教育体系中的高职高专，则在一开始就把其人才培养目标定位在高素质技能型人才培养方面。而地方本科高校则介乎两者之间，这类学校既兼有精英教育和大众教育两个方面的属性和功能，又不能简单地朝着某一个方面发展，抑或照抄照搬典型的精英教育或大众教育的办学及人才培养模式。特罗教授说，高等教育步入大众化发展阶段，“在大众型高校中，培养精英的功能仍在继续起作用”②。显然，这里所指的大众型高校就是我国的地方普通本科高校。其一方面是大众型办学体制的自我定位，另一方面却依然在精英型与大众化两种办学体制之间徘徊。这就意味着，高等教育大众化的体制、内涵及其格局，内在地决定了地方普通本科高校办学的两难困境。从实践的层面看，当前我国地方普通本科高校运行发展中的一个突出问题，就是在一些片面的发展机制的引导下，过度地借鉴、效仿精英型高等教育的办学理念和教育模式，致使学校的运行发展偏离了应然的目标和轨道，也使得高等教育在整体发展上呈现出严重的同质化倾向。同时，从社会需求的角度看，产业结构调整和新兴技术及其行业的出现，进一步对人才培养提出了多元化、多样性的教育需求。地方本科高校仿效精英型高校办学理念和模式，在人才培养方面出现的同质化倾向和问题，也进一步加剧了高校办学与社会、市场需求之间的冲突。这就是地方本科高校推进转型发展的制度和实践背景。坚持这样的认识理念，有利于我们进一步提高对明确人才培养目标定位在学校转型发展中重要地位的认识，并自觉地将其作为转型发展的着眼点和切入点，从思想认识和目标理念上切实解决好转型发展究竟要干什么和解决什么问题，以及应该从何处着手的问题。

同时，地方普通本科高校要从大众化高等教育生态环境、人才市场需求及其变化，以及学校自身办学特色与优势三个认识维度出发，进一步明确学校人才

① 刘振天 .2014. 地方本科院校转型发展与高等教育认识论及方法论诉求 . 中国高教研究，（6）：11-17

② 马丁•特罗 .1999. 从精英向大众高等教育转变中的问题 . 王香丽译 . 外国高等教育资料，（1）：1-22

培养的总体目标、市场定位及其规格与形态，切实解决好什么是应用型人才以及如何明确应用型人才培养目标的问题。

其实，自步入高等教育大众化以来，地方普通本科高校已经自觉或不自觉地将学校办学定位在大众化高等教育的行列，并在指导思想上确立了应用型人才培养的目标定位。然而，在学校办学的实践中，这种应用型人才培养目标依然还只是一个虚幻的概念。什么是应用型人才？应用型人才的内涵和规格是什么？如何从思想认识和实践操作的层面上进一步明确应用型人才培养目标和规格，进而积极有效地推进这种人才培养目标的实现等一系列问题并没有得到真正的解决？从总体上说，明确大众化高等教育生态环境、人才市场需求及其变化以及学校自身办学特色与优势，是我们解决好应用型人才培养目标定位问题的三个认识维度，学校教育工作者必须在上述三个认识维度的相互关联中积极探索和不断明确地方本科高校应用型人才培养的目标定位及其内涵与规格。一方面，这是要切实地、真正地搞清楚社会、市场人才需求的基本状况及其动态、变化。这里，市场细分的原则很重要，没有科学、清晰的市场细分，就不可能切实地、真正地搞清楚社会、市场人才需求的基本状况及其动态、变化。与此同时，在把握社会、市场人才需求的基本状况的基础上，要进一步明确在大众化高等教育总体格局和生态环境中，一所地方本科高校在人才培养方面应该和可能实现怎样的目标定位。地方普通本科高校既不可能像精英型大学亦即国家重点大学那样将人才培养目标定位在学术型或高端人才培养方面，当然也不能像高职高专一样单纯地致力于技能型人才培养，这是我们基于高等教育大众化总体格局和生态环境明确学校人才培养目标定位的基本原则。在这样的基本原则下，进一步通过对学校校情的分析判断和市场细分的方法，才有可能真正明确应用型人才培养的内涵及其目标定位。这里特别要提及的是，伴随着社会组织运作模式的变化趋势以及生产运作概念演进的过程，一种介乎传统的“白领”与“蓝领”之间的“灰领”作为应用型人才的标志，正在被人们广泛接受。研究者认为，一方面，“灰领”属于专业性的基础技术人才，但其知识结构以及所从事职业的劳动方式不同于技能型的“蓝领”以及技工。“灰领”的知识结构，不能仅仅使用经验和技巧来评价，其中必须含有科学的成分，这就是“灰”字的精髓之所在。另一方面，“灰领”的知识结构和劳动对象也不同于企业的“白领”经理层和职能专业人员。“白领”人员的知识结构更侧重于管理学科的知识。而“灰领”人员知识的结构和工作内容，必须与企业的技术模式、运作模式密切联系，因此“灰领”的知识结构更侧重于工程技术范畴，包括管理工程技术。[①]这种关于“灰领”作为应用型人才的内涵和特征的解读，有利于我们进一步明确地方普通本科高校应用型人才的内涵、规格及其培养目标定位。

（二）推进学术研究的转型发展是地方普通本科高校向应用型转变的关键问题

如果说地方本科高校在坚持应用型人才培养目标定位已经有了比较明确和自觉的认识，那么相对而言，这类学校在学术研究转型发展方面问题则显得更为复杂。

19世纪初，现代大学之父威廉•冯•洪堡就明确地提出了“教学与研究统一”的大学理念，赋予了现代大学教学、人才培养工作和学术研究的双重属性和功能。今天，人们把大学教育功能概括为人才培养、学术研究、服务社会和文化传承与创新这四个方面；但是，人才培养和学术研究仍然是大学最基本的属性和功能，大学服务社会和传承创新文化的功能，主要是通过人才培养和科学研究来实现的。进入大众化发展阶段。高等教育的教学与科研两项基本职能并没有根本改变。仅就科学研究、学术研究而言，大众化高等教育继续保持着发展学术、开展科学技术研究的职能，只是在学术评价标准或质量标准上呈现出了不同的特点和要求。按照高等教育大众化的基本理论，在精英高等教育阶段或精英高等教育机构中，一般有着共同的、相对较高的学术标准；大众高等教育阶段，学术评价标准趋向多样化，在不同的机构和系统中其标准的严密性和特点均各不相同。[②]然而，由于教学与科研各自不同的旨趣、内涵和规制，“教学与研究”也在现代大学组织内部形成了一对具有张力的矛盾关系，以至于在现代大学运行发展的实践进程中，包括在当下正在推进的地方普通本科高校转型发展的过程中，不时地出现关于教学与科研关系的争辩和摇摆。

首先，在推进地方普通本科高校转型发展的实践中，应该继续坚持和践行“教学与研究统一”的大学理念和原则，坚持科学研究在学校教育和人才培养工作中的先导作用和支撑功能。在前期推进地方普通本科高校转型发展的过程中，有人提出了应该强化专业教育、淡化学术价值取向的主张，笔者以为这样的观点值得商榷。地方普通本科高校向应用型转变固然对推进学术研究的转型发展提出

① 张亚强.2010.基于“灰领”理论的地方本科院校人才培养定位研究.全国商情（理论研究），(13)：76-77

② 张洪亚.2002.马丁•特罗高等教育大众化理论研究.厦门大学硕士学位论文

了客观的现实要求，但是，这绝不意味着地方本科高校因此而必须淡化、甚至放弃其学术研究与创新的价值目标。一方面，坚持科学研究在学校教育和人才培养中的先导作用和支撑功能，是高等教育区别于基础教育的根本特征。高等教育与基础教育同属于以培养人才作为基本宗旨的教育机构，而二者之间的根本区别即在于基础教育重在向儿童传授各种社会和科学方面的基本知识，而大学则是通过学术研究的方式发展青年学生的素质和能力。关于这一点，洪堡在他的大学理论中早已有过深刻的阐述。另一方面，在高等教育大众化发展阶段，作为大众化高等教育机构虽然其学术发展的目标、功能、形态以及评价标准都与精英型大学有着许多不同之处，但这仅仅反映的是大学学术研究的差异性和多样性，而绝不是大学科学研究或学术研究基本功能的改变或丧失。地方普通本科高校向应用型转变，是在高等教育大众化的背景下作为大众教育机构向着其应然的目标指向行进。在这一进程中，地方普通本科高校的学术研究需要以其特有的功能形态为学校教育教学工作服务，以顺应和促进学校转型发展的需要，但这与那种学术研究取消论是不可同日而语的。

其次，地方本科高校在推进转型发展的实践中，要紧紧围绕应用型人才培养这一基本目标，开展学术研究目标理念和实践形态的转型与创新。这种围绕应用型人才培养目标展开的学术转型，具体包括两个方面的内容和要求：一是坚持开展以服务应用型人才培养为宗旨的“教学的学术”研究；二是与应用型人才培养实践相结合，“提升以应用为驱动的创新能力”。博耶的这一重要的学术思想理论对于地方本科高校这类教学型大学办学以及学校正在推进的转型发展，都具有重要的实践指导和借鉴意义。无论是基于地方普通本科高校教学型大学的学校定位，还是学校当前正在推进的转型发展的需要，应用型人才培养都是学校的中心工作和主要任务。引入博耶的“教学的学术”理论，既为加强学校教学工作、实现应用型人才培养目标提供了理论和路径的保障，同时也有利于推动和促进学校学术研究的转型与创新。同时，《指导意见》在阐述地方本科高校转型发展的主要任务时提出：提升以应用为驱动的创新能力。积极融入以企业为主体的区域、行业技术创新体系，以解决生产生活的实际问题为导向，广泛开展科技服务和应用性创新活动，努力成为区域和行业的科技服务基地、技术创新基地。通过校企合作、校地合作等协同创新方式加强产业技术技能积累，促进先进技术转移、应用和创新。这一论述，既为地方本科高校学术研究转型提出了明确的目标任务和实现路径，也鲜明地体现了学术研究转型与应用型人才培养相结合的理念和原则。

总之，坚持科学研究的先导作用和支撑功能，紧紧围绕应用型人才培养目标开展学术研究目标理念和实践形态的转型，是事关地方普通本科高校转型发展成败的一个关键问题。坚持这样的学术转型创新理念，既充分体现了“教学与研究统一”的大学理念和原则，也是地方本科高校转型发展的基本目标内涵及其实现途径。

三、地方本科高校转型发展的问题与应对

（一）关于地方本科高校转型发展性质的困惑

2014 年，湖北省教育厅启动了省属高校转型发展改革试验。为了了解湖北高校转型发展的进程与动态，《长江商报》记者来到了湖北师范学院、黄冈师范学院、武汉工程科技学院、华中科技大学武昌分校、武汉东湖学院、文华学院等试点高校进行采访。学校转型发展应当如何进行？在采访的过程中，各学校相关负责人说得最多的一句话是：摸着石头过河寻发展。[①]

首先，新一轮地方本科高校转型发展的性质至今仍然没有形成一个概说。“转型，即从一种型态转向另一种型态，可能是由一种制度转向另一种制度，由一种发展模式转向另一种发展模式，或者由一种发展定位转向另一种发展定位等。”[②]那么，正在积极推进的地方本科高校转型发展究竟属于哪一种类型呢？在这样的一个关涉到转型发展的顶层设计的问题上，人们始终是不够明了的，或者说是有重大分歧的。

从 2013 年全国应用技术大学（学院）联盟成立，到《指导意见》颁布实施，地方本科高校转型发展一直饱受争议。实际上，对于《指导意见》将地方本科院校转型发展的目标内涵表述为“推动转型发展高校把办学思路真正转到服务地方经济社会发展上来，转到产教融合校企合作上来，转到培养应用型技术技能型人才上来，转到增强学生就业创业能力上来”，人们普遍都能够接受。问题在于对地方本科高校转型发展中“转型”二字应当如何理解，即地方本科高校转型发展究竟要转变什么，抑或这种转型究竟要从“何处”转向“何方”。人们对此依然不够明了，或者是理解各不相同。教育专家们在考察了前期的转型发展的实践进程后指出：“仔细考察新一轮地方本科高校转型发展，根据教育部的有关部署和

① 程孟瑶，张衡.2015. 湖北 18 所高校转型技术型各校负责人：摸着石头过河. 长江商报，2015-05-18（第 X 版）

② 张应强，蒋华林.2014. 关于地方本科高校转型发展若干问题的思考. 现代大学教育，（6）：1-8

规划，1999 年后新建的 600 多所地方本科高校将逐步转型为应用技术大学（学院），着力开展现代职业教育。”① 按照这样的表述，那就意味着正在进行的地方本科高校转型发展是要从办学体制的角度引导地方本科高校从一般普通本科高校向着职业教育的方向转型。显然，如果是这样的理解的话，那么这样的转型发展必将会引发我国现有高等教育体制的一次根本性的变革，也必然会引发高等教育领域内一场关乎多重利益冲突的震动。正如阿什比指出的："大学的进化很像有机体的进化，是通过继续不断的小改革来完成的。大规模的突变往往会导致毁灭。大学的变革必须以固有的传统为基础。”②

目前，我国高等教育主要按照办学层次进行分类，职业教育止步于专科教育层次。高等职业教育并未成为一种相对独立的与一般高等教育并行的教育类型，而是主要作为一种层次嵌入高等教育体系之中，由此形成了学术型高等教育“高于”职业型高等教育的高等教育体系。①如果说地方本科高校转型发展是要从现在的普通高等教育转变为职业教育，这在客观上就会出现这类学校办学层次的自我矮化。毫无疑问，这种让一大批从专科学校升格为本科院校的地方高校进行一种以“自我矮化”为内涵的转型发展，是很难获得包括地方本科高校在内的社会各层面的认同的。

2014 年岁末，一位教育部官员在谈及地方本科院校转型发展问题时说："培养应用型人才是地方高校办学的首要使命和根本任务。”“人家做得好好的，叫人家还向哪边转？”③ 或许这一讲话有着当时特定的语境和内涵，但是，这位官员的讲话透露出时下人们对于地方本科院校转型发展的性质、内涵和目标在认识上不甚明了、甚至多有分歧则是明确无疑的。

（二）关于地方本科高校转型发展中的学术功能的论争

在前期地方本科高校转型发展的进程中，一方面，有人提出，在高等教育转型发展的背景下，“学术型本科以学科建设为导向，一般本科以学科及专业为导向，应用类本科则以专业为导向；学术型本科以学科知识体系为根本，一般本科以知识与技术体系为根本，应用型本科以技术知识体系为根本；学术本科强调研究与教学结合，一般本科强调以教学为主适度研究，应用型本科强调面向市场

① 张应强，蒋华林 .2014. 关于地方本科高校转型发展若干问题的思考 . 现代大学教育，(6)：1-8

② 阿什比 .1983. 科技发达时代的大学教育 . 滕大春，滕大生译 . 北京：人民教育出版社：20

③ 李剑平 .2014-11-25. 教育部高教司司长张大良否认“高校转型说”. 中国青年报，(第三版)

和服务社会。”[①] 透过这一论文的论述，我们不难看出作者其实就是在鼓吹所谓的应用型本科“学术取消论”。另一方面，传统的学术价值理念和实践范式也在困扰着地方本科院校转型发展的步伐。假如说人们在关于地方本科高校转型发展中仍然必须坚持学术性的问题上已经初步形成共识，那么，在当下转型发展的实践中地方本科高校如何突破传统学术理念和范式，实现新形势下学术体系的重构呢？这对于我国高等教育工作者来说更是一个严峻的实践课题。在西方的语境中，学术一词有着非常明确的概念。在我国,“学术”从语义上解释是指较为专门、系统的学问。《辞海》将“学术”理解为专门、系统的学问，这是对学术概念最原始意义的解读。显然，如果我们至今依然死死抱着这种“非实用的、纯理论的”学术价值观不放，那么地方本科高校学术研究终将走入死胡同，学校转型发展也终究难以向前推进。

因此，地方本科高校在转型发展的进程中还需不需要继续明确和坚持学术性的功能定位，以及如何在转型发展的实践中对这类学校的学术性进行科学合理的功能定位，就成为地方本科高校在转型发展进程中亟待研究、应对的现实问题和实践课题。

（三）地方本科高校转型发展中的人才培养与学术转型

明确应用型人才培养目标定位与推进学术研究转型，是地方本科高校转型发展面临的两项基本任务和主要问题，推进地方本科高校转型发展必须始终紧紧抓住这样两项基本任务和主要问题。

地方本科高校转型的“核心要义”是促使高校确立以培养应用技术型人才为主要任务。[②] 目前，地方本科高校对于转型发展的这一基本的目标任务从方向上应该说已经基本明确，各个学校也在结合行业或专业的实际进一步明确应用技术型人才培养的目标规格以及内涵要求。现在的问题是如何在学校整体转型发展的背景下，确立学术转型的目标旨趣与内涵要求。

学术转型与重构是一个时代性命题。正如研究者指出的那样，当今中国高等教育学术研究正在“由学科化、理论化向跨学科、实用化转型”[③]。这一命题与当前地方本科高校学术转型的目标理念十分契合；同时地方本科高校学术转型与

① 刘振天 .2014. 地方本科院校转型发展与高等教育认识论及方法论诉求 . 中国高教研究，（6）：11-17

② 张应强，蒋华林 .2014. 关于地方本科高校转型发展若干问题的思考 . 现代大学教育，（1）：1-8

③ 周光礼，莫甲凤 .2014. 高等教育智库及其学术研究风格——中国著名高等教育研究机构的学术转型 . 高等工程教育研究，（6）：45-57

重构又有着其特定的内涵和紧迫性。

首先，基于学术转型的时代主题以及学校转型发展的实践需要，地方本科高校学术转型必须确立和坚持“由学科化、理论化向跨学科、实用化转型”的目标理念。在传统的学术研究的背景下，基于自身的学术根基和办学定位，地方本科高校在学术研究上也在努力地寻求与研究型大学有所区别的差异化的发展道路和模式。譬如，许多地方高校在学术研究上纷纷提出了发展应用研究、突出地方特色一类的基本策略。但是，这并不等于说这些学校在学术研究的指导思想和价值取向上已经完成了研究范式的转型。事实上，由于整个学术研究领域内及其评价体系依然维持着传统范式的主导地位，地方本科高校在学术研究上所进行的一些转型实践探索也不可能真正摆脱传统学术“非实用的，纯理论的”研究范式的窠臼。应该说，由国家、政府倾力主导的新一轮地方本科高校转型发展是一个重要的契机，地方本科高校应该抓住这一重要契机，通过学校办学机制的整体转型发展来推动学术研究朝着“跨学科、实用化转型”。需要强调指出的是，这种新常态下的学术转型，不仅是在学术研究的价值理念和基本内涵等方面的变革或探索，更是整体的学术研究范式或内生机制的变革与转型。换言之，这种新常态下的学术转型不是一种纯粹的学术形态的转型，而是大学学术所依附的学校组织形态和运行方式的转型。《指导意见》在阐述地方本科高校转型发展的主要任务时，提出了加快融入区域经济社会发展、抓住新产业、新业态和新技术发展机遇、建立行业企业合作发展平台、建立紧密对接产业链、创新链的专业体系等一系列重要举措。因此，这才有可能使大学学术研究真正置身于大学与社会经济发展紧密联系的实践环境之中，进而使学术研究与社会经济发展需求之间实现无缝对接和互动发展；也只有在这样的社会环境背景和实践环境中，大学学术转型才有可能真正得以推进和实施。

其次，地方本科高校学术转型要在确立和坚持“由学科化、理论化向跨学科、实用化转型”的基本目标理念的基础上，进一步探索建构新的学术研究的内涵与体系。地方本科高校探索建构与学校转型发展相适应的学术研究性的内涵与体系，当前最为重要的是要做好两个方面的工作。第一，是要在继续注重和坚持开展人文学科和相关基础学科研究的基础上，重点发展应用型学术研究，进而实现由传统学术价值理念和实践范式向以应用型学术研究为主导的学术方向转型发展。一方面，转型发展中的地方本科高校学术研究必须旗帜鲜明地坚持和推进以应用型学术研究为主导的学术转型的目标理念；另一方面，就是要继续注重和坚持开展人文学科和相关基础学科研究，进而保持其在整个学术研究体系中的基础性的地位和功能。人文学科和相关基础学科是传统的学术研究的基本内涵，地方本科高校学术转型绝不是要完全抛弃传统的学术研究的内涵和理念，而是要在继承传统学术研究的基础上实现学术研究内涵和体系的拓展与重构。因此，如何在探索建构新的学术研究的形态与体系的过程中处理好传统学术与新兴学术研究之间的关系，是一个需要认真审视和把握的问题。第二，是要抓紧与新的学术研究形态与体系相适应的学术评价体系和制度的建设。学术规制是现代学术研究的制度环境，它从根本上制约着学术研究主体的观念形态和能动性，进而也从根本上决定着学术研究的进展及其态势。探索建构新的学术研究的形态与体系，必须努力做到制度建设及时跟进甚至是制度先行。没有这样的先决条件，探索建构新的学术研究的形态与体系就只能是一句空话。

第三节　地方本科高校转型发展与大学教师学术职业分化

一、大学组织再学术化与地方本科高校转型发展

大学组织再学术化的本质，是在坚持大学教育的学术基本属性和价值取向的前提下，实现大学学术功能和形态的多元化、多样性。然而，大学组织再学术化毕竟是大学组织功能和性质的一次裂变，而这种功能和性质的裂变则是由大学自身的多元价值目标及其相互之间的冲突所导致的。刘贵华在描述现代大学内在的价值冲突问题时所描述的大学教育的两难困境，正是大学学术“工具合理性与价值合理性”两种价值理念相互冲突的表征与结果[①]。

大学组织的再学术化的理论学说，是现代大学摆脱由其自身多元价值目标所导致的两难困境的一剂良方。美国著名教育家博耶的大学学术论是大学组织再学术化思想学说的理论基础。博耶最为伟大的学术贡献，即在于他为人们描述了当代大学再学术化的具体形态和特征。博耶提出，当代大学学术从内涵和结构上可划分为发现的学术研究、综合的学术研究、应用的学术研究和教学的学术研究

① 刘贵华.2002.大学学术生态研究.华东师范大学博士学位论文

等四种类型。在博耶的大学学术论中发现的这四种学术研究类型，既具有学术研究的一般属性、特征和要求，即无论哪种类型的学术研究，总是通过创造性、创新性的学术研究活动获得新的认识或实践成果，又有着各自不同的学术研究的对象、目标及其相应的学术研究的主体和学术规训体系。正是这四种既相互关联又相对分立的学术研究类型，共同构成了当代大学新型的学术结构体系。博耶的大学组织再学术化理论的一个重要的实践价值，就是它对传统的二元冲突的大学学术价值理论进行了新的解构，通过赋予大学的学术传承和传播等教育教学实践活动形式以学术的属性和价值，消弭了传统的大学学术价值追求与当代大学服务社会、引导社会职能之间的对立和冲突。也就是说，博耶的大学学术论不仅揭示了当代大学组织再学术化的基本属性和形态，也为大学组织应对由其自身属性和功能所决定的价值选择的困境，提供了科学的认识论、方法论。

但是，在大学再学术化的框架内实现大学学术研究功能、形态的多元化和多样性，终究需要借助于一定的实践方式。也就是说，在大学组织再学术化的背景下，大学学术研究功能、形态的多元化和多样性，既需要在大学学术研究体系内部通过合理、有序的职能分工以及相应的主体实践才能充分体现或有效地实现，又对大学组织及其教育工作者所开展的学术研究活动提出了不尽相同、更加趋于多元化和多样性的目标、任务和要求。总之，基于大学组织再学术化的基本构架，大学教育多元化、多样性的学术功能和形态，需要由不同的学术研究主体通过多种学术探索的实践方式去承载和实现，这是当代大学教育体系呈现为相对分化和结构形态多样化的内在动因。也正是为了适应再学术化背景下大学学术功能、形态以及实践主体和模式的多元化、多样性的要求，“高等教育单一体系分化为学术性高等教育与应用性高等教育两大体系”①。在高等教育大众化和大学组织再学术化的背景下，高等教育内部基于学术性与应用性的不同定位而形成的分野，更多的时候被人们表述为精英型和大众化两种不同的教育实践体系。也就是说，在高等教育大众化和大学组织再学术化的背景下，高等教育内部的学术性与应用性教育体系和精英型与大众化两种教育实践体系，其实是两组内涵和意义基本接近的概念范畴。相对而言，将高等教育内部所形成的两种相对分立的教育体系表述为学术性与应用性教育体系则更为科学、妥帖。当然，按照大学组织再学术化的理念和要求，这种所谓学术性与应用性教育体系也应该是新型的大学学术研究结构体系中各具特色的形态或类型。而当下正在推进的地方本科高校转型发

① 张兄武，许庆豫.2014. 关于地方本科院校转型发展的思考. 中国高教研究，(10)：93-97

展，则是顺应了当代大学组织再学术化的这一基本诉求，它旨在通过地方本科高校学术研究的转型，建构有别于学术型、研究型大学的学术研究理念和模式的一种新型的学术研究范式，进而在整体上实现大学学术功能和形态的多元化和多样性。这种新型的学术研究范式，人们通常以“应用性”的表述加以概括。

在中国，基于大学组织再学术化的特性和要求，通过高等教育机构的职能分工，在高等教育内部建立起学术性与应用性相对分立的教育实践体系是一个渐进的过程。早在中国现代大学建立的初期，作为中国现代大学的奠基人蔡元培先生就曾经明确地提出，要在高等教育领域里实行“学与术分校”“治学者可谓之大学，治术者可谓之高等专门学校”。[①]但是，在相当长一段时间内，由于中国高等教育体系自身发展的局限性，高等教育内部并没有真正建立起学术性与应用性相对分立的两种教育实践体系。事实上，在很长一段时间内，依据传统的大学教育理念和价值标准，对于那些置身于高等教育行列的专科学校或职业院校，人们并没有将其真正纳入大学教育的范畴。随着世纪之交的高等学校扩招，中国高等教育跨越式地迈入大众化发展阶段，以技能型人才培养为主要目标的高职高专迅速发展，高等教育体系内部精英型教育与大众化教育的分野逐步清晰、凸显。也正是在这样的背景下，如何在高等教育内部建立起学术性与应用性相对分立的两种教育实践体系开始被提上了议事日程。潘懋元等在《高等学校分类与定位问题》一文对中国高等教育大众化初期高等教育内部学术性与应用性两种教育体系基本构架进行了描述。在潘先生看来，研究型大学和高职高专是高等教育内部两种典型的学术性与应用性教育机构。同时，潘先生也指出了这种新的高等教育实践体系的建构需要进一步研究和解决的问题，即在研究型大学与高职高专之间存在着一个较为庞大的高等教育层次、类型，处于这一办学层次和类型的高等院校在学术研究和人才培养方面应该如何定位，尚缺乏明确的思路与对策。[②]也就是说，在中国高等教育大众化初期，一方面人们已经初步明晰了高等教育内部学术性与应用性两种教育体系相对分立的基本构架；另一方面，这种新的高等教育实践体系的建构也给人们留下了一个重大的实践课题，即介乎学术性与应用性两种教育体系之间的一类高校在学术功能和实践范式上如何定位，需要人们作出理性和科学的认识和解读。

当前正在推进、实施的地方本科高校转型发展，是对上文中提及的潘懋元先生之问的实践应答。换言之，新一轮地方本科高校转型发展，是我国高等教育

① 中国蔡元培研究会编 .1997. 蔡元培全集（第 3 卷）. 杭州：浙江教育出版社：291

② 潘懋元，吴玫 .2003. 高等学校分类与定位问题 . 复旦教育论坛，1（3）：5-9

进入大众化发展阶段以来，高等教育内部建构学术性和应用型两种相对分立的教育体系的深入发展和持续推进。基于大学组织再学术化的特性和要求，地方本科高校转型发展，是以通过高等教育机构之间的职能分工，在高等教育内部建立起学术性与应用性相对分立的两种教育实践体系，进而在整体上实现大学学术功能、形态的多元化和多样性为宗旨的大学教育功能和组织结构的一次再分化、再调整。而此次大学教育功能和组织结构的再分化、再调整区别于过去高等教育结构调整的一个基本特点在于，它不再是仅以高等教育机构的办学实力和层次作为唯一的标尺，而是在大学本科同一层次内，基于大学学术功能、形态的多元化和多样性要求进行的学术研究功能、形态和实践范式的一次再分工。根据上文中提及的潘懋元等的论述，在我国高等教育大众化初期，按照大学学术研究及人才培养的多元功能和目标，人们在高等教育体系内部已经进行过一次初步的职能定位与分工。但这种在高等教育机构内部进行的初步的职能分工，是基于高等学校办学层次的区分，按照高职高专、一般本科院校和研究型大学这样的分野来进行的。而新一轮地方本科高校转型发展，则是在大学本科教育同一层次内进行的一次关乎大学学术及其教育功能的一次再分化、再调整。因而，这种地方本科高校转型发展在目标内涵和教育实践范式方面都有着其特定的指向和要求。

二、地方本科高校转型发展促进大学学术职业的再分化

（一）地方本科高校转型发展促进大学学术职业的再分化

基于上文的分析和论述，新一轮地方本科高校转型发展，是在大学再学术化背景下，为实现大学学术功能、形态的多元化和多样性要求而进行的一次关于大学学术研究功能、形态和实践范式的一次再分工和再调整；它的最终目的是要通过一部分地方本科高校转型发展的探索实践，在我国高等教育内部建立起学术性与应用性两种相对分立的教育实践体系。

需要进一步强调指出的是，这里提出的关于在我国高等教育内部建立起学术性与应用性两种相对分立的教育实践体系的转型发展目标，是以大学再学术化理论为学术关照的，即这里论及的学术性与应用性两种相对分立的教育实践体系，是在大学组织再学术化的框架下，大学学术功能、形态的多元化和多样性特质的一种实践再现；与学术性大学相对分立的应用性大学教育机构或实践体系，依然在本质上体现着大学学术研究的属性和功能。这也就是说，新一轮地方本科

院校转型发展，是要在大学组织再学术化的框架下，重构一种区别于传统大学单一的学术研究价值理念和实践形态的新型的学术研究的体系和系统。也正是基于这样的理解和认识，新一轮地方本科院校转型发展的要义即在于这种转型发展在本质上体现为大学学术研究的理念和范式的一次转型与重构。因此，新一轮地方本科高校转型发展有别于此前基于高等学校办学层次和人才培养目标的区分，将高等教育简单地划分为精英型和大众化两个阵营、体系的做法和理念。从这样的理论视角认识和考察地方本科院校转型发展，或许可以让我们更加清晰、科学地把握地方本科院校转型发展的目标理念，更加主动和自觉地应对转型发展中的各种矛盾、困惑和问题，以切实保证地方本科院校转型发展的持续健康推进。

然而，如果说新一轮地方本科院校转型发展的本质是基于大学学术功能、形态的多元化和多样性要求而进行的一次关乎大学学术研究功能、形态的转型和重构，那么，这种学校转型发展首先影响或波及的则是这类大学教师的学术职业观念和形态的转型与重构。因此，在大学组织再学术化背景下推进和实施的地方本科院校转型发展，与其说是地方本科院校学术研究功能和形态的一种整体性的转型，倒不如说是这类地方大学教师学术职业的转型或分化。因此，如何认识和应对新的教育背景下地方大学教师学术职业的转型与分化，就成为推进地方本科高校转型发展进程中的首要或根本问题。

在新一轮地方本科高校转型发展背景下，学校学术研究功能和形态的转型对这类学校教师学术职业理念和形态的转变提出现实要求，加剧了大学教师学术职业分化，这是在推进地方本科高校转型发展过程中必须面对和关注的一个重要问题。在新一轮地方本科高校转型发展过程中，学校学术研究功能和形态的转型集中地体现为大学教师学术职业意识和行为方式的转变和分化。如果我们不能对地方本科高校转型发展过程中大学教师学术职业意识和行为方式的转变和分化现象作出科学的认识和判断，也就不可能对地方本科高校转型发展的属性、问题和特征形成科学清晰的认识、正确的判断，进而确立推动、促进学校转型发展的科学的指导思想和基本原则。

新一轮地方本科高校转型发展背景下的地方大学教师学术职业分化，其主要特征有二：一是在高等教育体制内学术性与应用性两种不同的高等教育体系之间的教师学术职业分化进一步明朗化、扩大化；二是地方本科高校内部教师学术职业分化进一步凸显。一方面，如前所述，新一轮地方本科高校转型发展是在大学本科同一层次内进行的关乎大学学术研究功能和形态的一次再分化、再调整。这一分化和调整的核心即在于要进一步明确转型发展中的地方本科高校教师的学术职业意识和行为范式的转换和调整，要努力建构一种同学校转型发展相适应的、有别于传统大学学术研究的价值理念和行为范式的新的大学教师学术职业形态。地方本科高校转型发展背景下大学教师学术职业形态的这种转换与重构，必然会使地方大学教师与那些继续保持传统大学学术形态的重点大学的教师在学术研究的价值理念和行为范式上形成更为明显的差异，进而使大学教师作为一种整体的学术职业意识和形态出现进一步分化。事实上，在我国既往的大学学术研究和教育实践活动中，地方本科高校教师与国家重点大学教师在学术职业意识和形态方面原本就存在着一些差异。但是这种大学教师之间的学术职业意识和行为的差异并非源于制度设计，而是因为国家对大学本科学术研究采取的是基本相同的评价机制和政策引导。因此，在传统的大学教育体制下，地方本科高校教师与国家重点大学教师在学术职业意识和形态方面的差异，通常是表现在质量的优劣和层次高低上，而不是一种性能和范式上的区分，更不是基于大学学术研究功能形态的多元化、多样性的一种学术自觉。可以预见，随着新一轮地方本科高校转型发展的深入推进，地方本科高校教师与国家重点大学教师在学术职业意识和形态方面的差异必将进一步显现、清晰，而且更多地趋向于理性化。另一方面，基于大学再学术化和地方本科高校转型发展的要求，地方大学教师学术职业的内涵和性能也将更加趋于多元化和多样性，这种多元化、多样性的大学教师学术职业的内涵和性能，也必然会进一步加剧这类学校教师群体内部学术职业意识和行为的分化。《指导意见》指出，地方普通本科高校转型发展的基本目标，就是要确立应用型的类型定位和培养应用型技术技能型人才的职责使命。按照博耶的大学学术论，实现这样的学术转型的目标定位，重点是要进一步加强和凸显应用的学术研究和教学的学术研究。当然，这种应用的学术研究和教学的学术研究既内含着发现的学术研究和综合的学术研究的理念和要求，又是以跟进和适应所服务区域、行业的发展需求为旨归的。因而，这些学术研究在目标指向和内涵、方式上必然会更多地呈现出多元化和多样性的特质。

（二）转型发展背景下地方本科高校学术功能定位

地方本科高校转型发展中的学术功能定位，在总体上既要明确地坚持学术研究在学校教育中的基础性、先导性的功能和定位，又需要用大学再学术化的思想理念对其学术功能形态做出新的解读和建构。这是我们对地方本科高校转型发展中的学术功能定位的基本认识。

首先，地方本科高校转型发展必须继续明确和坚持其办学实践中的学术性功能定位。这是由这类院校办学层次定位和当下人才培养的实际需要所决定的。一方面，在我国现阶段高等教育的生态体系中，作为大学本科层次的高等院校，责无旁贷地担负着发展学术研究的职能。华中科技大学沈红教授在讨论大学学术职业概念时曾经明确提出了“学术职业人”的概念，并强调，关于学术职业人的概念外延的这一界定，是基于我国高等教育机构所承担的学术研究的实际状况做出的判断。①也就是说，大学本科办学层次担负着发展学术的基本职责与使命，这是在当今高等教育相对分化的背景下，大学体系内部分层分类的一个重要标准或依据。早在21世纪之初我国高等教育刚刚跨入大众化发展阶段的时候，高等教育专家潘懋元先生就非常重视高等教育体系内部高校分类定位问题。其中，他最为关注的是处于狭义的精英教育和大众教育之间的地方普通本科高校的办学定位。那么，地方本科高校如何实现科学定位，进而使自身办学有别于高职高专呢，一个重要的标志或者说一个关键的问题，就是这类学校在办学实践中始终自觉地坚持学术性的办学定位。

另一方面，现阶段地方本科高校办学及人才培养的实践需要，也对学校教育的学术功能定位提出了客观需求。2015年颁布的《上海高等教育布局结构与发展规划（2015—2030年）》指出，要将区域内高等院校按人才培养功能区分为学术研究型、应用研究型、应用技术型和应用技能型四大类。不言而喻，在这样的分类体系中，作为地方本科高校大多都应当归属于应用技术型大学的范畴。从人才培养的角度考察，应用技术型人才区别于应用技能型人才培养的一个主要的特征和要求，就是前者需要一定的学术研究的支撑。从现阶段我国大学分层分类的实际来看，以应用技术型人才为培养目标的地方本科高校，与以应用技能型人才作为培养目标的高职高专在办学定位问题上的一个显著的区别，也就在于前者坚持学术研究的基础性的定位与功能。

其次，地方本科高校转型发展，在继续明确和坚持其办学实践中的学术性功能定位的同时，还需要用大学再学术化的思想理念对其学术功能形态做出新的解读和建构。这也就是说，我们强调地方本科高校在转型发展过程中应当继续明确和坚持其办学实践中的学术性功能定位，并不等于说是要不假思索地继承传统的大学学术的价值理念与风格，而是要在新的大学学术理念的指导下，实现地方本科高校学术研究功能形态的重新解构。

大学学术是一个复杂的问题。一方面，随着大学教育职能的不断拓展，人

① 沈红 .2011. 论学术职业的独特性 . 北京大学教育评论，9（3）：18-28

们在大学学术的概念上寄予了太多的思想内涵；另一方面，由于大学学术内涵繁复，研究者在使用学术的概念时常常会对其做出不同的内涵界定。这里，一个最为重要的问题，就是要明晰传统的大学学术与人们今天通常使用的科学研究在概念内涵上的区分和差异。如前所述，传统的大学学术的一个核心的理念，就是强调了学术研究的“非实用的，纯理论的”价值观。实际上，在我们今天的学科理论研究的语境中，人们也会将严格意义上的“学术研究”与一般意义上的“科学研究”相区别。而这两者之间的区分和差异，其关键即在于前者具有更多的“非实用的，纯理论的”价值取向，而后者则具有十分明显的“实践性”“应用性”的特征。然而，随着大学教育进入“再学术化”时代，“学术研究”与“科学研究”的这种界限正在消失。这也是为什么人们在使用“学术研究”与“科学研究”这两个概念时，通常将其混为一谈的原因。总而言之，在当代大学再学术化的背景下，传统的“非实用的，纯理论的”学术研究与当代“实践性”“应用性”的科学研究的界限正在逐步消失，取而代之的则是二者之间的并存与融合。所谓大学再学术化，亦即大学学术的转型与再造。其要义在于强调要在坚持大学组织的学术基本属性和价值取向的前提下，实现大学学术功能和形态的多元化、多样性。① 大学再学术化作为当代大学新型的学术研究的形态，就在于它充分地体现、揭示了传统的“非实用的，纯理论的”学术研究与当代“实践性”“应用性”的学术研究二者之间的共存与融合。

为此，地方本科高校转型发展，坚持用大学再学术化的思想理念对其学术功能形态做出新的解读和建构，就是要从理念和实践的层面上，坚持传统的“非实用的、纯理论的”学术研究与当代“实践性”“应用性”的学术研究二者的共存与融合。研究者在讨论大学学术型问题时指出：“‘学术化’是指大学普遍存在的追求高深学问的态度和行为，以及以学术为中心的状态。‘学术化’是大学价值的原本，是大学区别于其社会组织的价值所在。”② 与此同时，则把这种“实践性”“应用性”的大学学术新的价值取向称之为“世俗化”。因此，强调坚持用大学再学术化的思想理念对其学术功能形态做出新的解读和建构的意义就在于，地方本科高校基于转型发展需要的这种新型的大学学术形态，不能固守传统的“非实用的，纯理论的”学术研究的价值理念和实践范式，而是要努力地实现传统的大学学术与学术研究的“世俗化”之间的共存与融合。

---

① 李金奇.2016. 大学组织的再学术化与大学教师学术职业分化. 高等教育研究，37（2）：6-12

② 孙孝文.2007. 大学“学术化”与“世俗化”的冲突和协调. 重庆交通大学学报（社科版），7（5）：91-93

第四章

地方本科高校教师职业地位分化研究

在大学学术共同体中，大学教师学术职业客观地存在着地位的高低、资源占有的差异和权力作用的强弱。高等院校类型和职能的多元化、学术活动的多样化导致了高校教师职业角色的多元化和分散化，高校教师职业的共同体色彩和同质性随之淡化。高校教师职业概念的边界也发生着不同性质的变化。高校教师开始向社会其他行业的领域延伸、扩展。[①]随着这种身份角色的分化，地方高校教师的地位也呈现分化的态势，表现为资本地位（社会资本、政治资本、文化资本）、权力地位、学术声望的分化差异。地方本科高校教师职业地位分化具有一定的必然性和合理性；但是大学教师学术职业地位过度的分化也影响了教师个人的发展，更不利于学术共同体的发展和大学组织的发展。

第一节　高校教师职业地位分化的内涵及历史变迁

一、国内外相关研究现状

（一）关于高校教师地位的研究

目前关于高校教师地位的研究文献不多。张建奇在《我国高校女教师地位现状之研究》中分析了女教师的比例、学科分布、职位晋升、自我认知和社会认同等方面的现状，并认为高校女教师的地位普遍低于男教师。

① 宋旭红.2008.学术职业发展的内在逻辑.武汉：华中科技大学出版社：209

靳海山在《论高校治理中的教师地位》中从高校教师在高校治理中的权力义务来看教师地位。他认为确立了教师的权利资格，就可以使之从对行政等级的屈从和依附中解放出来，以自由地探索和传播知识。

季洪涛在《论高校教师的法律地位及其权利保障》中探讨了高校教师权利和义务的基本内涵，对之进行辩证分析，以理清高校教师的法律地位；作者还针对高校教师的权利法律保障和申诉救济制度，做了详细讨论。龚钰淋在《行政法视野下的公立高校教师法律地位研究——以法律身份及法律关系为核心》中也探讨了高校教师的法律地位，认为高校教师法律地位包括法律身份、法律关系及权利义务三个方面的内容。①

张建祥在“高校教师主体地位彰显的体制与机制创新”中以现代大学制度的基本价值追求——“学术为本”为切入点，从学术自由制度、学术委员会制度、教职工代表大会制度的改革完善来确立高校教师的主体地位。②

王勤在“高校教师的重要地位与基本规格”一文中基于高校教师对大学人才培养的重要性，分析了高校教师在高等教育中的地位③。叶赋桂、罗燕在《高等学校教师地位分析》一文中，以职业社会学和知识社会学的视角，运用实证方法，对高校教师的社会地位和学术地位做了详细分析，解释了高校教师学术地位分化的原因和机制；而且认为，高校教师的社会地位虽然处于社会中上层，但是声望、财富、权力三者不平衡。相对于其他职业，高校教师的声望较高，但实际的财富和权力地位则相对较低。④

综合以上学者关于“高校教师地位”的研究，可以看出这些研究是基于比较泛化和模糊的概念进行的，没有对“高校教师地位”进行明确的界定和具体的阐释。相对具体的研究也是从“法律地位”这个角度进行的。所以，笔者希望在此基础上做更加具体和深入的工作，从高校教师职业地位这个切入点进行阐释，以期有所进步。

（二）关于地位分化与学术职业分层的研究

首先，学术职业分层与大学教师地位分化问题之间有着内在的关联。由于知识场域外部力量的介入和高等教育自身结构的发展，大学在走向大众化的过程

① 龚钰淋.2011. 行政法视野下的公立高校教师法律地位研究. 中国政法大学博士学位论文

② 张建祥.2011. 高校教师主体地位彰显的体制与机制创新. 教育研究，(11)：58-61

③ 王勤.1987. 高校教师的重要地位与基本规格. 高等工程教育研究，(4)：69-72

④ 叶赋桂，罗燕.2006. 高等学校教师地位分析. 河北师范大学学报（教育科学版），8（6）：79-85

中，更加面向市场和社会。高校教师学术职业也随之分化，高校教师职业概念的边界也发生着不同性质的变化。最早对学术职业分层进行研究的是美国默顿学派的学者，1973 年科学社会学家科尔兄弟在《科学界的社会分层》一书中提出：科学共同体是一个高度分层的社会建制。此书成为后来研究学术共同体社会分层的奠基之作。朱克曼在《科学界的精英》一书中用学术声誉作为分层标准，对学术共同体分层结构进行了研究。朱克曼和乔纳森·科尔在 1975 年合发了一篇文章《美国科学界的女性》，开创了性别对学术职业分层的影响研究。在这个领域中，乔纳森·科尔 1979 年又出版了专著《公正的科学：科学共同体中的女性》。哈格斯特龙在《科学共同体》一书中依据学科分化研究科学共同体的分层现象，研究发现“各分支学科科学家在科学共同体内部及整个社会的声望与权威不同”①。另一些学者还研究了年龄对分层的影响，如 Sharon G.Levin 和 Paula E.Stephan 的研究，Andrea Bonaccorsi 和 Cinzia Daraio 的研究等。

在科学家跨层流动的影响因素研究领域，安妮·罗和劳伦斯·S. 库比对科学中成功的心理相关因素进行了讨论。

国内关于学术职业分层的译著和研究主要有：1979 年周叶廉等翻译的哈里特·朱特曼的《科学界的精英——美国诺贝尔奖获得者》，1988 年赵佳苓、顾昕等翻译的科尔兄弟的《科学界的社会分层》，以及吴忠的《社会分层理论与科学社会学》，顾昕的《科学共同体的社会分层》，刘瑶瑁的《科学中的权威结构》等。还有 20 世纪 90 年代末开始对中国科学院院士、中国工程院院士、杰出科学家的年龄特征、成长规律，分层动力模式等的研究。近来，李志峰对学术职业分层的研究比较具有代表性。他在《基于社会分工的高校学术职业分层分类》一文中认为：学术职业也是由于社会分工产生的一种职业。学术职业是以高深知识作为工作对象的，而且在发展过程中形成了多类型多层级的形态。高校学术职业的分层分级依赖于高校教师的高深知识的存量和价值。学术职业的分层是不同类型学校、不同学科专业和不同高校教师处理高深知识方式的不同，也体现了高校教师地位的差异。②在《高校学术职业分层制度的变迁逻辑》一文中，李志峰认为我国高校学术职业形成了教授、副教授、讲师、助教四级分层制度，这种分层制度具有政府主导和高校自主相结合的特点，也有以效率为中心、以岗位为核心的特征③。综合以上学者的研究，可以发现：学术职业分层主要强调的是学术共同体

① 转引自：孙玲，尚智从.2011. 科学共同体社会分层研究综述. 科学学与科学技术管理，32（8）：157-161
② 李志峰.2011. 基于社会分工的高校学术职业分层分类. 华北电力大学学报（社会科学版），（5）：126-131
③ 李志峰.2012. 高校学术职业分层制度的变迁逻辑. 清华大学教育研究，33（4）：116-124

中不同学者间由于学术声望的差异而形成的等级形态。本书所研究的高校教师职业地位分化，不止于此。除由学术声望差异而形成的等级形态以外，本书还要从经济资本、社会资本、文化资本、权力地位等维度上来考察“分化”。因而，本书研究的“高校教师职业地位分化”不同于“学术职业分层”。

其次，是关于教师地位分化的研究。叶赋桂、罗燕的《高等学校教师地位分析》以已有的实证研究材料为基础对高校教师的社会地位（在整个社会职业中的地位、在专门职业中的地位）和学术地位（教师分层、教师分类、教师在学校中的地位）做了探讨。认为高校教师的社会地位在现代社会中处在中等偏上的位置，但声望、财富和权力不平衡，与其他专门职业相比，高校教师的声望很高，但实际地位相对较低。因为知识的分类和分层，大学的扩张及组织的科层化，政治和社会需求的不同，高校教师个体之间在学术地位上可能存在着较大的差别，学术声望和荣誉、薪俸和津贴、学术权力和权威表现出不平等。[①]大学教师要提升社会地位需从提升学术地位入手。

朱慧欣在“班级内学生地位分化及对策探究”中认为班级是具有社会化和选择功能的机制，班级内学生的社会地位是存在分化的，是不平等的。班级内学生地位分化主要有两个维度的差异，即权力地位存在垂直分层、声望存在类的差异。[②]

付少平等在《农民社会地位分化与农村社会地位稳定》中对农民社会地位分化研究的基础上，从经济地位、权威地位、文化地位、综合社会地位四个层面提出了一套不同于非传统的测量指标。经济地位 = 拥有多少物质财富 = 生产资料 + 生活资料 + 存款；权威地位 = 权力（职务）+ 在家族中的辈分、在社区中的威望与对社区活动的影响力 + 社会关系资源；文化地位 = 受国民教育的程度 + 技能；综合社会地位 = 经济地位 + 权威地位 + 文化地位。[③]在《农民社会地位测量指标初探》中，付少平又在这套测量指标的基础上，给出了具体的量表。

目前可以查到的关于“地位分化”的研究文献较少，从上述学者的研究可以看出，财富、权力、声望往往是研究“地位”的必然维度。所以，本书对高校教师职业地位分化的研究所选取的维度中，也包含了财富、权力和声望。

综观学者们的研究，比较研究、调查研究、历史研究是其采用的主要研究

① 叶赋桂，罗燕 .2006. 高等学校教师地位分析 . 河北师范大学学报（教育科学版），8（6）：79-85

② 朱慧欣 .2008. 班级内学生地位分化及对策探究 . 教学与管理，（9）：24-26

③ 付少平，胡安劳 .2002. 农民社会地位分化与农村社会地位稳定 . 山东农业大学学报（社会科学版），4（2）：30-32

方法。研究内容涉及学术职业的内涵、学术职业的变迁历史、学术职业道德、学术职业管理、教师聘任制、学术职业的国别比较等。而对学术职业地位的研究较少，对学术职业地位分化状况做量化的研究就更少，这为本书提供了空间，也是本书的创新所在。

二、高校教师职业地位分化的内涵及历史变迁

（一）职业地位的概念内涵

在我们这个资源有限的社会中，不是所有人都能按照其需要获得足够的资源，因此必然存在对资源的竞争，进而就存在资源分配和占有的差异。职业回报，就是我们社会在最初的劳动分工上逐步形成的资源分配与占有的合法性机制。按照这个逻辑，不同的职业必然代表着不同的资源占有情况，不管这种资源是经济的、政治的，还是文化的。这种客观上的职业回报的差异使社会对职业等级差异有了主观上的固化。最后，客观与主观的职业等级差异综合起来，形成了不同的社会地位，也就是“职业地位”。

一般来说，学界对“职业地位”的理解主要有两种：“位置论”和“资源论”。“位置论”认为：不同的职业依据其本身的结构功能，占据着不同的社会位置。而“资源论”认为：不同的职业之所以处于不同的社会位置，根本原因在于其占据的资源（包括经济的、政治的、文化的）的差异。然而，“位置论”和“资源论”其实是内通的，不管是“位置”还是“资源”，都包含着“资本”“权力”“声望”等因素。所以，“资本”“权力”“声望”是“职业地位”的内在要素。

综上，笔者认为，职业地位就是某职业在社会层级中所占据的特定位置，而这个位置内嵌着可以为职业者所用的各种社会资源，这些社会资源有经济形态的，有政治形态的，也有文化形态的。为此，职业地位包含着“资本”“权力”“声望”等要素。

需要强调的是，“职业地位”不等同于“社会地位”。社会地位是指一个人或群体因其社会阶层所得到的荣誉和声望。特定的社会阶层代表着特定的经济、政治、文化等资源。所以一个人或群体的社会地位与其占有的经济、政治、文化资源相关。社会地位一般通过三种方式决定。一是“自致地位”，即透过自己的成就努力争取到的社会地位，或者指一个人在其一生中通过行使知识、能力、技巧或耐力所取得的结果。二是“先赋地位”，即一个人透过承袭得到其于社会分

层体系中所处的位置，从出生起就被赋予无法改变的社会地位。三是职业所带来的地位。从职业获得的地位不同于自致地位，也不同于先赋地位，它是个人或群体通过知识技能在工作上获得的社会定位，由职业身份而赋予的地位。

因此，职业地位与社会地位是区别与统一的关系。职业地位不等同于社会地位，但职业地位是社会地位的一种表现形式，也是社会地位的一种获得形式。如果可以将社会地位看作具有共性的概念的话，那么职业地位就可以被看作具有特性的概念。

（二）高校教师职业地位分化的内涵

“高校教师职业”这个概念，包含两层意思。首先，高校教师职业是一种学术职业，其以高深知识的发现、传播、生产为本质，表现为教学、科研、社会服务等具体学术工作。其次，高校教师职业也包含着一般职业所具有的社会意义，即劳动的分工、资源的分配和占有、社会位置的层级。

基于高校教师职业的社会意义，笔者认为，“高校教师职业地位”是高校教师职业在社会层级中所占有的特定位置，其本质是对特定社会资源的占有，这些社会资源包括资本、权力、声望等要素。相对于其他职业，高校教师职业占据的文化资源较多，所以在文化资本、学术声望、社会声誉上更具有优势。社会对知识越尊重、对学术越尊重，高校教师职业地位就越高，在社会中拥有的话语权和影响力就越大。但本书想要着重揭示的，是高校教师群体内部的“职业地位分化”。

首先，在现代汉语词典中，“分化”一词的解释是：“事物向不同的方向发展、变化；统一的事物变成分裂的事物。”[①] 可看出“分化”具有从整体中“分裂”之意，此为第一层意思。其次，英语中用“differentiate”“become divided”来表达“分化”。由此可见，“分化”强调差异，是整体中的个体或部分之间差异。

那么，如何理解高校教师职业地位的分化呢？董泽芳在“略论社会分化与教育分流”一文中指出社会分化的两种形式，并指出“地位分化主要指人们所处社会地位的差异。影响地位分化的首要因素是个人的社会关系，其中起决定作用的是经济关系与政治关系”[②]。这一观点为笔者提供了依据。

因此，笔者认为高校教师职业地位的分化主要是从高校教师这一职业群体内部来看的，指在高校教师这一学术群体中出现的不同教师个体或亚群体之间形

---

① 在线汉语字典 . 分化 .[DB/OL]. http://xh.5156edu.com/html5/217065.html [2017-11-25]

② 董泽芳 .1995. 略论社会分化与教育分流 . 华中师范大学学报（哲社版），（6）：11-18

成的职业地位的等级差异化，这种职业地位等级差异化的过程可能会导致个体或亚群体对整体的分裂。进一步地，笔者在前文已经阐明“职业地位”代表着该职业的社会位置，其本质就是该职业在社会中的“资源”占有量，包括资本、权力、声望等具体要素。因此，高校教师职业地位分化表现为不同教师个体或亚群体之间所拥有的资本、权力、声望等的差异化。

（三）高校教师职业地位的历史变迁

在中国传统社会中，一方面“尊师重教”的氛围浓厚；另一方面，因为“官本位”思想同时存在，作为传统知识分子的“老师”们又总是会受到社会的讽刺：“百无一用是书生”。这种尴尬的矛盾为何存在？

笔者认为可以从三个方面解释：①经济地位方面，中国传统社会处于自然经济和半自然经济的状态下，生产能力比较低，不管是农业还是手工业都以家庭为生产单位，所以生产规模较小。这种小生产规模决定了劳动技能靠父子或师徒相传，对集中地教授专业技术知识这样的生产力再生产模式没有足够的认识。因此以专业技术知识探索、传授为生的“教师”职业没有发展的土壤和空间。当时以教师为业的知识分子是以宣讲统治阶级所主张的“圣贤思想”为职责，他们实际上是平民进入统治阶层的“引路人”。这样，传统社会的教师职业对社会财富积累贡献很小，他们的贡献主要是帮助“学生”收获文化资本，幸运的学生可以通过科举考试将自身的文化资本转化为政治资本。但是，“幸运儿”总是少数，大多数人还是得从他们父辈或师傅那里学得一技之长，以安身立命。这导致传统社会教师的经济地位很低，他们生活清贫，靠学生交的微薄的学费为生。②权力地位方面，中国封建专制制度使人们的“官本位”思想根深蒂固，知识分子“寒窗十年”，只希望有朝一日能“登科及第”“衣锦还乡”。老师们只是那些最终进入统治阶级、获得政治权力的少数学生的“垫脚石”，自身并没有政治权力，只能依附于封建专制制度，依附于统治阶级。③声望地位方面，传统中国社会的“老师”具有较高的声望，这似乎与他们经济地位和权力地位较低相矛盾，其实不然。人们之所以尊敬教师，一方面是儒家“尊师重教”思想的深远影响；另一方面，更重要的是，传统社会的教师职业是统治阶级的附庸，读书人需要从老师们那里获得统治阶级认可的文化资本，以期将来转化为政治资本和经济资本。一旦学生进入统治阶层，老师也因其学生而获得社会的尊敬。所以，传统社会的教师经济地位和权力地位较低，但职业声望又较高。

民国时期，高校教师具有较高的职业地位。首先，民国继承了自“晚清新政”以来对大学教育重视的传统，大学教育被看作国家兴盛之根本。甚至在抗日战争时期，大学存亡被认为与国家存亡相系，因为当时的大学知识分子代表着国家的希望，他们往往也都是革命的先驱和新思想的引进者。所以，民国时期的高校教师无疑具有非常高的声望，而且他们多是自己专业领域的“大师级人物”，学术声望极高。民国高校教师的经济地位也较高，据李海萍和上官剑的研究表明：抗战爆发前的民国大学教师的薪资收入普遍高于社会其他职业，一个大学教师的薪资甚至高于科级公务员，与处级公务员的薪资收入相当。南京国民政府时期，大学教授的月俸为 400 ～ 600 元，副教授的月俸为 260 ～ 400 元，讲师的月俸为 160 ～ 260 元，助教的月俸为 100 ～ 160 元。而按照当时的物价计算，一个 4 ～ 5 人的劳动家庭每月伙食费只需要 11 元。当时的标准家庭贫困线为每月收入 10 元以下。当时北京有钱的知识阶层，每月全家的必需生活费（包括伙食、房租、交通费等）80 元就比较宽裕。[①] 从图 4-1 可以看出当时高校教师的经济地位相对较高，对比十分明显。从权力地位上看，民国时期的大学教师虽然受政治权力的牵制，但是较好的薪资待遇保证了他们不受物质束缚，所以他们才有受世人称道的“独立之品格”。他们可以在政治权力之外建立起与之抗衡的学术权力。

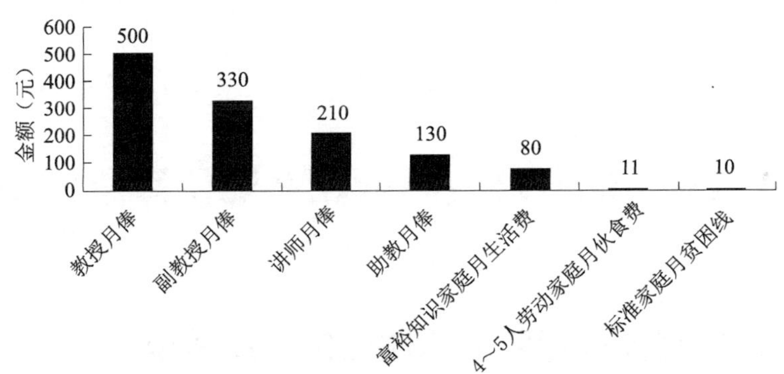

图 4-1　南京国民政府时期高校教师薪资水平及其他费用对比

中华人民共和国成立初期，百废待兴，知识分子是建设国家的中坚力量，高校教师也得到重用，受到尊敬。虽然当时因“供给制”与“薪酬制”并行，高校教师内部出现同工不同酬的现象，但是横向来看，当时高校教师的经济地位相对较高：一级教授的薪酬为 345 元，二级教授的薪酬为 287 元，高教 8 级的讲师薪酬为 106 元，而当时吃一次莫斯科餐厅，为 1.5 ～ 2 元，汤菜俱全，有黄

① 李海萍，上官剑 .2012. 物质牵制与精神自由：民国前期大学教师薪酬研究 . 教师教育研究，24（4）：69-77

油面包，还有一杯啤酒[①]。在政治上，中国共产党给予一些成就显著、有影响力的高校教师代表在国家政权中担任重要领导职务，具有很高的政治地位。特别是1956年召开的全国知识分子问题会议和毛泽东提出的“双百”方针，都给高校教师带来了较高的政治和经济地位。但是，1957年“反右”开始，知识分子受到冲击，高校教师也同样受到影响，其社会地位随之下滑。继之后陆续的“运动”冲击后，高校教师的社会地位在10年“文化大革命”中降到最低点。大多数高校教师成为“革命”和专政的对象，无政治地位，生活艰苦清贫。1977年，邓小平重新确立知识分子的社会地位：科学技术是第一生产力，知识分子是工人阶级的一部分。知识分子由“文化大革命”时的“老九”被提到第一。由此，作为知识分子主力的高校教师的职业地位得到提升，又具有了较高的经济地位和社会声望。改革开放后，随着邓小平“尊重知识、尊重人才”政策的继续实行，高校教师的薪酬待遇得到增加，工作环境得到改善，科学研究得到政策和资金支持，知识产权受到保护，社会声誉显著提高。

时至今日，经济全球化、科技生活化、社会多元化、政治民主化、知识普及化，势不可挡，且空前加强。在这样的大环境下，不同类型高校的定位、职责分化越来越明显，随之而来的是高校教师这一群体内部的分化，高校教师职业地位分化自然是题中应有之意。

第二节　地方高校教师职业地位测量模型

一、地方高校教师职业总体地位测量模型

马克思认为，社会资源（尤其是生产资料）的占有决定了人们的社会地位。而马克斯·韦伯认为，只从经济层面观察社会地位是不够全面的，他提出了从财富、权力、声望三个维度来考察社会地位。财富代表了人们拥有的资本，权力代表了人们根据自己意志对他人的影响、控制和支配，声望代表了源于“荣誉”的社会等级。然而，布迪厄等学者的研究表明：资本不仅仅包括经济形态的，还包括文化形态的和社会关系形态的。因此，在借鉴这些学者理论的基础上，笔者认

① 季羡林.2007.漫谈消费.季羡林散文全编（第三辑）（修订版）.北京：中国广播影视出版社

为地方高校教师职业地位有三个维度：资本地位、权力地位和声望地位。换句话说，地方高校教师职业地位其实是地方高校教师资本地位、权力地位和声望地位的三位一体。通过测量地方高校教师的资本地位、权力地位和声望地位，可以观察地方高校教师的总体地位的情况。其中，资本地位又有三个维度：经济资本、社会资本、文化资本；权力地位包含行政权力和学术权力两个方面；声望地位则主要源自学术声望（图 4-2）。若用 S 表示地方高校教师总体职业地位，用 CP 表示地方高校教师资本地位，用 SP 表示地方高校教师权力地位，用 SA 表示地方高校教师学术声望，则地方高校教师职业地位的总体测量模型就可以表示为公式 4-1：

$$S = CP + SP + SA \quad (4\text{-}1)$$

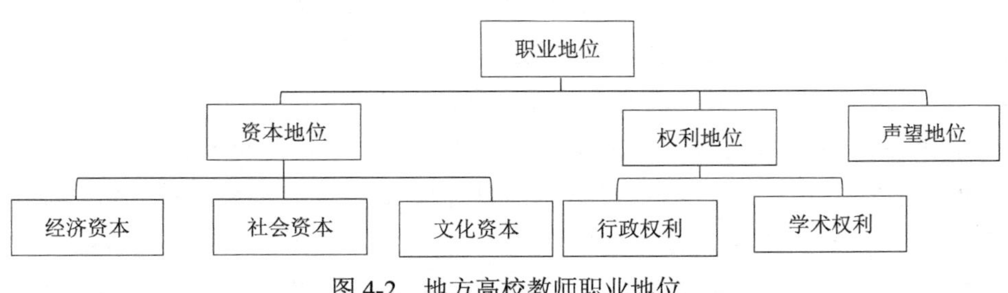

图 4-2　地方高校教师职业地位

二、地方高校教师的资本地位测量模型

（一）资本概述

根据年鉴学派历史学家布罗代尔考证，“资本”这个词源于拉丁语 caput。此时 caput 的意思是“头部”，同时也是罗马人口财产调查使用的财产计量单位[①]。12—13 世纪，“资本”开始具有资金、存货、款项、生息本金等含义。在 17—18 世纪的词典中，“资本”指的是“一笔钱、一笔款项或一笔商业资金”[②]。

18 世纪，古典政治经济学家开始对“资本”进行详细论述，并赋予“资本”现代意义。拉法格认为：“资本”是可以获得收益的财产，换句话说，资本是之

① 肯尼思·麦克利什 .2004. 人类思想的主要观点：形成世界的观念（上）. 查常平等译 . 北京：新华出版社：192

② 周可 .2013. 古典政治经济学的政治哲学向度——以资本概念为中心的考察 . 马克思主义哲学研究，(0)：93-102

前劳动的成果和积累起来的劳动，而且它还能在再生产过程中被重新取得并不断更新。[①] 布罗代尔也认为："参加新的劳动使资本得以重建和新生，从而产生收益和增值，生产不断吸收和再造资本。"[②] 其后的古典政治经济学家们又从资本主义生产的角度来理解"资本"："资本本质上是劳动的产物，是以往劳动的积累，并且是由于资本家个人的节俭而积累起来的；它是整个社会再生产过程的主要推动力""资本家具有占有社会劳动产品的主要部分的权利，追逐利润成为资本家运用资本进行再生产的首要目的。"[③] 基于古典政治经济学家关于"资本"的观点，马克思认为：资本表现为一定的货币和实物，但是只有具有价值的劳动产品才能成为资本，"只有由于积累起的、过去的、物化的劳动积累起的劳动才能变为资本"[④]，也就是说，资本是劳动的积累。在这点上，马克思继承了古典政治经济学家们的思想。

另外，马克思还强调资本也是资产阶级社会生产关系的体现：货币、实物或生产手段只有通过支配雇佣劳动者的劳动而带来新增加的剩余价值才能成为资本。所以马克思把资本的本质看作是剥削剩余价值的关系。

布迪厄在继承古典政治经济学家和马克思的"资本"观点的基础上提出了更全面也更有实践意义的"资本"观点。与古典政治经济学家和马克思一样，布迪厄也认为资本的本质是积累的劳动。而且，布迪厄认为：资本的价值及其转换，都要同其中所包含的劳动及劳动时间联系起来。更进一步，他强调劳动的个别性和异质多样性，由此把资本、劳动同具体的实践活动和不同的场域结构结合起来。他说："资本是积累的劳动（以物化的形式或'具体的'、'肉身化'的形式），当这种劳动在私人性，即排他性的基础上被行动者或行动者小团体占有时，这种劳动就使得他们能够以具体化的或活劳动的形式占有社会资源。"[⑤] 通过这种个别的具体的劳动，行动者或小团体将占有的资源带入社会、引入实践，资源就转变为场域行动的资本。为此，布迪厄把"资本"区别为三种形态：经济资本、社会资本和文化资本。基于布迪厄的"资本"观点及分类，笔者也从经济资本、社会资本和文化资本三个维度来观察地方高校教师的资本地位。

---

① 拉法格，2002. 财产及其起源 . 王子野译 . 北京：读书・生活・新知三联书店：28

② 布罗代尔 .15 至 18 世纪的经济、物质文明与资本主义 [M]. 第二卷 . 顾良译 . 北京：读书・生活・新知三联书店，2002：244

③ 周可 .2013. 古典政治经济学的政治哲学向度——以资本概念为中心的考察 . 马克思主义哲学研究：3，6

④ 马克思，恩格斯 .1965. 马克思恩格斯全集（第 6 卷）. 中共中央马克思恩格斯列宁斯大林著作编译局译 . 北京：人民出版社：487-488

⑤ 布迪厄 .1997. 文化资本与社会炼金术 . 包亚明译 . 上海：上海人民出版社：189

（二）地方高校教师经济资本及其测量模型

关于经济资本，布迪厄基本上接受了经济学的定义，是“由生产的不同因素（诸如土地、工厂、劳动、货币）、经济财产、各种收入及各种经济利益组成”[①]。由此，笔者选取了“工资年收入”“非工资年收入”指标考察地方高校教师的经济资本。若 CP_e 代表经济资本量，I_1 代表工资年收入，I_2 代表非工资年收入，则地方高校教师经济资本量测量模型就可以表示为公式 4-2：

$$CP_e = I_1 + I_2 \tag{4-2}$$

（三）地方高校教师社会资本及其测量模型

“社会资本”是 20 世纪 70 年代后期，在社会网络研究的基础上逐步发展起来的与物质资本、人力资本相对应的一个理论概念。洛瑞（1977；1987）认为社会关系是一种个人资源，存在于家庭关系与社区的社会组织之中。“这类资源对儿童或青年的心理以及社会化发展至关重要。这些资源的特点因人而异，它们为儿童及青年发展人力资本提供了许多有利条件。”[②] 林恩以格兰维特尔的著作为基础，说明人们如何利用社会资源去实现自己的目标，其实也是对社会资本的间接论述。

之后，科尔曼对社会资本进行了比较明确的论述，并于 20 世纪 80 年代左右形成了一套社会资本理论。在科尔曼看来，“社会资本由构成社会结构的要素组成，主要存在于人际关系和结构之中，并为机构内部的个人行动提供便利”[②]科尔曼还认为，社会资本表现为以下几种形式：第一，义务与期望。即当某人为他人提供了服务并确信受服务的人会为此承担特定义务时，那么提供服务的人就拥有了一种社会资本。第二，信息网络。社会网络关系中储存着人们可以用来获利的信息。第三，规范与有效惩罚。某个小团体或社区组织内部的有效规范能够通过内在的或外在的惩罚来引导、影响和制约人们的行动。第四，权威关系，帮助解决共同性问题。第五，多功能社会组织和有意创建的社会组织等。

布迪厄对网络结构理论做了进一步发展，认为社会资本是“实际的或潜在的资源的集合体”，而这些资源是内嵌于人们共同熟悉和公认的体制化网络。[③] 社

① 高宣扬 .2004. 布迪厄的社会理论 . 上海：同济大学出版社：149

② 詹姆斯 • S. 科尔曼 .1999. 社会理论的基础（上）. 邓方译 . 北京：社会科学文献出版社：351

③ 布迪厄 .1997. 文化资本与社会炼金术 . 包亚明译 . 上海：上海人民出版社：202

会资本具有如下性质：①社会资本是一种社会网络关系，而且行动者可以从中持续地吸取资源；②社会资本是制度化的网络关系，存在于特定的工作关系、群体关系、组织关系中；③社会资本具有潜在性和现实性，只有当行动者调动、利用其社会网络时，社会网络才能成为现实的社会资本而发挥它的作用，而当社会网络未被调用时，它只是潜在的社会资本；④社会资本具有公共性，每一个被社会网络联系的行动者都可以从中受益，但受益的程度取决于个人能力的大小，或者可以说受益程度取决于劳动积累的大小。因为根据布迪厄的观点，社会资本也是劳动的积累，是发生在实践活动中的。首先，关系网络是投资策略的产物，是在明确的目的、需求、手段、筹划等因素的共同作用下形成的，这些因素正是在特定场域中的实践策略。其次，社会资本不断建构于实践的指导，在这个建构的过程中，需要获得一定的支持来使建构能够持续进行，这种支持就来源于网络关系本身产生的收益，收益激励行动者不断地投入更多时间、精力、策略进一步开发、拓展和维护他所占有的网络资源和社会资本。因此，社会资本实质上也是行动者劳动的积累。①

布迪厄的社会资本概念是从个体视角阐释的，因为他关注的是社会网络中行动者个体社会资本占有的情况。而科尔曼的社会资本概念则是从群体视角阐释的，因为他关注的是在团体、组织等群体的社会资本占有情况，他认为社会资本是集体产生、隶属于整体，而且使整体受益。他主要回答两个问题：①某个特定的社会群体如何发展并维持社会资本。②社会资本如何提高群体成员的生活机会。

不管是个体的社会资本，还是群体的社会资本，学者们一直以来都对“社会资本占有量”这个问题颇感兴趣，都在尝试用各种方法来观察。因为只有将抽象的“社会关系”这一概念直观化、形象化，人们才容易理解和对比不同个体社会资本的差异。这就如同“价值”需要用“货币”这个一般等价物来衡量，不同的商品的价值差异需要货币数量的多少来体现。

笔者想考察的是不同教师个体占有社会资本的差异，所以应该从个体社会资本的概念上来讨论，对社会资本的测量也是在个体层次上进行，即测量个体占有的社会资本量。常用的测量方法是个体中心网（也叫自我中心网）分析法。具体的，主要有提名生成法（name-generator）、位置生成法（position-generator）和资源生成法（resource-generator）。

提名生成法的做法是根据研究的需要，让每一位被访者提供他们自己的社

① 詹姆斯·S. 科尔曼 .1999. 社会理论的基础（上）. 邓方译 . 北京：社会科学文献出版社：351

会网络中成员的姓名、特征、相互关系等信息，研究者根据这些信息对网络中的社会资本的情况进行分析。位置生成法假设社会资源是按照社会地位呈等级次序分布的，每一个网络成员占有的社会资源的数量取决于他们所处的社会地位。通过对被访者的关系网中出现的网络成员的结构地位的了解，就可以测量被访者拥有的社会资本的大致情况。具体做法是：选取几个可以代表不同社会地位的标志性职业类型或工作单位类型，编制测量表，要求被访者回答自己的关系网成员中是否有在这些职业或单位工作的人。然后对被访者选择的职业类型或单位类型进行整理，以反映被访者占有的社会资本量。资源生成法直接询问被访者在他们的社会网络中是否认识提供某种资源的人，对资源的选择可以是关于宗教和知识方面的资源，也可以是信息资源，还可以是技术资源。这里笔者采用位置生成法对地方高校教师社会资本进行测量。因为位置生成法具有更强的可操作性，与本书采取的“问卷”调查研究方式具有更强的兼容性。首先，按照社会普遍的职业分类［1. 国家和社会管理者；2. 经理人员；3. 私营企业主；4. 专业技术人员（含教师、医生、律师等）；5. 企事业单位普通员工；6. 产业工人；7. 个体工商户；8. 商业服务人员；9. 农业劳动者；10. 城乡失业半失业者；11. 农民工；12. 无业人员；13. 其他］，给每一个职业类别赋值，从第 1 类到第 13 类分值依次递减。然后，询问受访者：“与您长期保持联系的人有哪些？他们来自以上 13 类职业中的哪些？他们职务的行政级别是哪些？他们的经济情况如何？他们给您提供过哪些帮助？”通过这些问题收集到的数据信息，可以反映受访者社会网络结构，进而测量受访者的社会资本量。

首先，根据林南的方法，测量受访者的社会网络的“规模”“网顶”“网差”，进而测量受访者的社会网络大小。其中，网络“规模”是指受访者社会网络成员的数量，网络成员越多，网络规模越大，关系越多，信息和人情桥梁也越多，嵌入在网络中的社会资本就会越多；“网顶”是由受访者社会网络成员中权力最大、地位最高、财富最多、声望最显赫的那个人代表，这意味着此人在受访者社会网络中的位置代表了受访者社会网的高度；“网差”就是指受访者社会网中最高位置与最低位置的差距，体现的是网内职业地位的差异，差异越大，资源互异性越大，网络中潜藏的社会资本质量就越大。

其次，可以通过社会资本测量表分析受访者社会网络的结构中内嵌的政治资源、经济资源和文化资源。人们正是因为可以从自己的社会关系网络中吸取政治资源、经济资源和文化资源，才拥有社会资本。所以，受访者社会关系网中的政治资源、经济资源、文化资源也是需要分别进行测量的。笔者用受访者社会关系网络成员中的最高行政职位来间接代表受访者可以吸收的最大政治资源，用网络成员中的最富裕者的经济状况代表受访者可以吸收的最大经济资源，用网络成员中的最高学历者的文化资本代表受访者可以吸收的最大文化资源。

虽然找到了测量社会资本的指标，但是要将社会资本量化就要求要将测量指标也量化。然而，这些测量指标也没有具体的数量可供使用，所以笔者采取“赋值”的方式给各测量指标赋予分值，通过测量不同教师的各指标分值来测量其社会资本的分值，进而间接表示其社会资本量，详见后文中的“社会网络指标分值表”（表 4-3）和“社会网络资源指标分值表”（表 4-4）。

据此，可以建立地方高校教师社会资本分值测量模型：若 CP_s 代表社会资本分值，S_n 代表社会网络“规模”分值，H_n 代表“网顶”分值，D_n 代表“网差”分值，S_p 代表地方高校教师在社会网络中的拥有的政治资源分值，S_e 代表地方高校教师在社会网络中的拥有的经济资源分值，S_c 代表地方高校教师在社会网络中拥有的文化资源分值，则地方高校教师的社会资本分值测量模型表示为公式 4-3：

$$CP_s = S_n \times H_n \times D_n \times (S_p + S_e + S_c) \tag{4-3}$$

其中，可以将 $S_n \times H_n \times H_n$ 理解为受访者的社会网络容量分值。

（四）地方高校教师文化资本及其测量模型

“文化资本”是布迪厄讨论最多的，也是他最重视的问题。在他之前的学者主要从经济学意义上来理解“文化资本”，即人类资本理论。这种理论只是从金钱、投资和利润率等经济学的角度来对文化资本进行解释，把人们获得和占有文化资本看作人的自然能力，一个人文化资本的大小取决于各人能力的大小。这种人类资本理论是不够全面的，持这种观点的人没有考虑家庭传统、社会阶级、社会结构、学术制度、教育策略等诸多社会因素和实践因素对一个人获得文化资本的影响。所以，布迪厄认为仅从经济学意义上看“文化资本”，无法解释为何不同的社会阶级分配在经济投资和文化投资上的比例存在巨大的差异。经济学意义的“文化资本”没有把学术投资策略与整体教育策略联系起来，没有把学术投资策略与再生产策略的体系联系起来。这样就将最隐蔽的、最具社会决定性的教育投资，即通过家庭背景所输送的文化资本排除在外。[①]因此，布迪厄超越了经济学的文化资本视角，在个体实践、场域关系、家庭背景中分析文化资本，认为文

① 布迪厄 .1997. 文化资本与社会炼金术 . 包亚明译 . 上海：上海人民出版社：194

化资本存在三种形态：身体化文化资本、客观化文化资本、制度化文化资本。

身体化文化资本，又称具体化文化资本或惯习化文化资本，是指与个人的身体直接联系的文化资本，这种文化资本是通过家庭背景和学校教育而储存于个体身体中的文化知识、文化技能和文化修养。因为这种形态的文化资本存在于身体中，并可以透过身体活动得以表现（例如体态、姿态、举止仪表、交往行为、操作技能等都是表现），所以文化资本才能成为在感性经验活动中直接表现出来的现实存在。身体化的文化资本既有个体性，也有社会性。个体性指个人为获得文化资本必须支付必要的时间和精力，需要做个体性的努力才能使文化资本在自己身体上具体化。所以，身体化的文化资本其实也是个人劳动的积累。身体化文化资本的社会性指的是，虽然个体性投入是身体化文化资本获得的必须，但是社会的作用也是必不可少的。家庭教育和学校教育就是社会对身体化文化资本的作用的体现，因为个体在家庭和学校中潜移默化地将社会公认的传统、习惯、标准等变为自己身体的一部分，而且，在这个过程中，家庭传统、学校教育内容和教育方式都渗入了大量的社会因素。更重要的是，个体所在的阶级阶层也间接地将本阶级、本阶层的意识、文化、习惯身体化为个体的文化资本。身体化的文化资本还具有不可转让和不可流通性，不能像经济资本一样在个体之间进行转让、流通，它与个体的身体融为一体，不可分离，只有当个体身体毁灭，这种文化资本才会消失。家庭对于文化资本的具体化起着基础性的作用，尤为重要。一个人的文化资本身体化从孩童时代，甚至婴儿时期就已经开始。但是，在他的早期，能接受什么样的教育（也即什么形式或什么程度的文化资本身体化），与他所在家庭的文化传统、经济实力、价值观念等直接相关。甚至，当他进入青年时期，他能继续获得多少文化资本，这仍然与他的家庭有关。因为他能否有足够自由的时间和条件来获取文化资本都取决于他的家庭的支持。正如布迪厄说的：“某个特定的个人是否能够延长其获取（资本的）过程的时间长度，取决于他的家庭能为他提供的自由时间的长度，自由时间指的是从经济的必需中摆脱出来的时间，这是最初积累的先决条件。”①客观化文化资本是以文化商品形式存在的，其本质则是物化了的文化观念和文化能力。“文化商品既可以呈现出物质性的一面，又可以象征性呈现出来，在物质方面，文化商品预先假定了经济资本，而在象征性方面，文化商品则假定了文化资本。”① 从物质性来看，文化商品可以像经济资本一样，可以在个体之间直接传递和转让；从象征性来看，文化商品又是储存于个人

① 布迪厄 .1997. 文化资本与社会炼金术 . 包亚明译 . 上海：上海人民出版社：198

身体内的文化资本的外化和客观化。文化商品的消费和使用不同于一般商品，文化商品的消费和使用手段是内化的，是身体化的，与个体的身体分不开，不能转移。所以，只有具有较好文化素养和文化认知的人才能辨别文化商品的真正价值，才能真正享受文化商品带给他的效用，才能使用它，消费它。

制度化文化资本是经过特定制度确认的，其比较常见的形式就是通过毕业证书、单位证书、职称证明等制度性方式来确定的学术资格或文化程度。“学术资格和文化能力的证书起了很大的作用，这种证书赋予其拥有者一种文化的、约定俗成的、经久不变的、有合法保障的价值。”[①] 前面我们已经提到，文化资本可以通过不同的方式内化（身体化）为个体的文化素养和文化技能，个体也可以通过不同的方式发挥利用自己身体化的文化资本，但是由于社会实践活动的复杂性，个人的文化资本很难较快地得到社会的认可，社会也很难较快且较准确地识别不同个人的文化资本的水平和程度，所以通过一种制度的方式，采取统一的标准来衡量和识别个人的文化资本，成为社会公认的行之有效的方式。因此，在近代高等教育逐步发展的过程中，就形成了以文凭制度和学术职称制度来衡量个人文化资本的固定方式，也形成了以各种能力证书来衡量个人文化技能的方式。一般来说，文凭证书和学术职称证书，实质是个人在获得文化资本这个过程中投入的时间和精力的体现，因为更高的学历文凭或职称证书意味着需要学习的时间更长，需要投入的精力也更多。文化技能证书同样也代表着个人在其中投入的时间和精力的多少。因此，可以认为制度化的文化资本实质也是一种劳动的积累。而且，正因为其实质是劳动积累，它才可以和经济资本、社会资本进行相互转换（前文已经论述过：经济资本、社会资本同样是劳动积累）。

据此，可以建立地方高校教师文化资本分值测量模型，以分值的大小间接反映资本量的多少。若 CP_c 代表文化资本分值，CP_{c1} 代表身体化文化资本分值，CP_{c2} 代表客观化文化资本分值，CP_{c3} 代表制度化文化资本分值，C_f 代表家庭习得文化资本（主要包括父母学历指数、父母职业声望指数）分值，C_s 代表学校教育文化资本分值，C_a 代表由学术职称体现的制度化文化资本分值，C_c 代表由学历资格体现的制度化文化资本分值。则有

$$CP_c = a_1 \times CP_{c1} + a_2 \times CP_{c2} + a_3 \times CP_{c3} \tag{4-4}$$

式中，a_1、a_2、a_3 为权重系数

① 布迪厄.1997. 文化资本与社会炼金术. 包亚明译. 上海：上海人民出版社

$$\because\ CP_{c1} = C_f + C_s,\ CP_{c3} = C_a + C_c$$

$$\therefore\ CP_c = a_1 \times (C_f + C_s) + a_2 \times CP_{c2} + a_3 \times (C_a + C_c) \tag{4-5}$$

在不考虑权重系数的情况下：

$$CP_c = (C_f + C_s) + CP_{c2} + (C_a + C_c) \tag{4-6}$$

综上，地方高校教师的经济资本量测量模型、社会资本分值简化测量模型、文化资本分值简化测量模型分别可以表示为：

$$CP_e = I_1 + I_2 \tag{4-2}$$

$$CP_s = S_n \times H_n \times D_n \times (S_p + S_e + S_c) \tag{4-3}$$

$$CP_c = (C_f + C_s) + CP_{c2} + (C_a + C_c) \tag{4-6}$$

三、地方高校教师的权力地位测量模型

（一）权力定义

关于“权力”的论述，学者将马克斯·韦伯的观点作为起点。韦伯认为：“权力意味着在一种社会关系里哪怕是遇到反对也能贯彻自己意志的任何机会，不管这种社会关系是建立在什么基础之上。”[①] 帕森斯认为韦伯的“权力”观忽视了权力基础的社会关系可以是互惠的关系，而不一定是冲突的，因为根据韦伯的权力定义，其中包含了一个假设：若某人为了实现自己的意志而克服了其他人的反对，就意味着其他人为了这个人的利益而牺牲了自己的利益，所以是冲突的。

所以，帕森斯认为：权力是一种系统资源，“当根据各种义务与集体目标的关系来发展合法化时，在只要遇到顽强抵抗就必然依赖消极情境去强行制裁的地方，权力是一种保证集体组织系统中各单位履行已规定义务的普遍化能力”[②]。加尔布雷斯也认为，武力和暴力不一定是行使权力的结果，一个罪犯对一个不认识的人实行了暴力，他并不是在权力的基础上做出这种行动的。加尔布雷斯认为权力是建立在领导与被领导的基础上，如果武力和暴力不是组织或者制度所赋予

① 马克斯·韦伯.1998.经济与社会（上卷）.林荣远译.北京：商务印书馆：201

② 帕森斯.1988.现代社会的结构与过程.梁向阳译.北京：光明日报出版社：212

的，也就是没有建立在领导与被领导的关系上，那么这种武力和暴力就不能称其为权力，不是合法的。罗伯特·达尔并不在“权力到底表现为个人能力还是系统性资源”这样的问题上纠结，他认为权力是一种影响力，这种影响力表现为：如果 *A* 想要达到某种结果，如果 *A* 想要 *B* 为达到这种结果而采取行动，并且由于 *A* 的行动，*B* 确实去努力达到这个结果，那么 *A* 就对 *B* 具有并且施加了明显的影响力，这就是 *A* 对 *B* 具有的权力。权力可以是明显的，也可以是隐性的。例如：若 *A* 想要达到某种结果 *Y*，而且 *A* 没有主动或有意让 *B* 为达到结果 *Y* 采取行动，但是 *B* 知道 *A* 对结果 *Y* 有意，因此 *B* 主动采取行动为 *A* 达到结果 *Y*，这样，*A* 同样对 *B* 具有权力，只是，这种权力是隐形的。①

可以看出，达尔的权力观蕴含着某个个体或群体对其他个体或群体施加影响力的可能性。罗宾斯则从依赖性的角度来看权力，在他看来，依赖性似乎是权力的基础。他认为权力是依赖的函数，若 *B* 对 *A* 的依赖性越强，则 *A* 对 *B* 的权力越大。换言之，当 *A* 控制了 *B* 所希望拥有的事物时，*A* 就对 *B* 拥有了权力，而且，这种控制越强，权力越大。

总结这些关于权力的观点，可以认为：权力，是指在社会行动中，一方为了实现某种预期效果，能够利用各种资源或各种手段，影响、强制、控制、操纵、指导与支配他人的能力。②

（二）地方高校教师权力构成

地方高校教师的权力既有一般权力的意义，又可以从两个维度来看，即行政权力和学术权力。

地方高校行政权力是一种法定的由制度赋予的权力，其建立在法律法规、行政条例的基础之上，以地方高校科层制的行政组织系统为依托，主要用来处理非学术性部门的事务性工作，目的是确保学术性活动的顺利开展。行政权力依附于特定的职位，职位越高权力越大。地方高校中行政权力的功能在于：制定行政规范、维持地方高校事务正常运转；通过指示、指令、决议等自上而下要求服从遵守；保证国家的教育方针贯彻执行；保证地方高校的整个目标得以实现。地方高校行政权力的具体表现是：大学人事管理、财力和物力资源管理、教学和科研相关的行政事务管理等。

因此，地方高校教师个体的行政权力可以理解为：若地方高校教师除了从

---

① 罗伯特·达尔.1987.现代政治分析，王沪宁译.上海：上海译文出版社：37-38

② 杨占营，黄健荣.2011.论权力的内涵、形式与度量.广东行政学院学报，23（4）：35-41

事学术性工作事务之外，还从事非学术性的地方高校事务管理工作，那么他（她）所在职位上受组织科层制所赋予的，对职责范围内事务性工作进行组织和管理的资格和能力就是他（她）所具有的行政权力。

地方高校教师学术权力是指其运用专门知识对学术活动中的学术事务进行管理的能力。地方高校教师学术权力以学术委员会、学位委员会、教学指导委员会、教师职务评定委员会、教授委员会等学术组织为依托，但这些学术组织相比于科层制组织，它们具有松散型，而不具有行政组织的强制性和服从性。地方高校教师学术权力不是外部赋予的，而是大学内在逻辑的必然，是大学本质特性的外化。即在学术至上的理念之下学术人对于高深知识的虔诚而赋予特定学者或群体的一种权力，体现了学术人对这些特定学者或群体的自愿服从。因为学术权力取决于学者的专业背景和学术水平，源于学者的学术声望。学术水平越高，学术声望越高，学术地位越高，学术权力越大。学术权力的目的，是保证学术标准得以贯彻，学术人员赖以生存并为之献身的学科得以发展，学术人员的权益得以保证，学术公共利益得以实现。地方高校教师学术权力具体表现为：确立学术标准，制定学术政策；审议学术重大事项，评定学术成果；开展学术咨询，提供社会服务：负责组织学术活动，监督决议执行：维护学术道德，提倡学术自律等。

（三）权力测量模型

基于以上分析，地方高校教师权力地位具有两个维度：行政权力、学术权力。行政权力的大小取决于教师所在行政职务的高低，职位越高，行政权力越大，因为行政权力是一种制度性的外部赋予权，嵌入在相应的职位中；学术权力的大小则取决于教师的学术水平和学术地位，学术水平越高，学术地位越高，学术权力越大。而学术地位和学术声望往往又体现于学者担任的学术组织的学术职务。因为在学术组织担任学术要职意味着学术共同体对该学者水平的认可。因而，可以通过教师所在的行政职位的地位指数测量其行政权力的大小，可以通过教师所在的学术职务的地位指数测量其学术权力的大小。所以，若 SP 代表地方高校教师权力地位分值，a_1、a_2 表示权力权重，P_1 表示大学教师的行政权力指数（即其所在行政职务的地位指数）分值，P_2 表示大学教师的学术权力指数（即其所在学术职位的地位指数）分值，则地方高校教师权力地位分值测量模型可以表示如下：

$$SP = a_1 \times P_1 + a_2 \times P_2 \text{（}a_1\text{、}a_2\text{ 表示权力权重）} \quad (4\text{-}7)$$

在不考虑权重系数的情况下，地方高校教师权力地位分值简化测量模型就可以表示如下：

$$SP = P_1 + P_2 \tag{4-8}$$

四、地方高校教师的学术声望测量模型

（一）学术声望定义

“学术声望”是学术群体成员和其他社会成员对学术职业的意义、价值、声誉的综合评价。地方高校教师个体的学术声望就是其他学者和其他社会成员对其学术职业的意义、价值和声誉的综合评价。学术声望是由于教师的学术职业对社会作出的贡献而赢得的，不是自己给予的。

学术职业的贡献方式就是对高深知识的探索、传播和再创新。地方高校的学术声誉就是在其为探索、传播、创新高深知识而做出贡献的前提下得到学术共同体内部承认而建立起来的，同行的承认是对教师价值的肯定，也是学者学术声望的来源。

社会评价对学术声望的获得同样重要，社会评价以社会公众对于学者高深知识拥有的程度和这种高深知识的社会贡献程度的判断为基础。高深知识拥有程度越高，对社会贡献越大，社会声望就越高。所以，学者对高深知识的垄断和控制程度决定了他们学术职业声望的高低。Becher 认为：“在学术部落中，声望是学术专业人员获得大学职位、并在大学之间进行流动的基本通货。”①

学术大师往往处于学术金字塔的顶端，因为他们占有最多的高深知识，占据垄断和控制高深知识的最佳地位，拥有最高的学术声望。而助教往往处于学术金字塔的最低端，因为他们对高深知识的占有和控制最薄弱，学术声望最低。各大学之间的竞争，表面上看是对优秀学者的竞争，但实质是高深知识占有和垄断程度的竞争，某所大学聘请了某专业领域的学术大师，这所大学就在这个专业领域的竞争中占据了垄断和控制的最高点，因为该学术大师代表的是对该专业领域内高深知识的最高程度的垄断和控制。

另外，地方高校教师的教学成果也是其学术声望的重要来源。对教师教学

---

① Becher T.1989.Academic Tribes and Territories：Intellectual Enquiry and the cultures of Discipline. London：The Society for Research into Higher Education，Open University Press：52-54

成果的评价则主要由学生和同行来进行。所以，学生对教师教学活动的评价，同行对教师教学活动的评价，赋予了受评价教师相应的学术声望。学生及同行对某位教师教学活动的评价越高，则该教师源于教学活动的学术声望越高。

（二）学术声望测量模型

既然地方高校教师的学术声望来源于其科研和教学活动，那么选取地方高校教师科研和教学活动中具有代表性的指标就成为测量他们学术声望的关键。

对于科研，可以选取地方高校教师的学术因子这个指标进行测量。学术科研因子包括：专业技术职称、论文等级、论文或著作数量、科研项目级别、科研项目数量、学术获奖级别、专业学会等级、同行评价等。对于教学，可以选取学生和同行对地方高校教师的教学活动的评价得分来进行测量。

基于以上分析，可以建立地方高校教师学术声望地位测量模型。若 SA 代表地方高校教师的学术声望的分值，a_1、a_2、a_3、b_1、b_2 表示权重，$A1$、$A2$、$A3$……表示地方高校教师学术科研的因子分值（这些学术声望因子包括专业技术职称、论文等级、论文或著作数量、科研项目级别、科研项目数量、学术获奖级别、专业学会等级、同行评价等），E_1、E_2 分别表示学生和同行对地方高校教师教学活动的评价分值。则地方高校教师学术声望分值的测量模型可以表示如下：

$$SA=(a_1\times A_1+a_2\times A_2+a_3\times A_3+\cdots)+(b_1\times E_1+b_2\times E_2) \tag{4-9}$$

若不考虑权重系数，式 4-9 分值测量简化模型就可以表示如下为式 4-10：

$$SA=(A_1+A_2+A_3+\cdots)+(E_1+E_2) \tag{4-10}$$

综上，地方高校教师的经济资本量测量模型为：

$$CP_e=I_1+I_2 \tag{4-2}$$

地方高校教师的社会资本分值简化测量模型为：

$$CP_s=S_n\times H_n\times D_n\times(S_p+S_e+S_c) \tag{4-3}$$

地方高校教师的文化资本分值简化测量模型为：

$$CP_c=(C_f+C_s)+CP_{c2}+(C_a+C_c) \tag{4-6}$$

地方高校教师的权力分值简化测量模型为：

$$SP = P_1 + P_2 \tag{4-8}$$

地方高校教师的学术声望分值简化测量模型为：

$$SA = (A_1 + A_2 + A_3 + \cdots) + (E_1 + E_2) \tag{4-10}$$

第三节　地方高校教师职业地位分化的实证分析——以湖北省为例

一、湖北省地方高校教师职业地位分化调查研究介绍

（一）问卷调查介绍

本文采用调查问卷方式对湖北省地方高校教师职业地位分化情况进行研究（2013 年）。发放问卷 400 份，共收回问卷 370 份，问卷回收率 92.5%，其中有效问卷 333 份，问卷有效率为 90%。回收问卷主要来源于湖北省 4 所地方高校：A 学院、B 大学、C 大学、D 学院。

A 学院位于湖北省黄冈市，是一所学科门类设置较齐全的多科性普通全日制本科高校，隶属湖北省管辖。学科门类涉及文、理、工、法、经、管、教、农、艺等九大学科门类，具有硕士研究生、本科、专科三种办学层次。该校面向全国 27 个省市招生，全日制在校学生 16 099 人。学校有专任教师 1081 人，其中教授、副教授 470 人，博士、硕士 650 余人。该校有 20 个教学学院，设置本科专业 51 个，专科专业 13 个。对该校教师的问卷调查得到该校党委书记的支持和帮助，将问卷放到该校网站，并由学校相关部门邀请该校教师在学校网站上填写问卷。

B 大学位于湖北省武汉市，隶属湖北省。该校学科专业涵盖哲、经、法、教、文、史、理、工、农、医、管、艺等 12 个学科门类。该校设有 18 个学科性学院，本科专业 74 个。有 5 个博士学位一级学科授权点、41 个博士学位二级学科授权点，5 个博士后科研流动站，22 个硕士学位一级学科授权点、145 个硕士学位二级学科授权点，12 个硕士专业学位授权类别。该校现有普通全日制本专

科生近 20 000 人，博士、硕士研究生 4200 余人。现有专任教师 1090 人，其中教授和副教授近 700 人，博士生、硕士生导师 860 人。

C 大学位于湖北省武汉市，实行湖北省、武汉市共建。该校现有经、法、教、文、史、理、工、农、医、管、艺等 11 个学科门类。设有 21 个学院和 1 个独立学院，设有 63 个本科专业，拥有 2 个硕士学位授权一级学科点，14 个硕士学位授权二级学科点，1 个专业硕士学位授权点。该校现有专任教师 1007 人，其中副高以上职称 515 人。

D 学院位于湖北省孝感市，隶属湖北省管辖。该校现有 15 个教学学院，1 个独立学院。设有 60 个本科专业，涵盖理、工、农、医、文、经、教、管、法、艺 10 个学科门类。包括独立学院学生、成人职业教育学生和外国留学生在内，该校有在校生 25 000 人。现有专任教师 1010 人，其中，高级职称教师 427 人。对该校的调查得到该校教育与心理学院院长的支持与帮助。

之所以选取这四所地方高校进行问卷调查，是因为这四所高校在湖北省地方高校中具有代表性。A 学院和 D 学院代表了湖北省规模相对较小的多科性地方高校，这类高校以专科和本科教育为主，培养应用型人才。B 大学和 C 大学代表了湖北省规模较大的正从多科向综合型转变的地方高校，这类高校以本科和研究生教育为主，既培养应用型人才，也培养研究型人才。其中，B 大学所代表的地方高校比 C 大学所代表的地方高校在办学水平和办学规模上更上一个层次。因此，A、B、C、D 四所高校较全面地代表了湖北省不同规模和不同水平的地方高校，对这四所高校的调查对本文所讨论的问题具有一定的解释力。

问卷共设计 30 个题目，包括基本信息、科研情况、社会关系、经济情况、学校情况五个部分的数据信息，意在基于这些数据，按照本文第三部分构建的测量模型测量出高校教师的经济资本、社会资本、文化资本、权力地位、学术声望，以呈现高校职业地位分化的情况。

通过询问这几个问题进行经济资本的数据收集："您的工作年收入，您的非工作年收入。"社会资本通过询问这些问题进行数据收集："与您长期保持联系，并能为您提供帮助的人大概有多少人？这些人都是什么学历？这些人都是什么职业？这些人是什么行政职务级别？这些人的经济情况如何？"文化资本通过询问这些问题进行数据收集："您的学历，您的学术职称，您最高学历就读的学校，您父母的学历，您父母的职业。"行政权力地位通过询问"您在学校的行政职务"进行数据收集，学术权力通过询问"您担任的学术职务"进行数据收集。学术声望通过询问这些问题进行数据收集："您以第一作者在 SCI / SSCI，在 CSCI /

CSSCI／全国中文核心期刊上发表文章数量；或专利数量；您提交省（部）级以上政府咨询报告数量；您出版专著、教材、编著、译著数量。”

（二）样本总体描述

笔者对333个有效样本的性别、年龄、婚姻状况、行政职位、学科频数及频率进行了统计（表4-1）。在该样本中，女性186人，占55.9%；男性147人，占44.1%。20～29岁的教师有63人，占18.9%；30～39岁的教师123人，占36.9%；40～49岁的教师102人，占30.6%；50～59岁的教师41人，占12.3%；60～69岁的教师4人，占1.2%。其中，教授或研究员职称的有45人，占比为13.5%；副教授或副研究员职称的为66人，占比为19.8%；讲师或助理研究员职称的有149人，占比为44.7%；助教73人，占比为21.9%。可以看出，接受调查的高校教师以40岁以下的年轻教师居多，主要为教授或研究员以下职称的教师，而40岁以上教师较少，教授或研究员职称较少。

在这些高校教师中，已婚者225人，占比为67.6%；未婚者108人，占比为32.4%。联系年龄统计数据，并根据经验推断：20～29岁的高校教师大部分还未婚，而30～39岁的教师中，也有一部分是未婚者。从行政职务来看，有12人担任所在高校的处长或院长，占比为3.6%；有71人担任科长或系主任，占比为21.4%；有117人担任科员职务，占比为35%；有30人为办事员职务，占比为9.0%；有103人无行政职务，占比为31%。

可以看出，在本次调查中，69%的高校教师担任所在院校的行政职务，这印证了“大部分高校教师热衷于行政职务”的说法。其中，担任科长或系主任，担任科员的高校教师居多，这主要是因为接受本次调查的以40岁以下的年轻教师居多的缘故，因为更高级别的行政职务是由年龄更大的教师在担任。通过学科分布情况可以反映出受调查者主要来自于经济学、管理学、工学、理学、文学、教育学、医学、法学、历史学等学科门类，而只有个别教师来自于哲学、农学、艺术学等学科门类。

表4-1　样本性别、年龄、婚姻状况、行政职位、学科频数和频率统计（N=333）

一级分类	二级分类	频次（人）	百分比（%）	有效百分比（%）
性别	男	147	44.1	44.1
	女	186	55.9	55.9
	合计	333	100	100

续表

一级分类	二级分类	频次（人）	百分比（%）	有效百分比（%）
年龄	20～29岁	63	18.9	18.9
	30～39岁	123	36.9	36.9
	40～49岁	102	30.6	30.6
	50～59岁	41	12.3	12.3
	60～69岁	4	1.2	1.2
	合计	333	100	100
婚姻状况	已婚者	225	67.6	67.6
	未婚者	108	32.4	32.4
	合计	333	100	100
行政职位	处长/院长	12	3.6	3.6
	科长/系主任	71	21.3	21.3
	科员	117	35.1	35.1
	办事员	30	9.0	9.0
	无行政职务	103	30.9	30.9
	合计	333	100	100
学科	哲学	3	0.9	0.9
	经济学	75	22.5	22.5
	法学	14	4.2	4.2
	教育学	27	8.1	8.1
	文学	32	9.6	9.6
	历史学	8	2.4	2.4
	理学	37	11.1	11.1
	工学	47	14.1	14.1
	农学	4	1.2	1.2
	医学	18	5.4	5.4
	管理学	64	19.2	19.2
	艺术学	4	1.2	1.2
	合计	333	100	100

（三）高校教师职业地位分化的洛伦兹曲线

洛伦兹曲线（Lorenz curve）由著名统计学家洛伦兹（Max Otto Lorenz）于1903—1907年提出的，用于比较和分析一个国家或地区的人民的财富分配不均的情况。具体来说，就是一个国家或地区内，从收入最低的人口计算他们财富的累计数占社会总财富的比例，再计算人口累计占比，由人口占比和相应的财富占比在一个二维的坐标系中找出各个相应的坐标点，由各个点连接成的曲线就是洛伦兹曲线。该曲线可以表示社会财富的分配情况。

如图 4-3 所示，横坐标表示社会的累计人口百分比，纵坐标代表社会的累计收入百分比，坐标轴对角线的绿色直线是绝对平均的收入分布线，红色曲线代表了实际的收入分布线。绝对平均收入线上的各点表示 a%的人口拥有 a%的收入，洛伦兹认为这种情况是绝对平等的情况，而实际情况不可能达到这样，所以在实际收入分布曲线（洛伦兹曲线）上，a%的人口所对应的财富比并不是 a%。

例如在该图中，前 60%的人口只占有社会总财富的 20%，而 80%的社会财富则由后 40%的人口占有，这是很不平等的收入分配情况。洛伦兹曲线（曲线）越远离绝对平均收入分布线（直线），则说明社会财富分配的不平等程度越大。如果洛伦兹曲线与横坐标轴重合，则表示社会 100%的财富由一个人占有，这是社会财富分配最不公平的情况。

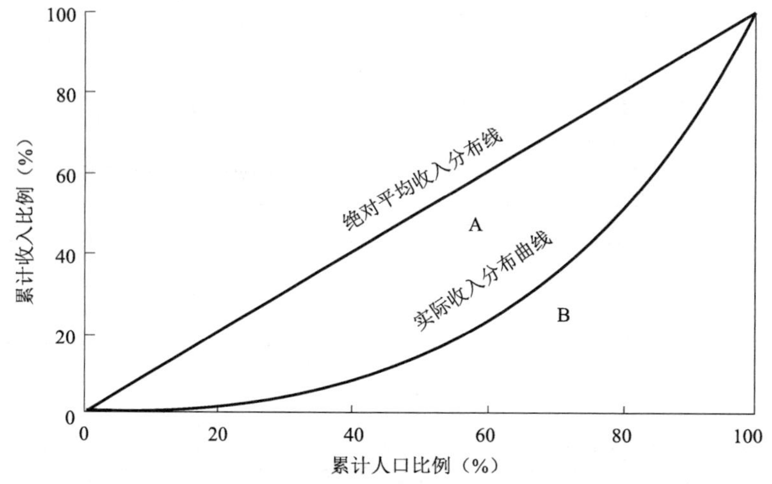

图 4-3　洛伦兹曲线和基尼系数

资料来源：王萍萍 . 关于我国居民收入基尼系数测算的几个问题 . 中国信息报 .2013-02-05（01）

所以，该曲线可以用于表示社会贫富差距的程度。在洛伦兹之后，基尼进一步给出了社会贫富分化的系数，即基尼系数。基尼认为在洛伦兹曲线中，实际收入分布线将绝对平均收入分布线与绝对不平均收入分布线之间的区域分为 A 和 B 两部分面积，基尼系数 =A/（A+B），基尼系数的值为 0 ～ 1。联合国把基尼系数 0.5 作为各国收入分配差距的警戒线。

受此启发，笔者认为高校教师职业地位的分化程度也可以用洛伦兹曲线来表示。笔者将调查的所有样本的经济资本、社会资本、文化资本、权力地位、学术声望由低到高进行排序，并对其分别进行累计加总，进而计算每 a% 的教师所对应的经济资本、社会资本、文化资本、权力地位、学术声望的占比。将两个比例放到一个二维坐标系中，横、纵坐标单位相同，都是百分比。以此绘制出高校教师职业地位分化的洛伦兹曲线（图 4-4）。

在图 4-4 中，横坐标代表了高校教师累计人数的百分比，纵坐标则代表了高校教师资本、权力、声望从低到高的累计占有量的百分比。直线对角线表示资本、权力、声望的绝对占有平均情况，曲线表示实际的资本、权力、声望的占有曲线。以该线上 E 点为例，该点表示了前 80% 的高校教师只占有所有教师资本、权力、声望的 40%，而后 20% 的高校教师则占有了所有教师资本、权力声望的 60%，这是明显的职业地位分化的情况。洛伦兹曲线越远离绝对公平线（即直线对角线），则高校教师的职业地位分化程度越大，表示越不平均的情况。

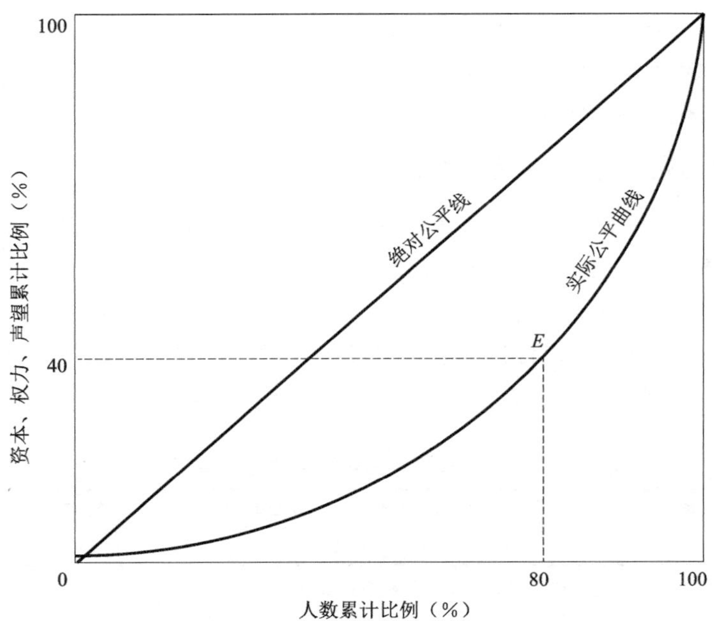

图 4-4　高校教师职业地位分化的洛伦兹曲线

二、湖北省地方高校教师职业地位分化程度分析

（一）资本地位测量及分化程度

基于笔者在本文第三部分构建的测量模型和问卷收集到的数据信息，对 333 个有效样本的资本地位进行测量，以直观地看出不同样本的经济资本、社会资本和文化资本的分化程度。

1. 经济资本测量及分化程度

（1）经济资本测量表与计算公式

高校教师经济资本的测量模型为：

$$CP_e = I_1 + I_2 \tag{4-2}$$

其中，CP_e 为经济资本，I_1 为工资性年收入，I_2 为非工资性年收入。因此，湖北省地方高校教师的经济资本可以这样计算：

例如，教师 1 的经济资本：

40 000+60 000=100 000（元）

（2）经济资本测量指标信度检验

信度检验可以看出调查选取的测量指标对经济资本重复测量结果的一致性程度，能够反映测量工具（即测量指标）的稳定性和可靠性。内在信度系数达到 0.8 以上，就认为测量指标之间具有较高的内在一致性。因此，用 SPSS17.0 对经济资本测量表中的 2 项测量指标进行 α 信度系数检验。检验结果显示 α 系数为 0.849，而标准化的 α 系数为 0.823（表 4-2），说明测量指标的稳定性和可靠性较高。

表 4-2　经济资本测量指标信度检验结果（N=555）

α 系数	基于标准化测验的 α 系数	受试者测试指标 / 项
0.849	0.823	2

注：案例流程摘要信度分析过程中基于所有变量的存在缺失值

（3）经济资本分化程度

通过工资收入、非工资性收入指标收集到的数据，按照经济资本计算公式，对 333 个有效样本的经济资本进行计算测量，得出测量结果，并进一步计算经济资本累计占比和人数累计占比，绘制湖北省地方高校教师经济资本分化洛伦兹曲

线，如图 4-5 所示。图中直线表示经济资本绝对平等的占有情况，而曲线是高校教师经济资本的实际占有曲线，该曲线越弯曲，越远离红色绝对平等线，教师经济资本分化越严重。因为越远离直线，曲线前半段任一点上的经济资本占有量都达不到 50%，即一半以上教师的经济资本总量在所有教师经济资本的总量中，占比达不到 50%。这说明大部分的经济资本主要集中于少数教师那里。所以，在图 4-5 中，曲线弯曲，表明湖北省地方高校教师之间的经济资本占有量出现了明显的分化。

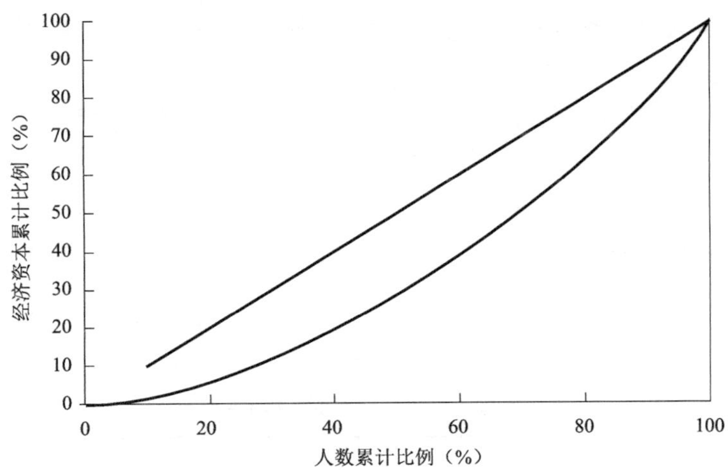

图 4-5　湖北省地方高校教师经济资本分化洛伦兹曲线

2. 社会资本测量及分化程度

（1）社会资本测量指标分值与信度检验

高校教师社会资本的测量模型为：

$$CP_s = S_n \times H_n \times D_n \times (S_p + S_e + S_c) \quad (4\text{-}3)$$

其中，CP_s 只代表社会资本，S_n 代表社会网络“规模”，H_n 代表“网顶”，D_n 代表“网差”，S_p 代表高校教师在社会网络中的拥有的政治资源，S_e 代表高校教师在社会网络中的拥有的经济资源，S_c 代表高校教师在社会网络中的拥有的文化资源。因为社会资本是内嵌于社会网络中的，看不到摸不着，所以只能通过社会网络的大小和社会网络中的资源情况来间接测量。

然而，社会网络与其中的资源也是不具体的，只能借用一些具有代表性的指标来观察到，具体来说：用社会网络成员的人数表示网络规模 S_n，用社会网络中职业地位最高者所占据的社会位置表示网顶 H_n，用社会网络中职业地位最高者与职业地位最低者之间的位置差表示网差 D_n，用社会网络成员的行政职务级别代表网络中的政治资源 S_p，用网络成员的经济状况代表网络中的经济资源 S_e，用网络成员的文化程度代表网络中的文化资源 S_c。

虽然找到了测量社会资本的指标，但是要将社会资本量化就要求要将测量指标也量化。然而，这些测量指标也没有具体的数量可供使用，所以笔者采取“赋值”的方式，给每一个测量指标赋上分值，通过测量不同教师的社会资本分值来间接测量其社会资本量，详见“社会网络指标分值表”（表 4-3）和“社会网络资源指标分值表”（表 4-4）。

所以，湖北省地方高校教师社会资本的量化情况就可以用社会资本得分来表示：

社会资本得分 = 网络规模得分 × 网顶得分 × 网差得分 ×（政治资源分 + 经济资源分 + 文化资源分）

$$即\ CP_s = S_n \times H_n \times D_n \times (S_p + S_e + S_c) \quad (4\text{-}3)$$

表 4-3　社会网络指标分值表

网络规模 S_n		网顶 H_n		网差 D_n
选项	分值	选项	分值	分值
100 人左右	100	国家和社会管理者	12	最高职业分值－最低职业分值
90 人左右	90	经理人员	11	
80 人左右	80	私营企业主	10	
70 人左右	70	专业技术人员（含教师、医生、律师等）	9	
60 人左右	60	企事业单位普通员工	8	
50 人左右	50	产业工人	7	
40 人左右	40	个体工商户	6	
30 人左右	30	商业服务人员	5	
20 人左右	20	农业劳动者	4	
10 人左右	10	城乡失业半失业者	3	
		农民工	2	
		其他	1	

表 4-4　社会网络资源指标分值表

政治资源 S_p		经济资源 S_e		文化资源 S_c	
选项	分值	选项	分值	选项	分值
省部级领导	10	很富裕	6	博士	8
厅局级领导	9	富裕	5	硕士	7
县处级领导	8	小康水平	4	本科	6
科级领导	7	一般水平	3	专科	5
巡视员	6	稍有困难	2	高中	4
调研员	5	低保户	1	初中	3
主任科员	4			小学	2
科员	3			没上过小学	1
办事员	2				
无	1				

对每一个测量指标赋值后，需要对这些指标的信度进行检验，以确定其对社会资本解释的稳定性、可靠性和有效性。方法与对经济资本测量指标的信度效度的检验一样。对“网络规模”“网顶”“网差”“政治资源”“经济资源”“文化资源”6个指标变量进行信度检验，检验结果显示标准化的 α 系数为0.869（表4-5），说明测量指标的稳定性和可靠性在可以接受的范围，即赋值后的测量指标可以较好地预测社会资本。

表 4-5　社会资本测量指标信度检验结果（N=545）

α 系数	基于标准化测验的 α 系数	受试者测试指标 / 项
0.198	0.869	6

注：案例流程摘要信度分析过程中基于所有变量的存在缺失值，受试者555人，有效人数545人，无效人数为10人

（2）社会资本分值分化程度

通过社会网络规模分值、网顶分值、网差分值、网络中政治资源分值、经济资源分值、文化资源分值，按照社会资本计算公式，对333个有效样本的社会资本得分进行计算测量，得出测量结果，再计算社会资本得分累计占比和人数累计占比，绘制湖北省地方高校教师社会资本分化的洛伦兹曲线，如图4-6所示。

从图4-6可看出，曲线，即社会资本洛伦兹曲线的弯曲度很大，而且远离绝对均等线，说明湖北省地方高校教师社会资本的分化程度很大。因为越远离对角直线，曲线前半段任一点上的社会资本占有量都达不到50%，即一半以上教师

的社会资本总量在所有教师社会资本的总量中，占比达不到50%。这说明大部分的社会资本主要集中于少数教师那里。所以，在图4-6中，曲线弯曲，表明湖北省地方高校教师之间的社会资本占有量出现了明显的分化。对比图4-5（经济资本分化洛伦兹曲线）还可以看出湖北省地方高校教师的社会资本分化程度比经济资本的分化程度更大。

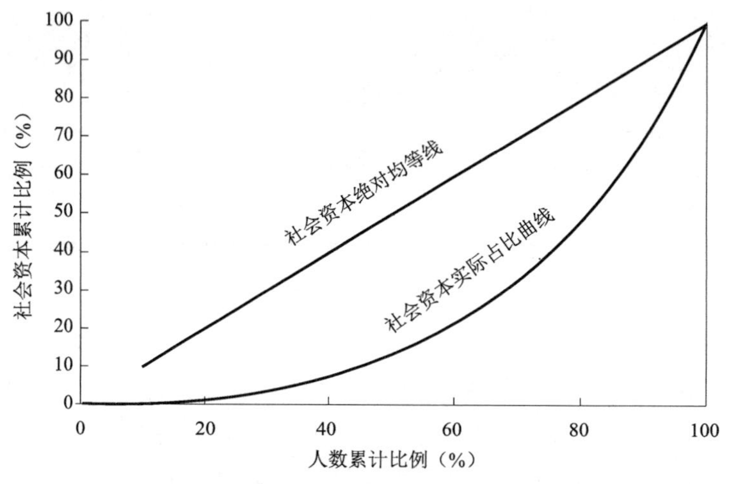

图4-6　高校教师社会资本分化洛伦兹曲线

3. 文化资本测量及分化程度

（1）文化资本测量指标分值表与指标信度检验

首先，按照对社会资本测量指标赋值的方法，给文化资本的测量指标也赋分值，以此区分不同指标下不同样本的不同得分。本文对文化资本的测量主要看身体化文化资本和制度性分化资本，因为客观化文化资本难以获得数据信息，所以在此无法计算。因此，文化资本的测量指标是：父母学历、父母职业、最高学历就读学校、学术职称、最高学历，按照分值表，给各项指标赋分值，如表4-6所示。

例如，若教师1父母学历是“博士”，则父母学历这个指标得9分：父母职业是“国家和社会管理者”，则父母职业这个指标得10分；最高学历就读学校是国外著名高校，则最高学历这个指标得5分：学术职称是教授，则学术职称这个指标得4分：最高学历是博士，则最高学历这个指标得5分，最后，按照文化资本分值测量模型：

$$CP_c = (C_f + C_s) + CP_{c2} + (C_a + C_c) \quad (4\text{-}6)$$

若不考虑客观化文化资本 C_f：，则有简化的文化资本分值测量模型：

$$CP_c = (C_f + C_s) + (C_a + C_c) \quad (4\text{-}1)$$

计算出教师 1 的文化资本分值为 24。

表 4-6　文化资本测量指标分值表

身体化文化资本 CPc_t						制度化文化资本 CPc_i			
家庭习得代表指标 C_f				学校教育代表指标 C_s		学术职称 C_a		最高学历 C_c	
父母学历		父母职业							
选项	分值	选项	分值	选项	分值	选项	分值	选项	分值
博士	9	国家和社会管理者	10	国外著名高校	5	教授 / 研究员	4	博士	5
学术硕士	8	经理人员	9	国内 985 工程高校	4	副教授 / 副研究员	3	学术硕士	4
专业硕士	7	私营企业主	8	国内 211 工程高校	3	讲师 / 助理研究员	2	专业硕士	3
本科	6	专业技术人员（含教师、医生、律师等）	7	国内省重点高校	2	助教	1	本科	2
专科	5	企事业单位普通员工	6	国内一般地方高校	1			专科	1
高中	4	产业工人	5						
初中	3	个体工商户	4						
小学	2	商业服务人员	3						
没上过学	1	农业劳动者	2						
		城乡失业半失业者	1						

然后，需要对指标进行信度检验，方法与经济资本、社会资本指标信度检验相同。检验结果显示标准化的 α 系数为 0.898（表 4-7），说明测量指标的稳定性和可靠性在可以接受的范围，即赋值后的测量指标可以较好地预测解释文化资本。

表 4-7　文化资本测量指标效度检验结果（N=333）

α 系数	基于标准化测验的 α 系数	受试者测试指标（项）
0.566	0.898	4

注：案例流程摘要信度分析过程中基于所有变量的存在缺失值

（2）文化资本得分分化程度

通过简化的文化资本模型公式计算出所有样本的文化资本分值，并在此基础上计算出每 a% 的教师所对应的文化资本累计分值占所有教师文化资本分值总数的百分比，绘制出“湖北省地方高校教师文化分化洛伦兹曲线”（如图 4-7）。可以清晰地看出：湖北省地方高校教师文化资本存在分化情况，但是分化程度较小，因为教师文化资本的实际占比曲线离绝对均等占有比曲线很近，一半的教师的文化资本总量在所有教师文化资本总量中的占比，接近 50%。

湖北省地方高校教师文化资本之所以呈现轻度分化情形，主要原因是地方高校教师的学历相近，受教育程度相近，学术职称差异不大。而且，从这些教师的父母学历和父母职业来看，其父母的学历主要集中在高中、专科、本科这三个阶段，其父母职业主要集中于专业技术人员（包括教师、医生、律师等）和企事业单位普通员工两类。因为父母学历、父母职业、自身学历这三项为高校教师文化资本的主要测量指标，所以这三项指标的差异不明显，自然就导致文化资本分化的不明显。

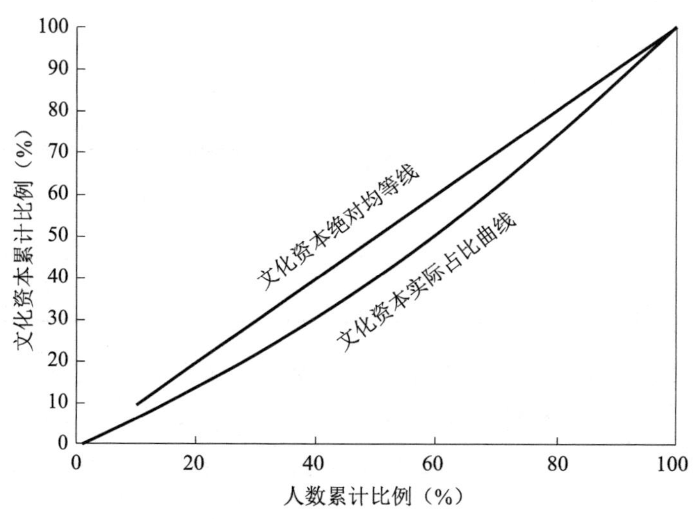

图 4-7　湖北省地方高校教师文化资本分化洛伦兹曲线

（二）权力地位测量及分化程度

对权力地位的测量，方法与资本地位一样，通过为指标赋值，然后进行指标信度检验，再按照权力地位测量模型计算中每一个样本的权力地位得分。

对照“权力地位测量指标分值表”（表 4-8），样本的行政权力 P_1 的大小由行政职务得分高低代表，行政职务越高，得分越高，则表示行政权力越大。学术权力 P_2 的大小则由学术职务得分代表，学术职务越高，得分越高，则表示学术权力越大。

为行政职务指标和学术职务指标赋值，再按照地方高校教师权力地位的测量模型进行计算。

$$SP = a_1 \times P_1 + a_2 \times P_2 \text{（}a_1\text{、}a_2\text{ 为权重系数）} \quad (4\text{-}7)$$

在不考虑权重系数的情况下，简化模型为：

$$SP = P_1 + P_2 \quad (4\text{-}8)$$

例如，如果教师 1 的行政职务为“院长”，则该教师的行政权力指标得 5 分；学术职务为全国专业学会理事，则该教师的学术权力指标得分为 6 分。所以最终，该教师的权力地位得分为 $5a_1+6a_2$，为便于直观对比分析，忽略权重系数后，简化的权力地位得分就为 5+6=11。

表 4-8　权力地位测量指标分值表

行政权力 P_1		学术权力 P_2	
选项	分值	选项	分值
处长 / 院长	5	全国专业学会理事	6
科长 / 系主任	4	省专业学会理事	5
科员	3	校学术委员会委员	4
办事员	2	学科带头人	3
无行政职务	1	研究室负责人	2
		无学术职务	1

对“行政权力 P_1”“学术权力 P_2”两指标变量进行信度检验，检验结果显示标准化的 α 系数为 0.876（表 4-9），说明测量指标的稳定性和可靠性在可以接受的范围，即赋值后的测量指标可以较好地预测解释权力地位得分。

表 4-9　权力测量指标信度检验结果（N=333）

α 系数	基于标准化测验的 α 系数	受试者测试指标（项）
0.661	0.876	2

注：案例流程摘要信度分析过程中基于所有变量的存在缺失值

通过简化的权力地位模型公式计算出所有样本的权力得分，再计算每 a%的教师其权力分值累计占所有教师权力分值总数的比例。根据这两个比例绘制“湖北省地方高校教师权力分化的洛伦兹曲线”（图 4-8）。

在该洛伦兹曲线中，实际权力分值比曲线弯曲度很大，而且远离绝对均等线。可以看出，湖北省地方高校教师权力得分分化很明显，80%的教师权力得分水平处于平均水平之下，而另一部分 20%的教师得分水平则很高。权力地位分化明显的原因在于：一方面，担任行政职务的教师与没有担任行政职务的教师在行政权力得分上差距较大；另一方面，“学术马太效应”的存在（本文第五部分将对此做深入分析）使教师之间存在学术生产力差距加大的现实，导致学术权力得分差距也较大。因此，综合起来看，湖北省地方高校教师之间的权力地位得分就呈现出明显的分化，也即其权力地位的实际握有量呈现明显的分化。

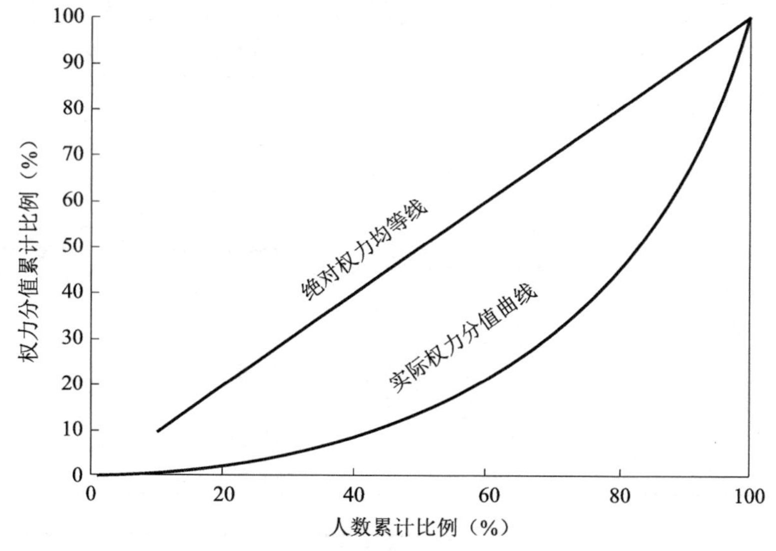

图 4-8　湖北省地方高校教师权力分化洛伦兹曲线

（三）学术声望测量及分化程度

在第三部分笔者已建立学术声望的测量模型：

$$SA = (a_1 \times A_1 + a_2 \times A_2 + a_3 \times A_3 + \cdots) + (b_1 \times E_1 + b_2 \times E_2) \qquad (4\text{-}9)$$

由于要调查学生和同行对每一个样本教师的教学活动的评价情况十分困难，以笔者的能力和客观的条件难以做到。所以，在这里主要测量样本教师的来自于科研活动的学术声望。而且为便于直观对比分析，将权重系数 a_1、a_2、a_3 忽略，则测量模型简化为：

$$SA = A_1 + A_2 + A_3 + \cdots \qquad (4\text{-}2)$$

根据“学术地位测量指标分值表”（表 4-10）对各测量指标学术因子 A_1、学术因子 A_2、学术因子 A_3 赋值。学术因子 A_1 得分用教师发表的文章质量（期刊级别）得分和数量的乘积来表示，学术因子 A_2 得分用教师科研项目重要性（项目级别）得分和数量的乘积来表示，学术因子 A_3 得分用教师学术获奖级别和数量乘积来表示。

表 4-10　学术地位测量指标分值表

学术因子 A_1		学术因子 A_2		学术因子 A_3	
选项	分值	选项	分值	选项	分值
SCI/SSCI 论文	10/ 篇	国家级课题（国家自然科学基金 / 国家社科基金）	10/ 项	国家级一等奖	10
获得的专利	8/ 项	省（部）级课题（中央部委、省自然科学基金 / 省社科基金）	6/ 项	国家级二等奖	9
省（部）级及以上政府部门的政策咨询报告	6/ 篇	厅（局）级课题	3/ 项	国家级三等奖	8
出版编著 / 教材 / 译著	4/ 本	横向课题（企事业单位和 NGO 委托等）	1/ 项	省部级一等奖	7
CACI/CSSCI/ 全国中文核心论文	2/ 篇			省部级二等奖	6
				省部级三等奖	5
				市厅级一等奖	4
				市厅级二等奖	3
				市厅级三等奖	2
				校级奖励	1
				无	0

同样，首先要对测量指标进行信度检验，通过检验，得到标准化的 α 系数为 0.834（表 4-11），说明测量指标的稳定性和可靠性在可以接受的范围，即赋值后的测量指标可以较好地预测解释学术地位得分。

表 4-11　学术声望测量指标信度检验结果（N=333）

α 系数	基于标准化测验的 α 系数	受试者人数测试
0.739	0.834	3

注：案例流程摘要信度分析过程中基于所有变量的存在缺失值

根据这一简化模型及测量指标的分值，计算出 333 个有效样本的学术声望地位得分并加以对比。进一步计算每 a% 的教师学术声望累积分值占所有教师学术声望分值总数的比例，绘制湖北省地方高校教师学术声望分化的洛伦兹曲线，如图 4-9 所示。

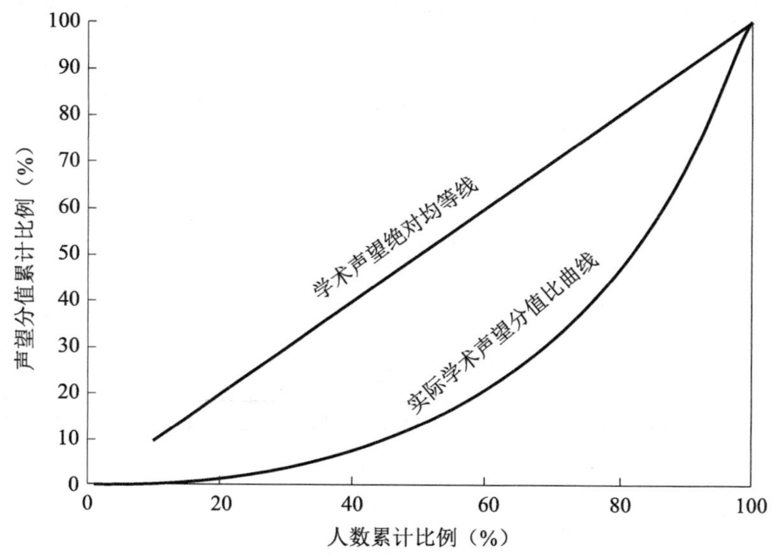

图 4-9　湖北省地方高校教师学术声望分化洛伦兹曲线

从图 4-9“湖北省地方高校教师学术声望分化洛伦兹曲线”可以看出，实际学术声望分值比曲线远离绝对均等学术声望分值比曲线，说明分化的程度很大。

这两条线离得越远，则分化程度越大。因为越远离直线，曲线前半段任一点上的学术声望占有量都达不到 50%，即一半以上教师的学术声望总分在所有教师学术声望总分中，占比达不到 50%。这说明大部分的学生声望主要集中于少数教师那里。关于学术声望地位分化显著的原因，前面已经说明主要是学术“马太效应”导致的学术生产力的差异，在此不作赘述，而且本文第五部分也会从其他方面做详细分析。

综上，可以得出结论：湖北省地方高校教师职业地位分化现象明显，其中，经济资本、社会资本、权力地位、学术声望分化程度较大，而文化资本分化程度较小。

三、湖北省地方高校教师职业地位分化形态分析

（一）湖北省地方高校教师职业地位分化形态的假设检验

从统计学的意义上看，当两个样本的均值存在显著差异时，说明这两个样本在总体上也存在显著差异。因此，采取统计学的假设检验方法，将所有样本根据年龄、行政职务、学科的不同进行分组，以比较不同组样本的职业地位均值是否相等。若不同组样本的职业地位均值（具体为经济资本均值、社会资本均值、文化资本均值、权力地位均值、学术声望均值）相等，则表示各组之间职业地位不存在显著差异，即教师职业地位不存在以年龄、职位、学科为特征的分化。相反，如果各组的职业地位均值存在显著差异，那么就说明教师职业地位存在以性别、年龄、职位、学科等为特征的分化。

（1）湖北省地方高校教师职业地位的年龄分化检验

使用“单因素方差分析”的办法对样本教师职业地位的年龄分化进行检验。将样本教师的职业地位（具体为经济资本、社会资本、文化资本、权力地位、学术声望）作为因变量，将年龄作为因变量的因素，其中年龄这个因素又分为不同的阶段：20～29岁、30～39岁、40～49岁、50～59岁、60～69岁。

首先，通过单因素方差分析对经济资本的年龄分化进行检验。

假设 $H_0: \mu_1 - \mu_2 = 0$（即不同年龄段的教师经济资本均值相等）

$H_1: \mu_1 - \mu_2 \neq 0$（即不同年龄段的教师经济资本均值不相等）

显著性水平 $\alpha = 0.05$

通过SPSS17.0进行单因素方差分析得出结果如下（表4-12）。

表4-12　ANOVA（经济资本年龄分化的单因素方差分析结果）经济资本

	平方和	判别值	平均方差	检查值	无效假设概率
组间方差	1.176E13	20	2.941E12	11.338	0.000
组内方差	2.749E13	535	2.594E11		
综合	3.926E13	333			

基于SPSS17.0的检验输出结果分析：表4-12中的 p 值为0.000。统计学一般认为，该值小于0.05说明无效假设发生的概率很小，也就是说无效假设不会发生。在这里我们的无效假设就是假设 $H_0: \mu_1 - \mu_2 = 0$（即不同年龄阶段的教

师的经济资本均值相等）。因为 $p = 0.000$ 显然小于 0.05，所以认为假设 H_0：$\mu_1 - \mu_2 = 0$ 不会发生，因此拒绝假设 H_0：$\mu_1 - \mu_2 = 0$，接受假设 H_1：$\mu_1 - \mu_2 \neq 0$（即不同年龄阶段的教师的经济资本均值不相等）。因为不同年龄阶段的教师经济资本均值不相等，所以认为在总体上，不同年龄阶段的教师的经济资本存在明显差异。

得出结论：湖北省地方高校教师经济资本呈现出年龄分化的形态。

同理，检验社会资本、文化资本、权力地位、学术声望是否也呈现年龄分化形态。根据 SPSSl7.0 检验的输出结果，得出结论：

湖北省地方高校教师社会资本没有呈现显著的年龄分化（单因素方差分析结果的 $p = 0.161>0.05$）；文化资本呈现显著的年龄分化（单因素方差分析结果的 $p = 0.048<0.05$）；权力地位呈现显著的年龄分化（单因素方差分析结果的 $p = 0.038<0.05$）；学术声望呈现显著的年龄分化（单因素方差分析结果的 $p = 0.041<0.05$）。

（2）湖北省地方高校教师职业地位的职位分化检验

教师职业地位的行政职位分化形态同样使用“单因素方差分析”的办法来进行检验。将职业地位（具体为经济资本、社会资本、文化资本、权力地位、学术声望）作为因变量，将行政职位作为因变量的因素，其中行政职位这个因素又分为不同的层级：处长 / 院长、科长 / 系主任、科员、办事员、无行政职位。检验的逻辑就是看不同行政职位的教师职业地位的均值是否存在显著性的差异。若均值存在显著性差异，则认为存在行政职位分化的形态；若均值不存在显著性差异，则认为不存在行政职位分化的形态。

首先，通过单因素方差分析对经济资本的行政职位分化进行检验。

假设 H_0：$\mu_1 - \mu_2 = 0$（即不同行政职位的教师经济资本均值等）

H_1：$\mu_1 - \mu_2 \neq 0$（即不同行政职位的教师经济资本均值不相等）

显著性水平 $\alpha = 0.05$

通过 SPSSl7.0 进行单因素方差分析得出结果如下：

表 4-13　ANOVA（经济资本职位分化的单因素方差分析结果）

	平方和	判别值	平均方差	检查值	无效假设概率
组间方差	9.20E12	20	2.320E12	8.204	0.000
组内方差	2.998E13	535	2.828E11		
综合	3.926E13	333			

基于 SPSSl7.0 的检验输出结果分析：表 4-13 里的 p 值为 0.000。

因此拒绝假设 $H_0: \mu_1 - \mu_2 = 0$，接受假设 $H_1: \mu_1 - \mu_2 \neq 0$（即不同年龄阶段的教师的经济资本均值不相等）。所以认为在总体上，不同行政职位的教师的经济资本存在明显差异。

得出结论：湖北省地方高校教师经济资本呈现出行政职位分化的形态。

同理，检验社会资本、文化资本、权力地位、学术声望是否也呈现行政职位分化形态。根据 SPSSl7.0 检验的输出结果，得出结论：

湖北省地方高校教师经济资本呈现显著的行政职位化（单因素方差分析结果的 p 值 = 0.000<0.05）：教师社会资本呈现显著的行政职位分化（单因素方差分析结果的 p 值 = 0.047<0.05）；教师文化资本呈现显著的行政职位分化（单因素方差分析结果的 p = 0.006<0.05）；权力地位呈现显著的行政职位分化（单因素方差分析 58 结果的 p 值 = 0.000<0.05）；学术声望呈现显著的行政职位分化（单因素方差分析结果的 p 值 = 0.000<0.05）。

（3）湖北省地方高校教师职业地位的学科分化检验

同样根据均值比较统计思想，运用单因素分析的方法对湖北省地方高校教师职业地位是否呈现学科分化进行检验，由 SPSSl7.0 软件输出的检验结果可以得到以下结论（表 4-14）：

表 4-14　湖北省地方高校教师职业地位的学科分化的单因素方差检验

检验对象	p	结论
经济资本	0.043	呈现显著的学科分化
社会资本	0.510	没有呈现显著的学科分化
文化资本	0.040	呈现显著的学科分化
权力地位	0.574	没有呈现显著的学科分化
学术声望	0.587	没有呈现显著的学科分化

首先，通过单因素方差分析对经济资本的学科分化进行检验。

假设 $H_0: \mu_1 - \mu_2 = 0$（即不同年龄段的教师经济资本均值相等）

$H_1: \mu_1 - \mu_2 \neq 0$（即不同年龄段的教师经济资本均值不相等）($p < 0.05$)

基于 SPSSl7.0 的检验输出结果分析：表 4-14 里的 p 值为 0.043。因此拒绝假设 $H_0: \mu_1 - \mu_2 = 0$，接受假设 $H_1: \mu_1 - \mu_2 \neq 0$（即不同学科的教师的经济资本均值不相等）。所以认为在总体上，不同学科的教师的经济资本存在明显差异。

得出结论：湖北省地方高校教师经济资本呈现出学科分化的形态。

同理，检验社会资本、文化资本、权力地位、学术声望是否也呈现学科分化形态。根据 SPSSl7.0 检验的输出结果，得出结论：

湖北省地方高校教师社会资本没有呈现显著的学科分化（单因素方差分析结果的 $p = 0.510>0.05$）；文化资本呈现出显著的学科分化（单因素方差分析结果的 $p = 0.040<0.05$）；权力地位没有呈现显著的学科分化（单因素方差分析结果的 $p = 0.574>0.05$）；学术声望没有呈现显著的学科分化（单因素方差分析结果的 $p = 0.587>0.05$）。

综上，得到湖北省地方高校教师职业地位分化形态的对照表（表 4-15）。

表 4-15　湖北省地方高校教师职业地位分化形态对照表

特征 / 职业地位	年龄	行政职务	学科
经济资本	显著分化	显著分化	显著分化
社会资本	未显著分化	显著分化	未显著分化
文化资本	未显著分化	显著分化	显著分化
权利地位	显著分化	显著分化	未显著分化
学术声望	显著分化	显著分化	未显著分化

（二）湖北省地方高校教师职业地位典型分化形态的具体分析

1. 经济资本的典型分化形态

湖北省地方高校教师的经济资本出现了显著的分化，具体来看主要是不同年龄段的教师的经济资本差异明显，不同行政职位的教师经济资本差异明显，不同学术职称的教师经济资本差异明显，不同学科的教师经济资本差异明显。

如图 4-10 所示，将受调查的地方高校教师按照年龄段分组，计算各年龄组的经济资本平均值，可以发现不同年龄组的经济资本平均值差距较大。在各年龄组中，50 ～ 59 岁的教师经济资本均值最大，40 ～ 49 岁的教师次之。而

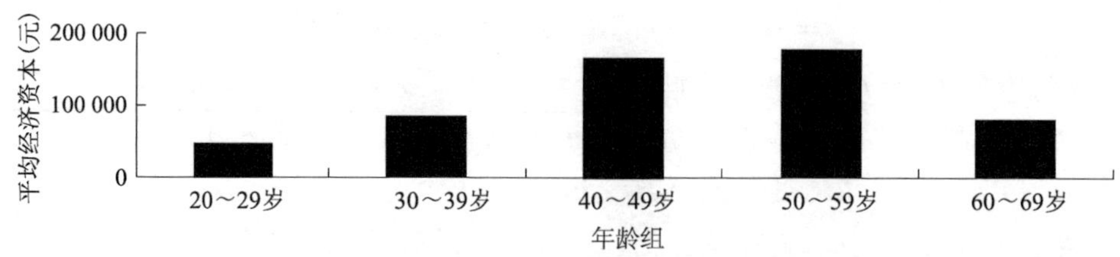

图 4-10　湖北省地方高校教师经济资本分化（按年龄分组）

注：平均经济资本包括工资收入和非工资收入，余同

30 ～ 39 岁教师的经济资本较之前两个年龄组，差距较大。60 ～ 69 岁的教师经济资本均值更小，不到 50 ～ 59 岁年龄组均值的一半，而 20 ～ 29 岁的教师经济资本最小。

湖北省地方高校教师经济资本呈现年龄分化的状态可以从几个方面解释：第一，40 ～ 59 岁的教师处于学术职业的顶峰期。一方面，他们的学术职称都是副教授以上，50 ～ 59 岁的教师多是教授，所以他们既有相对较高的固定薪资，又有相对较多的纵向和横向的科研项目。这无疑能为这一年龄段的教师带来相对较多的经济收入。30 ～ 39 岁的教师正处于由讲师到副教授的过渡期中，一方面，他们学术声望不够，学术水平不高，科研能力不强，很难作为项目负责人主持重大科研项目。另一方面，在目前地方高校的薪资制度中，讲师的固定薪资相对较低。因此，30 ～ 39 岁这个年龄段的教师经济收入不高。第二，60 ～ 69 岁的教师虽然已经退休，但相对来说，从教授职位退休下来的教师，其退休金并不少，所以他们的经济资本高于刚入职的 20 ～ 29 岁的新人。但由于他们的经济资本主要来源于固定退休金，而缺少其他非退休金收入，所以他们的经济资本相对 40 ～ 59 岁的教师又较少。第三，20 ～ 29 岁的教师基本都是助教，而且刚入职，只有较少的固定薪资，难有学术兼职和科研项目，所以经济资本最低。

如图 4-11 所示，将受调查的所有教师按照其担任的行政职务分组，分别计算各组教师的经济资本均值，可以看出：湖北省地方高校教师的经济资本因行政职务的不同而出现很大差距。担任院长（或处长）的教师经济资本均值最大，担任系主任（或科长）的教师次之，二者间差别不是很大。无行政职务的教师的经济资本相对前两者较低。而担任科员职务的教师经济资本均值最小。这种不同行政职务的教师之间经济资本的分化是源于地方高校内部行政权力与学术权力的失衡致使掌握行政权力的教师（主要为院长 / 处长，系主任 / 科长）可以通过行政权力获取更多学术资源。较多学术资源的占有意味着较多的学术产出。学术成果进一步转化为经济资本。这实质是权力地位、学术声望和经济资本之间的相互转化。

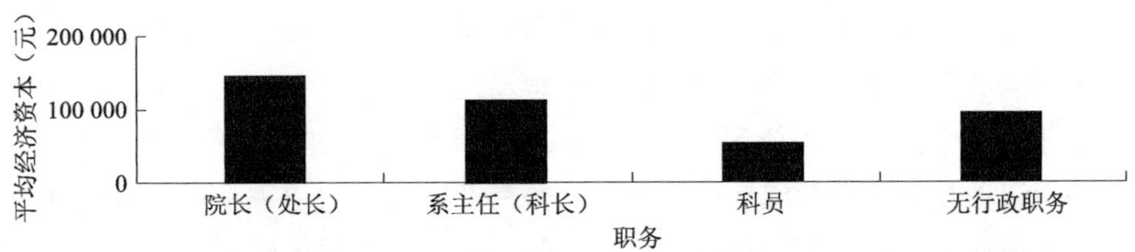

图 4-11　湖北省地方高校教师的经济资本分化（按行政职务分组）

科员之所以经济资本较少，是因为他们没有处于行政权力的中心。而没有担任行政职务的教师之所以能获得比科员教师更多的经济资本，是因为他们往往除本职工作外，更积极地从学术兼职和横向科研项目中获取经济资本。

从教师的学术资质的分组来看其经济资本的分布情况（图 4-12），可以发现学科带头人处于经济资本金字塔的顶端，而讲师处于低端，中间是副教授和一般的教授。这与他们各自在学术金字塔的分布位置是一致的。一方面，学科带头人享受优厚的固定薪资。另一方面，学科带头人实际掌握着学科学术资源的分配权，民主的学科带头人能与学科成员共同决定学术资源的分配，而不民主的学科带头人则因分配权的垄断而垄断着学科的学术资源。这些被垄断的学术资源可以通过科研生产转化为经济资本。因此学科带头人的非薪资性收入也较高，这些收入来自各种重大科研项目和学术兼职。相反，讲师在学科内多是学科带头人的“帮手”。他们没有竞争力获得好的科研项目，也没有足够的学术水平和经验主持项目，只能依靠学科带头人，帮助学科带头人完成科研项目，而回报是学科带头人分给他们的较少的科研经费以及他们从中获得的学术声望。讲师的经济收入在其较低的固定薪资上没有更多的增加，所以其经济资本的总量也就小。

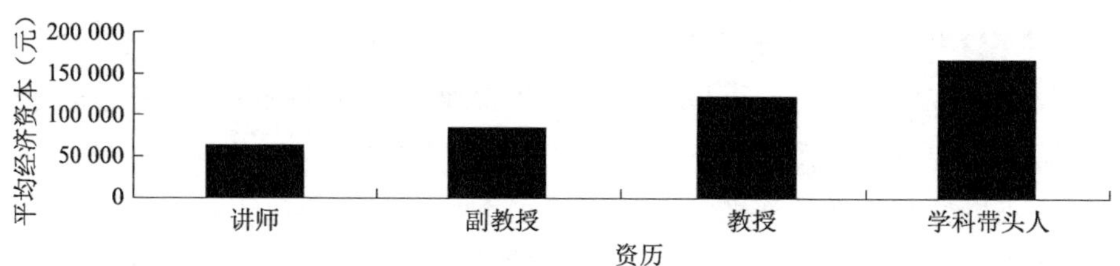

图 4-12　湖北省地方高校教师的平均经济资本分化（按资历分组）

湖北省地方高校教师经济资本的另一个典型分化形态是学科分化（图 4-13）。在 12 个学科门类中，笔者发现，经济学、工学、医学、管理学、法学学科的教师经济资本均值较大。而教育学、文学、历史学、农学、哲学学科教师的经济资本均值较小。湖北省地方高校教师这种以学科为特点的经济资本分化形态源于学科的应用性差异以及产业化差异。经济学、法学、工学、医学、管理学等都是应用性较强的学科，而且这些学科产业化较容易。艺术学门类下衍生出的那些与工业、商业相结合的设计类学科也具有较强的应用性和商业性。而文学、历史学、哲学等学科不具有较强的应用性，也很难与商业结合。农学和教育学虽然具有应用性，但产业化也不容易。那些应用性较强，产业化容易的学科的教师可以较容易地将科研成果转化为商业价值，从而获得较多的非工资性收入。而那些应用性较差，与商业结合较难的学科的教师则很难将其科研成果转化为商业价值，所以难以从市场获得非工资性收入。因此，因学科的应用性差异、产业化程度的不同，不同学科的教师经济资本呈现出较大的差异。

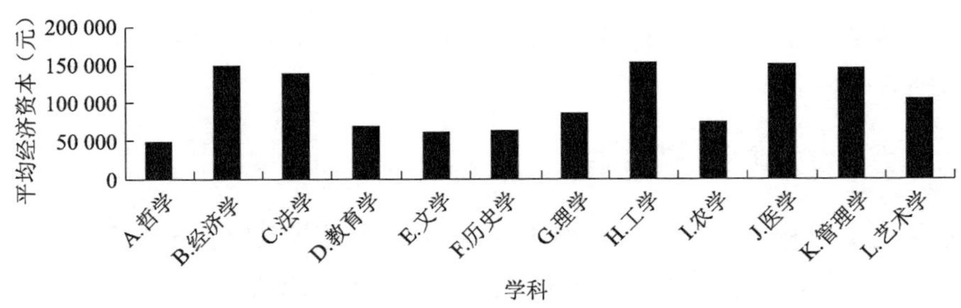

图 4-13　湖北省地方高校教师经济资本分化（按学科分组）

2. 社会资本的典型分化形态

前文的单因素方差分析已经显示：湖北省地方高校教师的社会资本呈现出以行政职务为特点的分化状态。从图 4-14 可以清楚地看出：教师的行政职位越高，则他们的社会资本的分值越大，甚至普通行政岗的科员的社会资本分值都比一部分无行政职务的教授的社会资本分值要大。

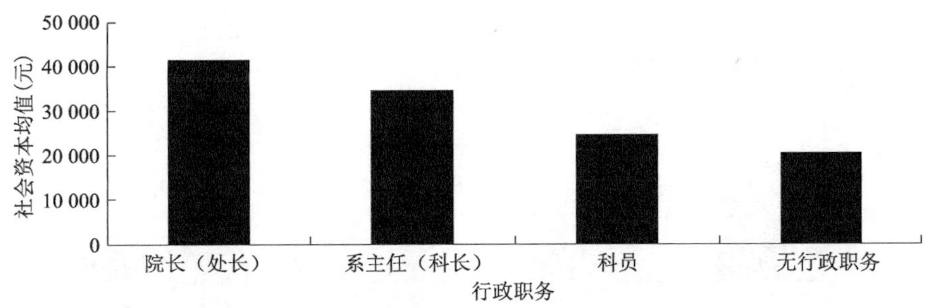

图 4-14　湖北省地方高校教师社会资本均值分化（按行政职务分组）

社会资本分值主要由行动者所在的社会网络的大小以及内嵌于这个网络中的资源量来决定。湖北省地方高校教师这种以行政职位为特点的社会资本分化状态表明，在行政权力大于学术权力的地方高校中，特定的行政职务者占据着特定的社会网点，行政职位越高，网点越高，内嵌的政治、经济、文化资源就越多。而且，权力与社会资本之间可以相互转化。某人因获得特定的权力而扩展了自己社会网络的宽度和高度，具有了利用更多政治、经济、文化资源的机会，从而获得更多的社会资本。其社会资本的增加，社会网络的扩大，又转而固化甚至增强了他所拥有的权力。因为权力的本质是源于“依赖性”的影响力和控制力。某人因控制着其他人所期望得到的利益和资源而被依赖，这个人就具有了对他人的影响力和控制力，也就具有了对他人的权力。所以，地方高校中行政职位越高的教师，因掌握着较强的权力，而获得较多的社会资本。这种社会资本反过来又加强了他所拥有的权力。

3. 权力地位的典型分化形态

基于前文对权力地位分值的测量结果，将受调查的湖北省地方高校教师按照学术职称分组，计算不同组教师的权力地位分值的均值（图 4-15），发现：拥有最高权力地位的是教授，副教授和讲师次之，助教的权力地位最低。这一分化状态的原因在于，地方高校教师中，教授往往既有较高的学术权力地位，又有较高的行政权力地位。因为他们既担任学术要职，又担任行政要职。地方高校教师的职业发展路径呈现出这样的特点：发展初期主要依附于学科带头人，在帮助学科带头人完成科研项目的过程中积累学术资本，力争由助教、讲师晋升为副教授；发展中期集中精力独立科研，或者以相对平等的身份进行科研合作，以增大学术资本，提升学术声望，希望晋升为教授；发展成熟期，晋升为教授，开始从“专攻学术”转为专职于行政或者行政、学术“双肩挑”。如此，地方高校的教授们，大多既有较大的学术权又有较大的行政权。相反，助教和讲师则处于学术金字塔和权力金字塔的最底层。

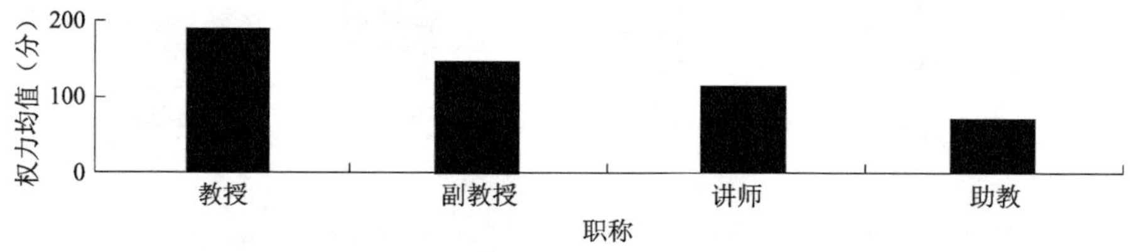

图 4-15　湖北省地方高校教师的权力地位分化（按职称分组）

湖北省地方高校教师的权力地位还呈现出以行政职务为特点的分化形态。如图 4-16 所示，教师的行政职位越高，权力地位的分值也越大。这无疑是受行政权力在地方高校内占主导地位这一事实所影响。行政职务越高的教师，在学科、学院和学校越具有话语权，越具有学术资源和非学术资源的控制权。这些资源是其他教师期望得到的利益，行政职位高的教师因控制着这些资源而具有了对其他教师的影响力和控制力，因而具有较高的权力地位。

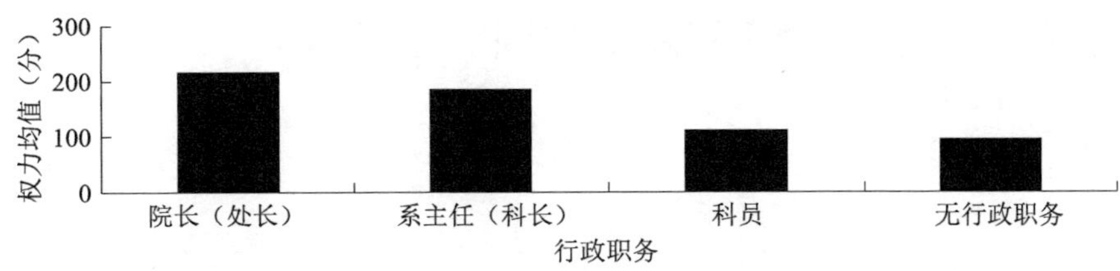

图 4-16　湖北省地方高校教师的权力地位分化（按行政职务分组）

4. 学术声望的典型分化形态

在对湖北省地方高校教师学术声望的分值进行测量的基础上，笔者对受调查的样本进行分组统计后发现，行政职位越高的教师，其学术声望越高，如图 4-17 所示。

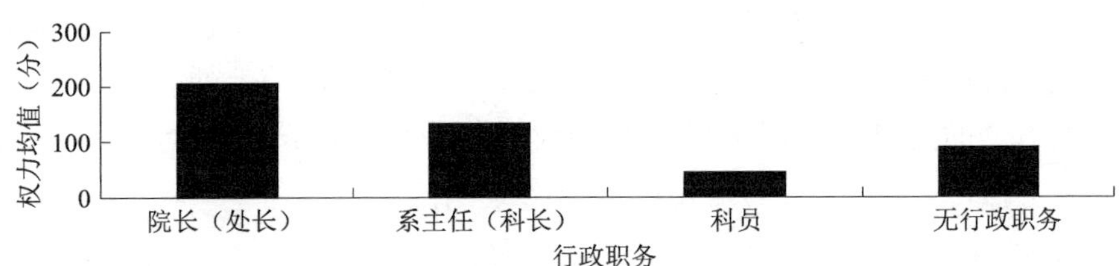

图 4-17　湖北省地方高校教师学术声望分化（按行政职务分组）

这意味着，湖北省地方高校教师中，行政、学术“双肩挑”的教师较多。大多数在学术上具有成就，得到同行认可的教师往往也从事学校内的行政工作。其中，一部分教师是在自己拥有了较高的学术声望后选择从事行政职务。在这些教师看来，在地方高校内，行政职务隐藏着被人们默许的对资源占有和控制的优先权，比起通过学术科研而获取经济资本、社会资本和权力地位，它来得更快，是一条捷径。另一部分教师则是在担任行政职务后，通过行政权力对学术资源控制和占有的优先权，较快地提升学术生产力而获得同行的认可，从而获得较高的学术声望。

所以，这种以行政职位为特点的学术声望分化形态，根本原因还是在于地方高校内部权力的失衡和资本、权力、声望之间相互转化的机制，下文将对此做具体分析。

第五章

地方本科高校教师学术职业分化的原因及其影响

地方本科高校教师学术职业分化既是一种教育现象，也是一种社会现象；因而，地方本科高校教师学术职业分化归根结底是某些大学教育及社会运行机制的产物。同时，由于大学教师学术职业在大学教育中所处的特殊的地位，大学教师学术职业分化特别是他们在职业地位方面的过度分化，必然会对大学组织以及大学教师自身产生多方面的深刻影响。因此，探寻地方本科高校教师学术职业分化发生、发展的教育及社会发展的动因，分析地方本科高校教师职业分化特别是他们职业地位的过度分化对大学组织和大学教师自身所造成的消极、负面的影响，对于应对大学教师学术职业分化具有重要的意义。

第一节　地方本科高校教师学术职业分化的原因分析

一、集体化知识生产中学术资源分配的影响

（一）地方高校集体化知识生产现状

知识生产从“小科学”模式转变到“大科学”模式[①]，从“学院科学”模式到“后

① 小科学（little science）项目通常由科学家个人或科学小组进行研究，由科学家个人或科学小组设定问题、独自执行、探索式解决，这种研究方式以竞争性为特点，科学家以追求科学真理为导向，集中在单个学科内进行研究，经常会产生出人意料的结果。大科学（big science）有两层含义：一是指科学研究总的社会规模上的大科学，这一概念由社会科学家普赖斯（Price）在《小科学，大科学》中首次提出。另外一个含义是指研究项目尺度上的大科学，这是由核物理学家温伯格（Weinberg）在《大科学的反思》中首次提出。参见：申丹娜.2009.大科学与小科学的争论评述.科学技术与辩证法，（1）：101-107

学院科学”模式[①]是大学学术研究发展的必然趋势。

在小科学模式中，知识生产主要由科学家凭个人兴趣爱好，依靠自身经费与技艺进行，其研究的目的就是纯粹地为科学而科学。随着社会对科学知识需求量的增大，仅凭个人能力和经费进行的小科学知识生产逐渐被边缘化。大科学模式应运而生，其围绕一个总体目标在科学家之间、科研机构或大学之间，甚至在地区和国家之间开展跨学科合作。这样能整合不同研究主体的资源，高效利用这些资源、提高知识生产效率，避免重复研究和孤立研究。

学院科学是一种纯科学研究，学院科学家是孤独的真理追求者，他们摆脱了物质经济的束缚，衣食无忧，把科学研究作为个人业余爱好，并能自己承担不算昂贵的简单的科学研究投入，独自在自己实验室做科学游戏。今天，科学研究已经不再是“孤独者”的“游戏”。研究者需要在科学场上紧密协作；需要依靠政府或财团的资助；需要遵守与科研成果的实际应用相关的职业伦理规范。今天的科学研究已经是“后学院”科学时代。后学院的研究被定向要求达到实际目标，而不是为了追求知识。他们作为专门解决问题的人员被聘用，这体现了职业化的知识生产方式。

在知识生产方式转变的必然过程中，地方高校教师的知识生产也以集体化、协作化知识生产为主。图 5-1 是笔者对受调查的所有教师按照科研方式进行的分组统计，统计结果显示：80%的教师进行知识生产是在科研团队中，与团队成员共同协作完成，而只有 20%的教师是独自进行科研工作。这说明集体化的科研知识生产在湖北省地方高校中已经成为主要的知识生产模式。

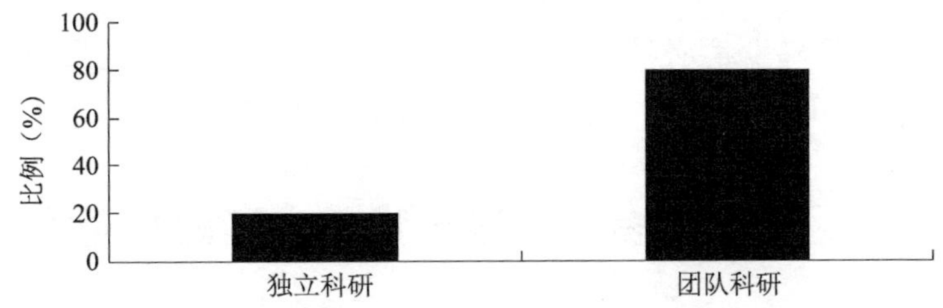

图 5-1　湖北省地方高校教师科研方式统计

（二）集体化知识生产中学术资源分配差异较大

在知识和信息大爆炸的今天，知识分类越来越细，越来越专业，教师不可

① 谭文华 .2006. 从 CUDOS 到 PLACE——论学院科学向后学院科学的转变 . 科学学研究，24（5）：658-661

能穷尽所有的知识，也不可能通晓所有的学科，集体化知识生产是知识发展的必然要求，也可以提高知识生产的能力。

然而，在集体生产的方式中必然地出现了学术成果如何分配的难题。在笔者调查的湖北省四所地方高校里（学院 A、大学 B、大学 C、学院 D），对学术科研经费，主要是依据各学者原来具有的学术权威和学术水平进行分配。资历深的、声望高的学者被看作为集体的研究项目做出了最大的贡献，因而可以从项目经费中获得最高的比例；而年轻学者则被认为做出的贡献最小，所以只能获得最小比例的经费。而且知名教授往往是项目的“承包者”，而年轻教师往往是项目的真实完成者，对项目做出了最多的贡献。图 5-2 是笔者根据调查样本对自己所在学校的学术资源分配的满意度所做的人数占比统计。结果显示 70％教师对自己所在学校的学术资源的分配情况是不满意的（包括不太满意），有 20％的教师相对满意，而只有 10％的教师对他所在学校的学术资源分配情况持满意态度。这些数据可以说明目前地方高校中学术资源的分配情况是不被大多数教师认同的。

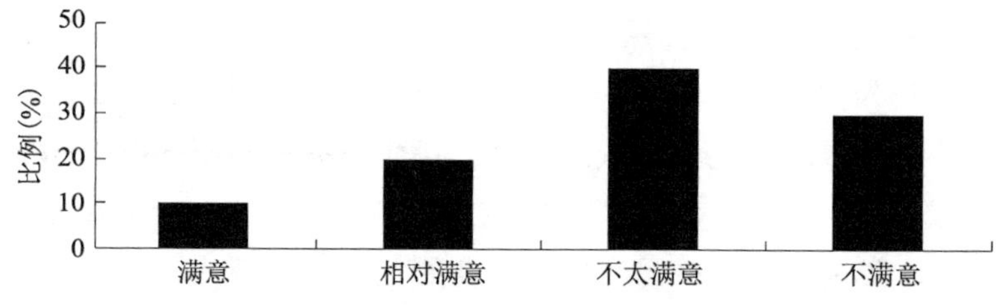

图 5-2　湖北省地方高校教师对学术资源分配的满意度

由于知识生产转变的必然趋势和学术资源分配不均之间的矛盾，不同教师之间的经济资本出现较大差别，进而权力地位、学术声望也出现较大差别。

二、课题经费来源多元化进一步扩大了教师经济资本差距

（一）地方高校教师课题经费多元化

当大学和学者的资金资助不再只依靠政府时，科研和学术就遵循“谁出资谁受益”的市场规则进行。学者的科研成果需要满足“客户”的需求，这些“客户”包括政府、企业和其他组织。这实质是学术人、学术支持者、学术管理者通过直接的市场行为或“准市场”行为参与“学术资本化”的过程。所谓“学术资本化”

就是指将专业知识、专利技术等学术成果作为换取经济利益的“资本”，并以这些换取的经济利益进行学术的再生产。这里的“市场行为”是指大学的营利行为，包括专利申请后收取版税或转让费用，创办大学科技园、衍生公司、知识入股、出售教育产品或服务等。

图 5-3 是笔者对所有样本教师课题来源做的统计情况。结果显示，60%的教师既从事纵向课题的研究，也从事横向课题研究，10%的教师目前只从事纵向课题，20%的教师目前只从事横向课题，而 10%的教师目前没有从事课题研究。可以看出，这些教师中 90%的教师都为政府、企事业单位、社会团体等组织提供科研服务。这些科研服务包括：技术攻关、决策论证、设计策划、软件开发等。其中，有 70%的教师为政府以外的企事业单位和社会团体提供服务。教师被委托进行这些课题研究的回报则是委托方为教师们提供的数额不等的科研经费。而进行课题研究的教师需要满足委托方的需求，这其实是“市场”的运行方式。大多数的地方高校教师为政府、企事业单位、社会团体提供科研服务，提供了智力支持。

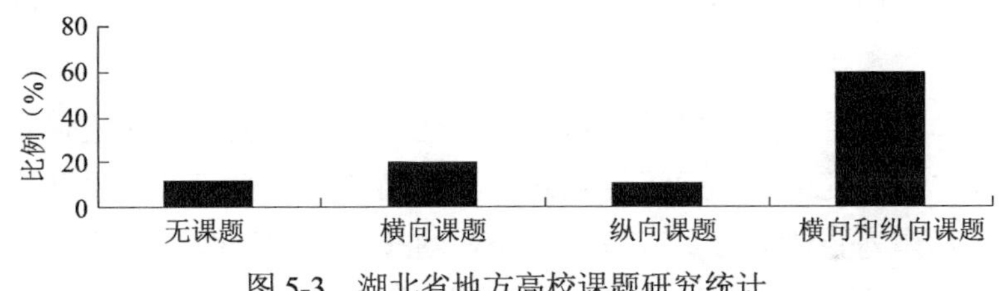

图 5-3　湖北省地方高校课题研究统计

（二）课题经费来源多元化进一步扩大了教师经济资本差距

多渠道经费来源使资源得到优化配置，提升了学术生产力，也大大提高了学术生产的效率，并且为大学和学者创收做出了贡献，同时也为国家财政减压作出了贡献，而且开启了“创业型大学”的发展进程。但是，多渠道经费来源也带来了很多问题。首先，坚守大学传统的学者一直认为大学应该遵循的是“知识场域”的逻辑。“经济场域”是“唯利”的，而“知识场域”是“唯知识”的，这在本质上就存在冲突。

笔者调查中发现，受调查的湖北省地方高校，教师们按照“市场”的方式进行科研，出现了不同学科、不同任务、不同资历的教师之间非薪资收入迥异的情形。表 5-1 是笔者在对受调查的所有样本进行的以学科为自变量，以经济资本为因变量的单因素方差分析的结果。该检验的结果 $p = 0.043 < 0.05$，表示湖北

省地方高校教师经济资本出现显著的学科分化的假设成立，所以意味着湖北省地方高校教师的经济资本呈现出明显的学科分化的形态。

表 5-1　湖北省地方高校教师经济资本呈现学科分化的检验结果

	平方和	判别值	平均方差	检查值	无效假设概率
组间方差	6.404E12	55	5.822E11	1.754	0.043
组内方差	3.285E13	500	3.318E11		
综合	3.926E13	333			

湖北省地方高校中既有可以快速转化为生产力的应用性学科，也有默默无闻，数十年磨一剑的基础性学科。应用性学科能提供“客户”急需的“产品”，可以在高效的“知识生产”中为经济发展做出重大贡献，倍受青睐；相反，基础性学科因其难以进行技术转移、难以形成商业价值，而被视为“象牙塔”中的古籍，被束之高阁。湖北省地方高校应用性学科的教师可以将他们的科研成果较容易地转化成显示的生产力或变为提高生产力的要素。

笔者对两所湖北省地方高校（大学 B、大学 C）的调查，发现通信工程专业的教师可以将他们的科研成果与通信营运商和通信设备生产商，或其他通信软件开发服务商的需求结合起来，可以将其科研成果直接转化为这些企业当下最需要的技术和产品。而且，大多数的工科教师将他们的研究生送到这些企业“实习”。在这些企业中，研究生既学习了专业知识，也为老师完成了科研项目，更重要的是他们其实是作为企业的准员工参与了企业的技术研发和改进，实现了科研到商业的直接对接。再如，会计、金融、工商管理等专业的教师大都为各大小企业提供顾问咨询等社会兼职的服务，他们的研究项目大多与这些企业组织需要解决的现实问题具有高度的触合性，这些研究成果可以直接为这些企业的财务状况、组织结构和企业文化等的改进完善提供具体的建议帮助。

应用性学科的教师从他们为企业提供的咨询顾问的服务中获得了较多的非薪资性收入，或者直接通过技术转让、联合项目等形式从企业得到高额的“项目资金”。相反，基础性学科，尤其是人文社会学科中那些以哲学思辨为主要学术方式的“冷门”学科的教师，不能提供企业需要的“产品”，非薪酬性收入较少。笔者对所有受调查样本进行统计后发现，应用性学科的教师通过以下 8 类兼职获得非薪资性收入的人居多，而基础型学科的教师则很少。这意味着基础性学科教师的非薪酬收入较少。

基础性学科教师的非薪酬性收入主要来源于地方政府的“招标课题”的资助，

但是地方政府项目竞争激烈，形成“僧多粥少”的局面。而且相对于众多的企业项目来看，在相同层次上，地方政府项目经费的资助金额较少。更重要的是，在“僧多粥少”的局面下，学术声望不高的年轻教师难以跟老资历的教授竞争项目。所以很多年轻的教师只能依附于名教授或学科带头人，做他们的“帮手”，难有自己独立的研究地位。

三、高校内部权力失衡促使教师权力地位分化

（一）地方高校内部权力失衡

笔者对湖北省所有受调查的教师样本所在学校权力结构情况做了统计，如图 5-4 所示，超过 60% 的教师认为其所在学校是行政权力占主导地位，20% 左右的教师认为其所在学校的行政权力和学术权力的地位情况差别不大，而只有不到 20%的教师认为他所在学校是学术权力占主导地位。这一数据意味着湖北省地方高校中普遍存在行政权力强于学术权力的情况。

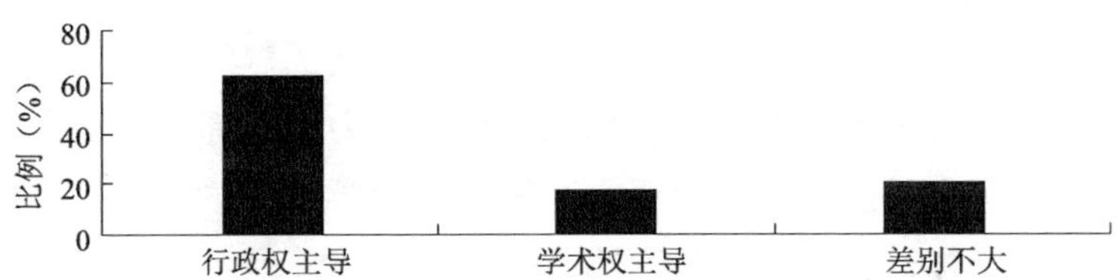

图 5-4　湖北省地方高校权力结构调查统计

因为地方政府是湖北省地方高校的出资人，并对地方高校实行行政命令式的管理方式，所以地方高校实质上成为地方政府的附属机构。这种高度集权的地方高等教育管理体制，将地方政府的政治逻辑植入到了地方高校，导致地方高校“行政化”。地方高校内部的行政权力决定着校内的资源配置、人事安排、绩效评定等活动。

虽然 1998 年颁布的《中华人民共和国高等教育法》肯定了高校内部的众多学术权力，但没有就保障这些权力最终实现的法律救济途径做出明确的规定，学术权力被侵犯但没有有效的途径来进行维护，而且对教育行政部门的责任和义务也未做出详细规定。如此，既没有使地方高校学术权力获得实质性的主体地位，也缺乏对地方高校行政权力的必要约束。

（二）高校内部权力失衡进一步促使教师权力地位分化

笔者的调查数据显示：在所有受调查的湖北省地方高校教师样本中，只有31%的教师没有担任行政职务，而69%的教师都担任学校的行政职务。这意味着大多数的湖北省地方高校教师都想进入校内行政系统，因为在校内行政系统中隐藏着被人们所默许的掌握和控制资源的优先权。这种隐藏的优先权是由地方高校内部行政权力和学术权力的失衡状态所带来的。

权力蕴含着“施加影响之能力”“获得依赖性之能力”的意思。某人之所以能对其他人施加影响，之所以能使他人对自己具有依赖，原因在于其占有或控制着其他人热切希望获得的利益和资源。在对四所湖北省地方高校（学院A、大学B、大学C、学院D）调查后发现，校内行政权力所占有的资源远远多于学术权力所占有的资源。在学术权力与行政权力失衡的状态下，大多数教师可能都希望通过获取行政权来为自己寻求更多“资源”。这与传统大学通过学术权谋取“资源”的方式是截然相反的，因为按照大学的本质来讲，大学的行政应该是服务于学术的，但现实中可能出现某些对行政权力的追逐代替了对学术声望的崇尚的现象。

在湖北省地方高校中，这种追逐行政权力的结果就是教师权力地位呈现以行政职位为特点的分化形态（图5-5）。行政职位越高的教师越能获得好的科研项目，从而行政权力与学术权力都得到加强，总体权力指数都得到提升。而没有行政职务或是行政级别低的教师难以跟行政领导型的学者竞争，其行政权力和学术权力都弱，所以总体权力地位自然就低。

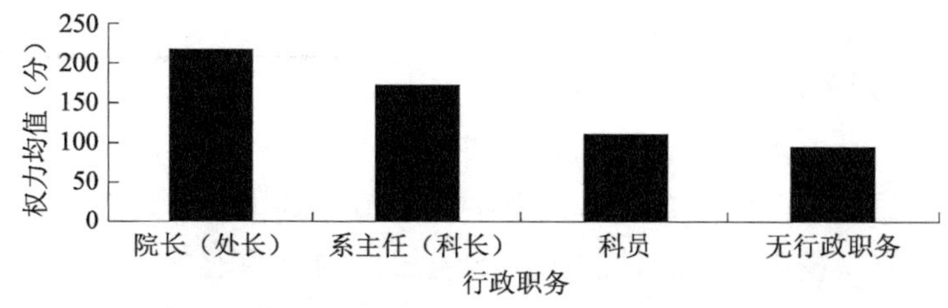

图5-5 湖北省地方高校教师权力地位对比（按行政职务分组）

四、学术“马太效应”增大教师学术声望差异

（一）地方高校的学术“马太效应”现象

罗伯特·默顿提出“马太效应”的概念来描述科学界资源分配奖励的那种“损

不足而补有余”的现象。具体来说“马太效应”指某一个体或群体如果在某一方面（包括金钱、名誉、地位等）获得成功，就会像滚雪球一样，获得更多的成功和进步的机会或资源。

对于高校教师而言，“马太效应”是指在科学共同体中，有声望的学者更容易获得各种奖励和科研资源，而越是没有名气没有声望的年轻学者越难以获得各种科研资源和奖励，很难与前者竞争各种项目和资金资助。

笔者对湖北省四所地方高校（学院A、大学B、大学C、学院D）的调查发现，学术“马太效应”现象在这些高校中都存在。学术资源分配方式导致学术资源（包括科研项目、配套资金、科研物质条件、科研制度条件等）都集中于某些名教授身上，形成学术权威对学术资源的垄断局面。越是知名的教授，社会兼职越多，科研项目越多，资助资金越多，荣誉奖励也越多。学术资源分配的垄断性将青年教师置于弱势地位，不利于青年教师的发展。

调查发现，在湖北省地方高校中，青年教师很难以负责人的身份申请到国家自然科学基金、国家社会科学基金等重大科研项目，因为他们学术声望低，而且缺乏项目经验。大多数青年教师只能作为名教授的科研团队的成员，参与名教授主持的科研项目。大多数青年教师即使是这些项目的实际完成者也只能分到较少的一部分项目经费。

（二）学术“马太效应”进一步扩大了教师学术声望差异

受调查的湖北省地方高校中普遍存在学术“马太效应”，这种“马太效应”的本质是学术资源分配的不合理机制，而这种分配机制又是被学术共同体的大多数人所默认，也被社会的大多数人所默认。因为这种不合理的学术资源分配机制是在“学术声望”和“学术水平”的掩盖下运行的。换言之，人们往往以某位高校教师的学术声望和学术水平过人而愿意将更多的资源和利益分配给他。但这种根据原来已有的声望和水平来进行资源分配的方式不利于年轻教师的发展。在“马太效应”的影响下，资历浅、经验少的年轻教师往往难以通过独立的科研出头，而需要依附于名教授，需要服从于名教授的学术思想，这就致使年轻教师自己的创新性被忽视、被抑制。其次，创新往往都由年轻人做出，年轻人具有较强的创新意识，具有灵活的头脑和较强的接受和适应新事物新思想的能力，更能为组织和群体带来更多活力。而学术“马太效应”对年经教师的创新积极性无疑是一个打击。

湖北省地方高校中这种学术“马太效应”导致年轻教师和老资历的教师之间，

普通教授和名教授之间，学科带头人和一般教授之间，形成了由于学术资源配置不均而产生的学术生产力的差异。学术生产力是同行和社会对教师学术水平评价的一个关键要素，而同行的评价和社会的评价则是教师学术声望的来源，因此，学术生产力的差异就意味着学术声望的差异。所以，由于学术“马太效应”的影响，湖北省地方高校教师之间产生了较大的学术声望差异。

笔者对湖北省地方高校所有教师样本做的以学术声望分值为因变量，以年龄段为自变量的单因素方差分析结果。检验结果显示 p 值为 0.041，意味着这些样本教师的学术声望出现了显著的年龄分化。即年龄在 40 ～ 59 岁的教师，学术声望很高；而年龄在 20 ～ 39 岁的教师，学术声望较低。以学术声望分值为因变量，以行政职位为自变量进行的单因素方差分析结果，该检验结果显示 p 值为 0.000，意味着样本教师的学术声望出现了以行政职位为特点的更为严重的分化。换言之，行政职位越高的教师其学术声望越高。这两个检验结果都证实了学术“马太效应”在地方高校中的存在，而且作用明显。前者证实了以年龄为特点的学术“马太效应”，即年龄越大，学术声望越高；后者证实了以行政职位为特点的学术“马太效应”，即行政职位越高，学术声望越高。

湖北省地方高校中学术“马太效应”导致教师学术声望的差异，进而促使教师学术地位“两极分化”，造成对学校科研资源的浪费。因为，一方面年轻教师的科研创新性受到抑制，得不到保障；另一方面名教授把其垄断的学术科研资源的较少一部分用于科研创新，而更大一部分则用于满足个人及其利益群体的物质享受和社会关系网的构建。这既不利于科研创新的发展，又造成科研经费等资源的浪费。这与经济学里“边际效用递减”规律所诠释的道理在本质上是相同的，而且，当一个社会将所有社会成员缴的“税收”反补给富人而非穷人时，这个社会的总体“福利”只会减少，而不会增加。对湖北省地方高校的科学研究而言也一样，当学术科研资源给予了“富人”而非“穷人”时，地方高校整体的知识只会减少而不会增多。

第二节　地方高校教师职业地位过度分化的潜在影响

地方高校教师职业地位分化是必然的，且合理的分化也是有积极影响的。

一方面，合理的分化可以形成激励效应，让年轻教师对提升职业地位产生较强的憧憬，从而形成努力科研和教学的动力；另一方面，合理的分化也有利于“人才”的选拔和任用，使地方高校人才资源得到优化配置，做到“人尽其才”“人校同构”，体现地方高校科研、教学和服务活动中的效率，避免“养懒人”情形的出现。然而，过度的分化不但不能促进效率，而且存在诸多潜在的消极影响。

一、地方高校教师职业地位过度分化对学科的潜在影响

（一）对学科自主性的潜在影响

判断一个学科是否具有独立性或自主性，布迪厄有一个很好的判断标准：要根据它的科学研究是否独立于各种世俗权力、独立于经济和政治权威的干预来加以判定。这实际就是说，学科是否自主，要看学科是否按照知识场域的逻辑来发展，而不是按照其他场域的逻辑来进行。因为，社会不是由一个统一的逻辑指导运转的，社会是“各个相对自主的‘游戏’领域的聚合”，分割为经济、政治、审美、知识等不同场域而存在。“每个场域都规定了各自特有的价值观，拥有各自特有的调控原则，而且各自特有的逻辑和必然性也不可化约成支配其他场域运作的那些逻辑和必然性。”[①]因此，可以认为：学科自主性问题其实就是学科知识场域的自主性问题，即学科知识场域与其他场域的“支配”与“反支配”问题。

“支配”除了是权力、经济利益、社会需求等原因所致，还是知识场域与其他场域“合谋”实现的，即外场域通过“合谋”将自己的逻辑、意志巧妙地、隐蔽地输入到知识场域，通过知识场域中的“知识生产机器”将这种非知识生产的逻辑嵌入到知识生产活动中，而这种“合谋”是知识场域中的知识生产者（即研究者）有意无意地参与其中的。据此，可以看出，对学科而言，其自主性既受外在的因素影响，也有自身的内部因素影响，且外部因素和内部因素是相互联系的。外部因素，如经济、社会等，对学科自主性的影响是显性的：而内部因素，如研究主体、研究对象、学术制度等，对学科自主性的影响则是隐蔽的。

笔者对湖北省四所地方高校（A 学院、B 大学、C 大学、D 学院）的调查发现，作为研究者的教师本身以及学术制度方面存在一些不容忽视的问题，而这些问题则是由于教师职业地位分化导致。

作为研究主体的教师，他们中的大多数有意或无意地成为世俗权力、社会

① 邓正来 .2008. 学术与自主 . 北京：北京大学出版社：11

权威、市场经济等对知识场域进行支配的“共谋者”。职业地位分化的情况下,“有意共谋者”分为了两类：一类是知识资本较少的教师，另一类是垄断着大量学术资本的教师。不管是前者还是后者，都希望通过学术生产来获取学术声望、权力地位、资本地位。这是学科自主性在研究主体这个层面上丧失的关键所在。

对于智识资本较少的教师来说，一方面学术水平较差，另一方面又不愿意付出一些必需而艰苦的努力，而往往这种“必需而艰苦的努力”对于将日常的社会问题转化成科学问题、学术问题又是必不可少的，没有这种转化，研究者所研究的东西还是停留在“日常性常识”上，不具有科学性和学术性。因此，世俗权力、社会权威、市场经济等逻辑支配学科知识场域时，这些想“不劳而获”的研究者倾向于简单迎合其他场域的需求，迎合其他场域的逻辑和意志。如此，他们所谓的“知识生产”只是“不那么专业的符号生产”，是指向商业成功和大众旨趣的。如果用科学的标准来看的话，这种迎合非知识场域逻辑的，没有经过科学指向转化的研究并不能算作是真正的研究，他们更不能被称为真正的研究者。当研究主体已不再是真正的研究者了，学科也就丧失了自主性。

对于学术资本垄断者来说，一方面，他们占有的学术资本是在学术场域和其他场域之间进行投机的“不劳而获者”急切渴望的，因为这些“不劳而获者”希望轻易获得学术资本，并将这种学术资本马上转化为权力资本、经济资本或象征性资本，从而获得社会地位和利益。另一方面，学术资本垄断者也倾向于将其掌握的学术资本转变为他们更看重的权力资本和经济资本。如此，在“不劳而获者”和“学术资本垄断者”之间就存在“交易”的可能,“不劳而获者”想得到“学术资本垄断者”手中的学术资本，而前者又想得到或者利用后者手中的权力或利益，这对“不劳而获者”来说自然是一项高收益的“投资”，对“学术资本垄断者”来说也是其最终目的的实现途径。

地方高校学科组织存在学科培养制度、职称晋升制度、学科基金制度、学术评价制度等。这些制度既关乎每一个教师的学术前途，也关乎他们的经济利益和生活保障。任何一个理性的教师，都不会置自己的学术前途和生活保障于不顾。他们对“学术资源垄断者”与“不劳而获者”之间的交易大多采取“沉默”的态度。因为他们不会冒着被踢出学科组织的风险而与“学术资源垄断者”和不合理的学术制度进行实际的对抗，只求这种“交易”不会损害到他们的利益。所以，在“学术资源垄断者”与“不劳而获者”的交易中，在大多数教师的“沉默”中，学科自主性逐渐丧失。

（二）对学科组织知识生产力的潜在影响

学科组织是教师进行知识生产的集约化学术组织。“共同价值”和“共同愿景”是学科组织进行知识生产的前提。

首先，学科组织是建立在学科成员的共有价值上的。教师们在开放的学科中使用同样的符号，与学科成员一起对学术材料进行共同的加工生产，在共同的学术追求中组成知识的集体劳动者，按照组织的统一意志采取各种学术行动，在社会中建立起一个群体的权威，并对这种群体权威产生一种认同感和归属感。学科组织凝聚着教师们的集体价值和渴望。学科组织结构中内嵌着教师们进行知识生产必须遵守的学术规训，沉淀下教师们成长所必需的学术经验、知识技术。尤其为面临职位升迁、获取学术资源、从事科学研究等压力的年轻教师提供了接受训练、开拓进取、培养研究兴趣、秉持研究方向、磨炼学术意志的场所。如此，地方高校学科组织就成为教师们共有价值的所在。

其次，学科组织的知识生产是在共同愿景、统一学科方向上进行的。学科组织，尤其是承担重大综合性学科任务的学科组织，它将具有不同知识背景的学者凝聚起来，在组织共同价值和学术使命的驱动下确定发展的目标和共同努力奋斗的方向，根据社会和所承担任务的需要，在学科范式下凝练出共同的研究方向。这样组织内的学者就能产生强烈的知识发现欲望和动机，形成共同的归属感。

笔者在前文中通过测量和假设检验，已经证明：湖北省地方高校教师职业地位呈现了学科内过度分化的形态，即学科内部不同资历的教师的职业地位发生了显著的分化。学科内部教师职业地位的分化导致学科内部不同教师的学术声望差距拉大，权力地位分化严重，经济资本差距拉大，社会资本差距也拉大，形成鲜明对比。

地方高校学科成员之间学术差距的存在使一些成员在学科内部找不到归属感，从而导致学科组织共同价值和共同愿景的涣散，降低学科组织的知识生产力。

第一，教师职业地位分化会降低学科组织知识生产的效率。现代知识体系庞杂，人的认知能力有限，知识分化带来了知识生产者的分工，出现“知识分裂”，不利于人类科学知识的整体发展。为此，知识生产必然需要协作。地方高校学科组织知识生产就是在知识分化的基础上进行分工协作的实现机制。一方面，学科组织成员通过知识分工，能各自沿着某一专业方向获取知识，各自形成特定领域的知识优势；另一方面，通过整合与相互之间的学习，学科成员之间可以将不同的知识汇集起来，进行密切的知识协作，形成团结协作的优势。既提升了学科成员的自主性，又提升了学科组织的总体知识生产能力。[①]如此，知识生产的效率就可以得到提升。但是在学科成员共同价值和愿景涣散的情况下，不同学者相互间的"协作"变得很困难，知识生产的效率必然降低。

第二，教师职业地位分化会增大学科组织知识生产的交易成本。在教研室和研究所制度中，知识主体间存在很大的同质性，不能很好地进行分工与协作，反而产生排他性。排他性带来知识主体间的摩擦和冲突，不得不花较多时间和精力来处理这些冲突，从而产生内耗，这种内耗就是一种增加的"交易成本"。"交易成本"的增加带来了知识生产收益的下降。但如果在齐心协力的前提下，学科成员由自身利益最大化动机的驱使，会努力保证学科整体利益的最大化，因为他们知道只有学科整体利益得到实现，学科成员各自的利益才能最大化。如此，学科成员间达到相互依存，相互协作，异质相容，能减少学科组织内部的交易成本。但是，在教师之间职业地位分化严重的学科内，学科成员之间的摩擦和冲突只会加剧而不会减缓，学科的内耗只会增大而不会减小，学科知识生产的交易成本自然就会增大，生产力就会降低。

（三）对学科组织成长的潜在影响

首先，地方高校教师职业地位分化会降低学科组织的知识生产力，影响学科组织的健康成长。学科组织的成长，在本质上是学科组织知识生产能力的提升。学科组织的成长以走向成熟为终极目标，正如一个人的（生理）成长以达到身体及器官的成熟为目标。而学科组织是否成熟取决于学科功能（科学研究、人才培养、社会服务）的发挥是否稳定成熟。所以，学科组织知识生产能力是否稳定成熟决定着学科组织本身是否成熟。换言之，学科组织的知识生产能力决定着学科组织成长是否健康。但是，地方高校学科内部教师之间职业地位分化降低了学科整体的知识生产能力（前文对此已经做了详细分析，在此不作赘述），从而影响了学科组织的健康成长。

其次，地方高校教师职业地位分化不利于学科人力资本的增长与优化，对学科组织的规模和水平会造成影响。学科组织的成长，在形式上表现为规模的扩大和水平的提高。学科组织成长的基础在于学科组织规模的扩大，它体现为学科组织人力资本的增长和物质资本的积累。其中，人力资本的增长最为重要。人力

① 宣勇 .2009. 大学变革的逻辑（上编）. 北京：人民出版社：104

资本是指学科组织进行学术研究、知识生产的主体——学者。学者的增加，学者人员结构和知识结构的优化，学者间人际关系的和谐，学科内学术氛围的良好，都有利于学科人力资本的增长和优化。而学科组织水平的提升也有赖于学科人力资本的增长和优化。但是，学科成员职业地位的分化有损于学科人员结构和知识结构的优化，不利于学者间人际关系的和谐，更不利于良好学术氛围的营造，自然就不利于学科人力资本的增长和优化，也就不利于学科组织的成长。

地方高校学科组织的成长，在生命周期中通常都会经历生成期、生长期、成熟期、蜕变期、衰退期等阶段①。从生物学的角度看，生命体在生命周期中表现出三个方面的生命特征：新陈代谢、自我复制和突变性。新陈代谢指生命体作为一个开放性的系统，和外界进行物质能量的交换和流动；自我复制指生命体通过细胞分裂获得遗传信息的复制能力，使其本身的一些生命特征保持连续性；突变性则是指生命体在繁殖和自我复制的过程中由于遗传信息出错或者外部环境的影响导致非正常变异的发生。学科组织在成长的生命周期里，也像生命体一样，具有这三个生命特征。学科组织也能够与外界进行物质交换，它从社会获得资源，转变为知识生产的物质支持，通过学者们的知识生产、人才培养、社会服务活动将知识、人才、服务回馈给社会。学科组织也能进行自我复制，这种自我复制是通过学科的研究范式、学术传统的继承，通过学科青年教师的培养，通过学科研究生的培养来完成的。学科组织也会发生突变，突变可能由于学科范式的转变，可能由于学科带头人的更替，也可能由于学科组织的夭折所致。需要强调的是，学科组织生命周期里的每一个阶段都面临着夭折的风险。学科组织健康成长有赖于新陈代谢、自我复制的正常进行，而避免突变和夭折的出现。

如果将通过学术生产获取的声望地位、权力地位、资本地位的总体看作地方高校的"财富"的话，那么湖北省地方高校教师职业地位的分化拉大了学科内的差距。学科内较大的学术差距降低了学科组织新陈代谢的能力，因为学科组织内部分学术掌握财富较少者与外界的物质能量交换越来越少：学科内较大的学术差距也降低了学科组织自我复制的能力，因为学科组织内的一些人对学科组织的归属感已经丧失，也就没有了对学科传统进行继承的愿望。学科内较大的学术差距增大了学科组织突变和夭折的可能，因为在一些学术掌握财富较少者身上已经产生了一种"离心力"，推动着他们脱离该学科。因此，地方高校学科内部教师之间的职业地位分化不利于学科组织的成长。

---

① 宣勇.2009. 大学变革的逻辑（上编）. 北京：人民出版社：178

二、地方高校教师职业地位过度分化对教师的潜在影响

人在社会过程中始终接受着世代积累的文化遗产，始终保持着社会文化的传递和社会生活的延续。一方面，文化具有相对稳定性，为人们的社会化提供“预设的价值标准”。另一方面，文化在社会变迁中也处于不断的变化中。作为一个整体的文化，它包括物质文化和非物质文化两个部分。文化整体变迁的过程中，各个部分变迁速度并不同步。物质文化变迁最快，而且物质文化的变迁常常会引起制度文化、精神文化等变迁。在非物质文化中，制度文化的变迁相对快，而观念文化的变迁最慢。不同文化部分的这种变迁速度的差异产生了“文化堕距”，即旧文化出现于新的物质条件中，产生错位。文化堕距如果不断拉大，长期不能解决，就会演变为文化失调，引发社会问题。①

地方高校教师职业地位的分化，从某种意义上来看，就是文化堕距的表现。中国市场经济发展迅速，人们物质生活条件快速改善，追逐经济利益已经成为社会各界的一个共同目标。自从市场机制被引入科研生产，地方高校教师也热衷于追求市场经济带来的丰厚回报。但是，与之相适应的，相关的大学运转、教师科研的规范、制度、文化还未建立，还停留在计划经济时代。高校管理行政化、学术管理行政化、官本位思想等就是相关制度文化还处于计划经济时代的例证。因此，对地方高校和地方高校教师而言，物质文化与制度文化、道德观念之间等产生了错位，甚至制度文化与道德观念之间也产生了错位，形成了文化堕距。

由于文化堕距，地方高校教师需要在物质利益与精神坚守之间，在权力欲望与学术真理之间做艰难的选择，而这种选择也是自我纠结的过程。一部分教师选择了物质利益和权力欲望，一部分教师选择精神坚守和学术真理，还有一部分教师始终在二者之间徘徊不定，职业地位分化由此产生。文化堕距与地位分化相互作用，会致使一些教师丧失其大学教师的身份认同，丢掉职业道德和职业操守，同时也会丧失学术创新力。

（一）对教师身份认同的潜在影响

高校教师身份具有两层含义：第一层含义是社会身份系统中高校教师的身份，指高校教师这个职业的生活方式及其在社会系统中的声誉和位置。高校教师这一职业群体具有相近的受教育水平，在权利义务、责任、信念、行事规则等方

① 范伟.2009.新农村建设中文化堕距问题研究.河北师范大学硕士学位论文

面都具有共性。从这层含义来看，高校教师的身份认同是对这种共性的认可，以自己有这个共性，属于这个群体而为荣，具有自己职业与其他职业不同的意识，并与其区别开来。第二层含义则是指高校教师作为高校组织文化中的身份，指高校教师个体对自身生存状态和价值意义的理解和意识。因此，地方高校教师对自己的身份认同，就是要回答几个根本问题的过程，即：高校教师应该是什么样？我是什么样的高校教师？我对高校教师的教学科研工作如何看待？我认为什么最重要？

高校教师首先是职业学者，这是其不同于中学教师、小学教师，也不同于中世纪大学教师的最大本质特点。高校教师以学科为依托，以学术为职业，即以进行高深知识的探索、传播和再创造作为自己的职业，作为自己及家庭物质经济来源的方式，也作为自己社会地位和精神追求的支撑。这不仅强调高校教师需要将学术作为谋生的手段，更强调高校教师应该遵循学术场域的逻辑进行学术生产，而不是服从社会权威或者市场经济的要求，即以追求真知识、做真学问为己任。大学不应该跟着社会转，而应该领着社会走，大学作为社会灯塔的职责永远不应该丧失。所以，大学中主体之一的教师，也不应该一味迎合社会的需求，而应该告诉社会如何做会更好。

高校教师身份中除了有学者的一面，还有教师的一面。作为教师，“传道、授业、解惑”是他们对学生的职责。传道不仅仅指对知识的传授，更重要的是帮助学生成为一个具有生命自觉的人。“人”在实现生命性的过程中将种种潜在的可能性转变为现实的存在，同时又创造了更多可能性，焕发了生命力，实现了人之为人的人生价值。这种具有自觉意识的生命形态的人才是大学教育的根本价值所在。授业就是指高校教师应该教授学生掌握一门安身立命的专业技能。解惑不仅要解答学生关于知识和专业的惑，更要解答他们关于心灵、人生、社会、生活的惑。这才是师之所在。

然而，由于文化堕距，地方高校教师在自己职业地位与其他教师差别显著的情况下，他们会对自己的生存状态、社会地位产生怀疑：我真的有社会地位吗？我的生活条件真的不错吗？我真的受社会尊敬吗？如此，这些地方高校教师的身份认同会出现危机，高校教师这个身份已经不能满足他们对于社会地位、权力地位、经济收入、社会关系的需求。有的地方高校教师会逐步脱离“高校教师”这一身份，转而去认同自己作为企业家的身份，或作为行政官员的身份，学术共同体因此可能开始分化、涣散。

（二）对教师职业道德与职业操守的潜在影响

因为文化堕距，地方高校教师在亲身感受到其职业地位的差异后，会逐步丧失对自己职业的身份认同，进而会在职业道德和职业操守方面产生失范。

迪尔凯姆认为，失范是社会病态的一种表现，是一种不正常的想象。他认为失范现象会造成对社会整合模式的分解和破坏。他还认为，在失范的状态下，个人的物欲和情欲取代了社会，变成了行为目标，使道德秩序遭到破坏，使社会健康受到损害。在迪尔凯姆之后，默顿从人们对社会价值、规范的认同与否来解释社会失范。他认为，文化目标和制度手段是解释社会失范的两个工具。文化目标是指社会根据其自身的规范体系对事物做出是否值得存在、是否有价值的判断；制度手段指那种被社会所认可的、合法的、用以获得文化目标的方式。当人们经过社会化的教育而追求社会正统的文化目标，并且能够获得社会认可的制度手段时，那么社会文化目标和制度手段之间就存在平衡，社会也因之处于良序状态。但是，如果社会成员只认同社会提供的文化目标而不认同制度手段，或者只认同制度手段而不认同文化目标，更或者两者都不认同时，文化目标与制度手段之间的平衡就不存在，社会就处于“失范”状态。因此，人们对社会规范的认同与否，决定了社会“失范”是否会发生。

高校教师的职业道德与职业操守就是一种社会规范，一种受社会普遍认可而约定俗成的行为规范和职业道德。

教育部于 2011 年 12 月 30 日印发了《高等学校教师职业道德规范》，内容包括：爱国守法、敬业爱生、教书育人、严谨治学、服务社会、为人师表六个方面。其中，“敬业爱生”规定高校教师要“以人才培养、科学研究、社会服务和文化传承创新为己任”。要关爱学生，做学生良师益友。“教书育人”规定高校教师要“坚持育人为本，立德树人”。而且“不得从事影响教育教学工作的兼职”。“严谨治学”规定高校教师要“弘扬科学精神，勇于探索，追求真理，修正错误，精益求精”。要“秉持学术良知，恪守学术规范”。“为人师表”则规定高校教师要“学为人师，行为世范，淡泊名利，志存高远”。要“自尊自律，清廉从教，以身作则”。[①]

文化堕距和职业地位分化使一些湖北省地方高校教师身份认同弱化，进而可能导致职业行为失范。如果教师在职业道德操守失范的状态下，与《高等学校

---

① 中华人民共和国教育部 .2011. 高等学校教师职业道德规范 .http：/www.moegov.cn/publicfile/business/htmlfiles/moe/moe307/indexhtml（2011-12-30）[2017-07-21]

教师职业道德规范》的要求相去甚远，何谈敬业爱生，何谈教书育人，何谈为人师表，更何谈严谨治学？

（三）对教师学术创新的潜在影响

首先，学术创新需要以学科组织为依托，在学科组织内，在共同价值和共同愿景下，通过教师们的相互协作来完成。我们正处于知识大爆炸和信息大爆炸的时代，单独的学者难以做出创新的工作，因为仅凭一个人的能力无法穷尽现有的知识，而创新又需要尽可能地全面地在掌握现有知识的基础上进行，否则一个人埋头苦干数载才发现自己在研究的东西别人早已研究过，也就谈不上创新。而且，创新需要在思想的碰撞过程中产生。因此，地方高校教师之间的团结协作对学术创新尤为重要。但是，当文化堕距和地位分化导致地方高校教师身份认同弱化，共同价值和愿景涣散时，团结协作无从谈起，学术创新也就无从谈起。缺乏身份认同，就等于缺乏学术创新的精神动力。

其次，对于地方高校教师个人来说，学术创新需要相应的物质支持，这既包括科研设备等物质支持，也包括个人及家庭物质生活支持。就如同马斯洛需求层次理论所说的，人首先满足生理需求（包括食物、空气、水），进而满足安全需求（包括人身安全、生活安定），再满足情感需求（包括亲情、爱情、友情等），然后是受尊重的需求，最后才是自我实现的需求。如果将经济收入看作是地方高校教师低层次需求的保障，将学术创新看作是他们的自我实现。那么在职业地位分化的情况下，一部分教师确实会面临低层次需求与自我实现的矛盾。在目前高物价、高通胀的经济环境中，在城市生活成本越来越高的情况下，一部分年轻教师（尤其是有子女的年轻教师），生活压力会增大，承受着较大的生活压力，自我实现不易。所以在职业地位分化情形下，湖北省地方高校的一部分教师缺乏物质条件的支持。对他们而言，这等于缺乏创新的物质动力。

三、地方高校教师职业地位过度分化对学生的潜在影响

（一）对学生学术价值观的潜在影响

地方高校教师因职业地位分化导致的教学、科研行为失范的可能性，首先会影响学生正确学术价值观的建立。大学生的学术价值观就是大学生对于学术的意义价值的看法与评论，对于“什么是学术应该做的，什么是学术不应该做的”

之判断的价值准则。一般而言，学术价值观主要是从学者（学术职业者）的角度来看，而笔者之所以从学生的角度谈学术价值观，是想强调，地方高校教师的教学科研行为的失范会对学生关于学术的看法和评价造成较大影响，也会对学生关于什么是学者，什么是大学老师的看法和评价造成较大影响。

即将步入大学的学生，对大学充满憧憬，对大学教师心怀敬意和仰慕。在他们心里，大学就是知识的殿堂，大学教师都是无所不通的高尚儒雅的学术大师。在他们心里，大学和大学教师具有一种神圣感，这是我们这个崇尚知识的国度中每一个家庭和每一所中学的正统教育给我每一个学生的预设理念。

但令人感到讽刺的是，当学生们步入大学，他们会看到一些大学老师也要为挣钱而奔走于企业、政府之间，一些大学老师也要为谋得一个行政职位而玩弄权术，一些大学老师甚至为名为利学术造假。这些教师的失范行为对学生原先预设的大学老师的形象造成颠覆式的冲击。学生对学术和学者的观念看法可能会被部分大学教师的失范行为所扭曲。在这种扭曲了的学术价值观中，追求真理、实事求是、秉持良知、恪守规范、诚实守信、力戒浮躁的学者形象不再；学为人师、行为世范、淡泊名利、志存高远、维护正义、引领风尚、自尊自律、以身作则的教师形象不再。一旦这种扭曲的学术价值观在学生头脑中根深蒂固，就会对学生刻苦钻研、坚守学术道德、实事求是、追求真理产生影响。

（二）对学生学术志向的潜在影响

地方高校教师可能发生的学术失范行为会使学生形成了扭曲的学术价值观，在扭曲的学术价值观指导下，学生的学术志向也无从谈起。教师对于学生而言，不仅是知识的传授者，更是人生的引路人。一位好的老师就是一个楷模，一根标杆，学生因对其产生敬仰和爱戴而不由自主地模仿学习老师的言谈举止，习得老师的价值观念，甚至希望将来也像老师一样工作生活，以老师所从事的职业为荣。

所以，一位专注学术、追求真知、淡泊名利的老师会使学生崇尚学术、追求学术。相反，一位热衷于行政权力的老师会让学生将行政看得重于学术，让学生也热衷于对行政权力的追求；一位热衷于经济利益的老师则会让学生将学术只看作挣钱的手段而已，会认为经济利益才是实在的回报，而学术只是一个幌子。

（三）对学生教育质量的潜在影响

地方高校教师职业地位分化对学生教育质量的影响，是通过“资源转移”这一中间机制实现的。

资源转移机制是指教师个体占有的学术资源会部分地直接或间接地转化为其学生享受的教育资源。例如，学科带头人可以将他的研究生带入他的研究团队，成为研究团队成员，分享研究团队的知识成果，并以这些知识成果作为自己再创新的基础。再如，一位拥有独立实验室的教授可以为他的学生提供优越的试验条件和环境。还如，一位拥有丰厚科研经费的教授可以为他的研究生提供经济支持，包括增加生活津贴，报销发表作品的费用，报销参加学术会议的差旅费。

此外，一位教授若在某专业学会兼任领导，或在某学术期刊担任评委，他可能比较容易地帮助他的学生在该学会发表学术观点，或者比较容易地帮助他的学生在该学术期刊发表文章。这就是笔者所谓的资源转移机制，而且资源不仅包括物质的资源，还包括声望、地位、权力和社会关系。所以，这种资源转移机制在本质上就是高校教师的学术声望、权力地位、经济资本、文化资本、社会资本直接或间接地部分地转化为其学生可以利用的教育资源。

教师占有的资源可以部分地转移到学生身上，所以当教师所占有的资源呈现两极分化时，转移到学生身上的资源同样也会出现两极分化。教师职业地位的分化实质就是其占有资源的分化，所以教师职业地位的分化同样也导致学生享受到的，从教师那里转移过来的资源的分化，呈现教育资源享受不平等的局面。

教育资源的多少和优劣决定着教育质量的好坏。表面上看每个学生在学校享受到的教育资源是平等的，但实际上，因为教师与学生之间资源转移机制的存在，每个大学生（尤其是研究生）享受到的教育资源就可能是不平等的。因此，地方高校教师之间职业地位分化可能对学生教育质量造成了影响。

第六章

大学教师学术职业分化的评价与应对

对于大学教师学术职业分化现象及其动因的分析研究，终究还是为了对大学教师学术职业分化这一大学教育现象形成科学的认知，以及在此基础上的有效的应对策略和举措。毫无疑问，前文分析研究所进行的调查研究和理论的推演，最终是要解决人们对大学教师学术职业分化怎么看和怎么办的问题，亦即本章所要讨论的关于大学教师学术职业分化的评价和应对的问题，这是本书的落脚点和着眼点。但是，在本章我们就大学教师学术职业分化的评价和应对的问题提出一些原则性的意见；在实际上，关于大学教师学术职业分化的评价和应对通常总是需要在具体的问题、情景中进行具体的审视和分析。

第一节　大学教师学术职业分化评价

一、大学教师学术职业分化与大学教师学术职业过度分化

（一）大学教师学术职业分化与大学教师学术职业过度分化

从大学教师学术职业分化评价的角度看，我们首先必须区别大学教师学术职业分化与大学教师学术职业过度分化这两个不同的概念范畴及其含义。

一方面，人们通常使用大学教师学术职业分化这一概念时，是以一种中性的取向去认识和评价这一教育现象和问题的。这也就是说，在通常的情况下，人们所使用的大学教师学术职业分化是一个中性的概念范畴。在大学教师学术职业分化作为一种中性的概念范畴时，它所反映出的有两个方面的含义。其一，是这

一教育现象处于一种合理、适度的状况之下；其二，这种教育现象本身既具有一定的合理性和合规律性，也具有一定的负面的因素或效应。概括地说，当大学教师学术职业分化作为一种中性的概念时，这一教育现象同时蕴含着积极性与消极性，以及负面效应和合理性的双重特性。而且，这种双重特性基本处于一种张力均衡的状态下；因而这种大学教师学术职业分化也是基本合理、适度的。

而大学教师学术职业过度分化反映的则是大学学术职业的一种内在张力失衡的状态。如前所述，大学教师学术职业分化原本同时蕴含着积极性与消极性，以及负面效应和合理性双重特性，即大学教师学术职业分化既具有推动大学学术职业科学分工、精准细化和引入竞争机制、保持大学学术体制的内在活力等积极作用与功能；同时会在一定程度上消解大学教师学术职业的共同价值观，进而导致大学教师学术职业团体内部结构的耗散与分解。如果这种内在性能的张力一旦失衡，即大学教师学术职业分化中的那些消极性和负面要素过度张扬，就会出现人们通常所说的大学教师学术职业过度分化。而这种大学教师学术职业分化一旦出现过度化的倾向，就有可能危及大学教师学术职业团体及其所依存的大学组织的正常运行及其目标的实现。大学教师学术职业分化因之而出现诸多负面因素和效应。

但是，大学教师学术职业分化与大学教师学术职业过度分化二者之间并没有一个决然的界限。这也就是说，在关于这一问题的讨论或论述中，人们通常并没有十分刻意地去区分这两个概念。卡尔曾经对当代大学教师学术职业分化做过这样的描述，即如今的一个大学教授的生活已经成为“商业和活动的激烈斗争，管理合同和计划，指导助手队伍，统帅技术人员群体，不断旅行，参与政府机构的委员会，以及从事其他防止整个狂热的生意崩溃做必要的烦心活动”[①]。从这段话中，人们似乎看到论者是在对大学教师学术职业分化现象持一种批评的态度。但是，谁又能说这不是对现实的大学教师学术职业分化的一种客观或中性的描述呢？

概言之，区别大学教师学术职业分化与大学教师学术职业过度分化这两个不同的概念范畴及其含义，旨在说明这一教育现象固含着消解大学教师学术职业的共同价值观以及导致团体的耗散与裂变的特性；而且，如果大学教师学术职业分化过程中的这些负面的效应一旦过度扩张，就会出现大学教师学术专业分化的过度化抑或是扩大化。为此，我们必须充分认识和准确地把握大学教师学术职业

① 卡尔．博格斯．2006．知识分子与现代性的危机．李俊，蔡海榕译．南京：江苏人民出版社：137

分化与大学教师学术职业过度分化两种之间界限及其关联，从而确保我们对于大学教师学术职业分化的认识和评价的科学性和准确性，进而保障人们在应对这一教育现象、问题时候能够采取一些更为恰当的思路与方法。

需要进一步研究和指出的是，我们在着重强调大学教师学术职业分化与大学教师学术职业过度分化二者之间的区别与关联的时候，还应该注意大学教师学术职业分化不足的问题，即在大学教师学术职业分化的过程中，出现竞争激励机制弱化、效能导向原则缺失的问题。这里的效能是指达成预期目标的程度[①]。效能导向为大学教师学术职业分化过程中以达成预期目标程度为导向。这是一个迄今为止很少有人关注的问题。因为在当今科学技术迅猛发展和高度发达的时代背景下，大学教师学术职业分化所体现的推动大学学术进行精细分工，以及通过竞争和激励机制提高大学学术效能的基本价值取向成为一种主流的趋势。在这一主流趋势下，一些局部地方或环节中出现的效能导向不力、竞争激励被弱化的现象通常被掩盖、遮蔽。实际上，这一问题依然存在。在对大学教师学术职业分化的评价认知中我们同样应当关注这一现象和问题。

（二）大学教师学术职业分化评价的意义

大学教师学术职业分化评价，在本质上反映了人们对于大学教师学术职业分化问题、现象的认识和态度。毫无疑问，关于大学教师学术职业分化的认识和态度，是关乎人们应对大学教师学术职业分化的一个根本性问题。当然，关注大学教师学术职业分化评价的重要意义，绝不仅仅是因为这种评价所具有的对人们的对策行动的导向性功能，更重要的是取决于这种大学教育现象本身所具有的性质内涵、价值属性的复杂性，以及人们在这一教育现象的认识上所体现出的倾向性和差异性。

首先，从整体上看，人们对大学教师学术职业分化的过程及其现状普遍感觉到不适应、不满意，并对这种逐步强化的学术职业分化现象进行了较为深刻和全方位的剖析、批判，甚至是讨伐。随着高等教育大众化和大学教育的再学术化的逐步推进，传统的大学教师学术职业体系逐渐瓦解，取而代之的则是常态化的大学教师学术职业分化，而且，后者正在以一种不断强化的趋势向前发展。人们对此普遍感到难以适应，并从各种不同的学术视角对这种不断趋于强化的大学教师学术职业分化作出带有批判性的、负面的反应或描述，无论是处于上层的那些著

---

① 周玉荣，沈红 .2015. 成本约束下大学教师评价的效能 .（6）：126-131

名的高等教育的专家学者，还是作为高等教育工作者的一般的大学教师几乎都是概莫能外。人们从不同的角度，揭示了大学教师学术职业分化的时代背景。鲍恩（Howard R. Bowen）和舒斯特（Jack H. Schnster）在《美国教授：一种濒临危机的国家资源》中，通过考察20世纪80年代美国大学学术职业的总体特征，分析了大学教授工作的整体状况，以及美国学术劳动力市场和维护教师活力的制度安排等，认为持续的高校财政拮据已经长期地、缓慢地积累起了对培养新一代教师的需求。该研究反复强调的主题是维持强大的教师队伍所需要的条件和资源之间的紧张关系。[①]当然，在当今时代，围绕着大学教师学术职业的场域笼罩着一种紧张的关系氛围，而造成这种紧张关系的也绝不单纯是高校财政拮据的原因。正是这种客观现实的职业生涯环境，进一步促进了大学教师学术职业的分化。哈尔西（A. H. Halse）在《学究式统治的下降：英国学术职业在20世纪》一书中，以自己调查学术职业在每10年的相关行为和观点变化为基础，描述了英国学术职业的学科构成、物质环境、地位、态度、价值倾向以及士气等，论证了英国学术职业遭遇的危机。[②]因此，有研究者提出："危机和变革成了学术研究的主题。"[③]一方面，大学教师学术职业分化的必要性和合目的性使之成为当代大学学术职业发展的必然的趋势；另一方面，则是人们对这一大学教育现象所进行的批判。这样的学术研究状况不能不引起人们的深思。

在围绕着大学教师学术职业分化所开展的学术研究中，与这种批判性研究为主导的学术研究动态相关联的，是大学教师学术职业分化的负面效应本身的复杂性。毫无疑问，在对大学教师学术职业分化所开展的学术研究中之所以会出现一种以批判性研究为主导的学术研究倾向，当然是由大学教师学术职业分化现象本身所具有的"双刃剑"的功能和属性所决定的。但是，对于大学教师学术职业分化现象所具有的双刃剑的功能和属性，抑或人们通常所说的大学教师学术职业分化的负面功能和效应还需要做进一步的深入的分析。在对大学教师学术职业分化的批判和反思中，对于伴随着大学教师学术职业分化而必然出现的一些负面效能，人们尽管在思想情感上往往难以接受，但在理智上却坚持认为这些要素或现象毕竟还是难以避免的。在长期形成的传统的学术形态下，大学教师更加享受或者是更为向往在大学"象牙塔"里陶醉于对高深知识的探

① 转引自：C. 芬彻，G. 凯勒，E.G. 博格等 .2003. 美国高等教育经典著作百种（下）. 赵炬明译 . 复旦教育论坛，1（3）：60-67

② 转引自：宋旭红 .2008. 学术职业发展的内在逻辑 . 武汉：华中科技大学出版社：22

③ 宋旭红 .2008. 学术职业发展的内在逻辑 . 武汉：华中科技大学出版社：22

究的无穷乐趣之中；而对这些被市场化、公司化裹挟着的学术职业行为本能地感到了一种无力和无奈，甚至是恐惧。但是，这种新的学术职业危机，其实也代表着某种新的学术研究的趋势甚至是新的常态。而且，这些新的学术研究的机制或者状态是可以和传统的学术研究的价值形态富有张力地共生于新的大学教师学术职业体系之中的。

但是，另一种现象伴随着大学教师学术职业分化出现，其混淆在大学教师学术职业分化的进程之中，且不断地加剧大学教师学术职业分化的各种内在矛盾冲突，甚至引起大学教师学术职业分化朝着极端的方向异化。譬如，在当下中国，大学行政权力的过度强化及其对学术权力的僭越，激化了大学教师学术职业场域内的各种矛盾关系，搅乱了原本正常的学术职业分化的秩序，进而导致大学教师学术职业分化呈现为一种无序和扭曲的状态。还有发生在中国高等学校的一些肆无忌惮的学术腐败行为，也使得原本就是矛盾重重的大学教师学术职业分化更显得混乱不堪。大学作为一种社会组织，当然也会体现着一定的行政管理的职能和属性。大学组织的这种行政管理的职能和属性，也会必然地反映在作为大学组织主体要素的大学教师的学术职业的场域之中。也就是说，大学教师学术职业分化其实是可以蕴含着大学教师所从事的行政管理的内涵和要素的。或者说适度地选择、从事行政管理的职能也是大学教师学术职业分化的内涵或选项。但是，大学教育中行政权力的过度张扬及其对学术权力的僭越，则是典型的“中国国情”。自从改革开放以来，大学去行政化就一直是高等教育管理体制改革的一个重要任务和目标。中国高等教育过度的行政化倾对大学教师学术职业分化所造成的干扰和影响，与大学教师学术职业分化中行政工作和教学、科研、社会服务工作之间的分化与冲突，二者之间是不应该画等号的。一段时期以来，在中国大学教师学术职业分化中行政管理所占据的优先地位，与大学组织的行政管理职能之间并没有必然的联系。而恰恰是中国社会以及高等教育领域内一度盛行的“官本位”的社会心理及其相应的社会运行机制，引发和激化了大学教师学术职业分化的内在矛盾。同样，大学学术的市场化，也会使之与传统的大学学术价值理念产生冲突，进而导致大学学术共同体的价值理念和取向出现某些分裂和变异。正如研究者描述的那样：在日益市场化的过程中，政治论和工具论的高等教育哲学主导着大学的发展，大学学术自由的传统日渐消失，学术自治再次成为遥远的梦想，大学及学术事业受制于政治和经济的情况日益严重。尤其可怕的是，随着大学对政府和市场依赖的加强，大学教师失去了独立自主精神，成为追逐利益、趋炎附势的势利“小人”，学术职业的批判意识和超越精神几乎丧失殆尽。[①]但是，这与一度发生在中国高校的大规模的、近似乎公开化的学术腐败行为是不可同日而语的。后者主要是与特定时期中国社会权力制约失衡有关，这种学术腐败在很大的程度上与“权力寻租”有着密不可分的关系。事实证明，近年来通过中国共产党从严治党，整肃党风，高等学校学术界也随之开始出现了一种风清气正的景象。在前期的学术职业分化的理论和实践研究中，人们往往将这样的一类现实问题，混同在对大学教师学术职业分化的认识和评价之中，并不加区别地将其作为大学教师学术职业分化的负面效应和问题加以批判。这样的认识态度和方法显然也是有失偏颇的。

此外，不同的教育主体在对待大学教师学术职业分化问题和现象上的认识和态度是有差异的。这种差异性表现在人们对于大学教师学术职业分化的评价的各个环节之中。杨超在谈及大学教师学术职业分化评价的问题时指出，通过访谈发现，许多大学管理者和高等教育研究专家在对教师学术职业分化对大学发展影响的认识上差异性不大，但在总体评价程度上有所差异，即管理者看到的更多是不利影响，高等教育研究专家则更多是保持一个较为中立的价值立场去思考问题。[②]人们对于大学教师学术职业分化的评价的差异甚至是冲突当然有着多方面动因。但是，人们对于大学教师学术职业分化的评价所表现出的这些差异和冲突反映了人们在对待这一问题上的思想认识的混乱，也直接影响着人们应对大学教师学术职业分化的对策和策略。

二、大学教师学术职业分化评价的几个问题

（一）关于大学教师学术职业分化的二元价值评价

应该说在前期已有的研究中，人们已经对大学教师学术职业分化的必然性、合理性及其正向的作用和功能有了比较明确和自觉地认识。埃米尔．涂尔干（Emile Durkheim）用充满激情的语言赞美大学，他说：“很少能找到一种机构，既是那么统一，又是那么多样性；无论它用什么伪装都可以认出；但是，没有一个地方，它和任何其他机构完全相同。这种统一性和多样性构成大学是中世纪生活的自发产物的程度的最后证明，因为只有活的东西才能够这样尽管充分保持他

① 朱为鸿，强金成．2007．学术职业的现代性发展与道德规范．浙江工业大学学报（社会科学版），6（3）：334-338

② 杨超．2016．大学教师的学术职业分化．北京：科学出版社：156

们的个性，同时使它们自己服从和适应形势和环境的全部变化。”① 也许涂尔干在这里并非是对大学教师学术职业分化进行礼赞，但是他一再推崇的大学的统一性和多样性相结合的本质特征，实在是对大学教师学术职业分化在本质上的一种认同。然而，在已有的研究中，人们把主要精力集中在对大学教师学术职业分化现象的负面效应和功能的认识上，而对这一教育现象的正向作用和功能没有展开更多的、更为深入的研究。这样的分析结论也应该是切合实际的。

这里提出的问题是，如何在对大学教师学术职业分化的评价中始终自觉坚持肯定性和批判性双重价值评价的原则。强调对大学教师学术职业分化必须坚持肯定性和批判性双重价值评价原则，当然不只是一个纯粹的哲学思辨的议题；而是因为在对大学教师学术职业分化评价的过程中人们在认识和实践应对方面经常出现的左右摇摆的现象。坚持对大学学术研究分化现象的肯定性和批判性价值评价的统一，与坚持大学学术的根本价值和保持大学学术形态的多样性的统一，应该成为地方本科高校转型发展背景下应对大学教师学术职业分化的两项基本的原则。

坚持对大学学术研究分化现象的肯定性和批判性双重价值评价，关乎着对大学教师学术职业分化问题的性质的认识。这一观点强调，大学学术研究分化现象是一种体现着肯定性和批判性二元价值评价的矛盾统一体。其中既体现着现代大学多元学术价值内涵及其相应的制度设计的理念和要求，同时也内含着许多与大学学术研究的基本价值取向相冲突的观念的或实践的要素。人们在评价现代社会分工机制时指出，这种社会分工机制具有“肯定性分工和批判性分工的价值并置”② 的属性和特征。从一般的语义上讲，分化即事物同一性特征的分解和变化。但是，在对分化这一概念的使用过程中，实际上包含着人们对事物分化现象的两种不同的理解和认知。其一，是将分化理解为事物由统一性分裂为多元性的过程或现象。这样的分化现象在社会发展的进程中通常会显示出积极、正向的意义和功能。其二，是将分化理解为、看作事物统一性的分解或破坏。对于某些特定的事物而言，这样的分化显然是具有消极或负面的作用和影响的。地方本科高校转型发展背景下大学教师学术职业分化作为一种教育制度设计的产物，它同样具有肯定性和批判性两种价值内涵和属性。关注和应对地方本科高校转型发展背景下大学教师学术职业分化，需要在认识和把握这一教育分化现象的本质属性的基

① 转引自伯顿•R. 克拉克 .1994. 高等教育系统——学术组织的跨国研究 . 王承绪，徐辉译 . 杭州：杭州大学出版社：1

② 张振伟，林海燕 .2009. 马克思社会分工理论的二重逻辑 . 湖北社会科学，（1）：12-14

础，确立科学的理念、策略和方法。一方面，地方大学教师学术职业分化体现了大学再学术化以及地方本科高校转型发展的本质特性和要求，社会以及地方本科院校都应该根据大学学术研究功能、形态转型的要求对教师学术职业理念和形态的转换进行积极的引导，进而对由此而造成的大学教师学术职业分化做出合理性或肯定性的价值评价；另一方面，又必须注意有效地防范大学教师学术职业过度分化可能造成的负面作用。截至目前，学界关于大学教师学术职业分化虽然已经进行了较为全面、深入的研究，但是在关于认识和应对这种学术职业分化现象的双重价值属性问题上则依然缺少理性和富有深度的认识和见解。从总体上看，人们较多地从批判的视角，对现实的大学教师学术职业实践中的过度、无序分化现象进行讨伐；而对高等教育大众化和大学再学术化的时代背景下大学教师学术职业分化的必然性、合理性则缺乏应有的关注和研究。这种理论与实践研究的现状无论是对于大学教师学术职业分化研究，还是当下正在推进的大学转型发展研究，都是一个十分重要的缺憾。

同时，坚持大学学术的根本价值和保持大学学术形态多样性的统一，是大学再学术化背景下全面实现大学学术研究的宗旨和功能所必须坚持的一项重要原则，也是指导地方本科高校转型发展和应对地方大学教师学术职业分化必须坚持和遵循的一项重要的思想原则。坚持大学学术的根本价值和保持大学学术形态多样性的统一，旨在强调大学学术的二元价值目标和多样性功能形态的融合与共存。强调和坚持这一学术研究原则具有两个方面的重要意义。其一，是既要坚持、坚守大学学术发现与创新的根本价值理念和实践形态，即人们通常所说的注重和加强学科基础理论的创新发展研究，又要关注和肯定综合学术、应用学术和教学的学术等多样化的学术研究类型、形态的价值和功能，重视并积极推进大学学术在技术应用、服务社会、人才培养等领域的拓展和实践；其二，是要在关注和肯定综合学术、应用学术和教学的学术等学术研究类型、形态的价值和功能，积极推进大学学术在技术应用、服务社会、人才培养等领域的拓展和实践的同时，保持和坚守大学学术研究最基本的价值原则和实践形态，努力使大学教育实践中的综合学术、应用学术和教学的学术具有真正的“学术”的价值和意蕴。这些问题在推进地方本科高校转型发展中都需要认真研究和应对。

（二）关于大学教师学术职业分化的政治论与认识论

如何认识和把握大学组织和大学教师学术职业分化的内涵与功能，是一个关乎现代大学组织的基本属性和功能的重大问题和根本问题。从理论认识的层面看，它必然关涉或反映人们在关于高等教育哲学思想和价值观念上的认识及其分歧。研究者指出："在西方高等教育发展史上，政治论和认识论哲学一直主导着高等教育发展的历程，要么二者在高等教育实践中交替起作用，要么二者在并存、冲突中起作用。""这种政治论与认识论哲学之争，渗透到高等教育目的与功能的各个方面，如高等教育的存在是为高深知识自身的原因，还是为了社会的需要；高等学校是以培养通才为目标，还是培养专才；科学研究是以纯基础理论为主，还是着重应用研究；社会服务是直接服务还是间接服务；等等。"① 特别是在新一轮的地方本科高校转型发展的背景下，关于大学学术研究内涵与功能的认识分歧，恰恰是认识论与政治论两种高等教育哲学观相互冲突、博弈的一种实践反映。是坚持、专注大学传统的学术价值追求，还是更加注重大学教育的人才培养和服务社会的职能，抑或是强调两种价值追求的融合，最终体现的是人们关于高等教育的哲学思考。

基于现代大学多种教育价值取向与实践范式、功能并存的现象，约翰·S. 布鲁贝克概括出了政治论和认识论两种不同的高等教育哲学观。在当代高等教育的实践进程中，政治论和认识论作为两种不同的高等教育哲学观，其实是从不同的维度和方法对现代大学多种教育价值取向与实践范式、功能并存的现象的认识和解读。是继续坚守传统大学崇尚学术的价值理念，还是更加关注和贴近社会发展的现实？应该说这两种高等教育哲学观都有着其坚实的教育实践基础和思想价值的合理性；因此，它需要人们对二者之间张力与融合的关系保持清醒的理性认识、哲学思维。在推进地方本科高校转型发展的过程中，我们需要借助政治论和认识论两种不同的教育哲学观去认识、洞悉纷繁复杂的高等教育改革创新发展的实践，更需要从两种教育哲学观相互融合的视角去认识把握大学教师学术职业分化的现实与未来。

进入大众化发展阶段以来，地方本科高校办学的一个突出的问题，就是片面地效法学术型大学的办学模式和人才培养模式，进而导致其人才培养的弱化和服务方向的偏离。正是在这样的背景下，这类学校在办学过程中也在一定程度上出现了偏重学术研究、轻视教学工作和社会服务的倾向。地方本科高校推进转型发展，就是力图通过强调、突出地方大学办学的教学主导地位和服务社会的基本职能，来矫正办学实践中的误区和偏差。但是，我们同样不能把这种实践层面的转型发展演变成一种"矫枉过正"。一段时间以来，地方本科高校办学过程中出

① 马廷奇.2002. 冲突与整合：西方两种高等教育哲学观的演变. 江苏高教，(3)：112-115

现的重科研、轻教学、轻实践的倾向，这一问题的实质是这类学校对社会人才需求及自身办学功能定位认识的偏差，它并不意味着这些学校在学术研究方面做得很充分、很有成效。事实上，在地方本科高校的行列中，很多学校同时存在着教学活动边缘化和学术研究、学术性教学水平不高的问题。这是需要我们在推进转型发展的过程中给予关注和重视的。概言之，推进转型发展既要强调、突出地方大学办学的教学主导地位和服务社会的基本职能，切实解决好办学过程中的重科研、轻教学、轻实践的问题，同时又不能忽视科学技术研究在人才培养和服务社会中的基础性和先导性的作用和功能。努力通过提高学术研究和科学技术研究的实力和水平，来不断提升学校人才培养质量和服务社会的能力、水平，进而真正实现转型发展的目标。这就要求我们要在学校教育的各个层面和环节中注意统筹协调好教学、科研和服务社会三者的关系，以保障多元教育价值取向和内涵在学校教育实践中的统一性和协调性。

（三）关于大学教师学术职业分化的效率与公平原则

今天的大学教师学术职业分化说到底是一种关于大学教师学术职业活动的制度安排，而大学教师学术职业分化作为一种制度设计的产物，其内在的机理源于“效率导向”的基本原则，这一点应该是毫无疑义的。但是大学教师学术职业分化的效率导向原则应该受到公平正义原则的制衡，或者说在大学教师学术职业分化的制度设计中保持效率与公平原则的内在均衡与张力，也应该成为这一教育制度或教育活动的一个基本原则。

大学教师学术职业分化作为一种制度或现象，它是遵循着效率导向的基本原则而设计、生成的，这也是大学教师学术职业分化作为一种制度设计和教育现象所具有的合目的性的本质所在。换言之，大学教师学术职业分化之所以作为一种教育制度或现象能够得以合理合法地存在，即在于它迎合了现代大学学术活动的效率导向的原则。对于大学教师学术职业这一本质特征的认识与把握，具有两个方面的实践意义和价值。其一，是肯定、强调了关涉到大学教师学术职业分化的现行一系列学术管理体制机制的合理性。大学教师学术职业分化中的效率导向原则，体现着现代大学追求组织发展的目标和效益的基本的价值取向。早期大学时代大学教师那样一种优裕、闲适的工作情景已经一去不复返了，取而代之的是一种充满着危机和竞争机制的大学教师职业场景。大学教师学术职业分化正是顺应这样一种现代大学教育趋势而进行的制度设计。其二，是肯定、强调了关涉到大学教师学术职业分化的现行一系列学术管理体制机制的必要性。大学教师学术职业分化作为一种制度设计不仅是合理的、符合道义的，也是必需的、不可或缺的。事实上，是否应该以及如何坚持大学教师学术职业的合理分化，人们在实践中通常总是容易出现钟摆式的“摇摆”现象。在前文中我们曾经提及，在现有的研究中人们普遍关注的是大学教师学术职业中的过度分化现象。但事实上也同时存在另一种现象，那就是在一些局部的场域或环境中存在大学教师学术职业分化不足的问题。在我国当下的大学教育的实践中，大学教师的学术职业活动及其绩效通常会和教师的工资待遇挂钩。这种基于教师学术职业绩效的工资待遇的分配，常常是一些高校“祸起萧墙”的根源。于是，学校领导人和管理者通常会采取一些“让步”的政策和方式，尽量缩小不同单位、群体和个人之间的分配差距。这样一些所谓的“让步”的政策和方式，实际上是在设法弥合大学教师学术职业分化。而这样一些弥合大学教师学术职业分化的想法和做法，最终必然会导致一定程度上的大学教师学术职业分化不足的现象。这样的现象和问题同样值得关注，并给予积极的应对。

但是，大学教师学术职业分化的效率导向的原则，需要通过公平正义的原则的坚持和实施来得以制衡。一方面，是效率导向的原则作为一种社会运行机制所固有的缺憾，决定了在倡导和推行效率导向原则的同时，必须运用相应的社会机制对其加以制衡。研究者结合我国当下社会运行机制的问题和弊端指出，单纯效率导向导致冲突加剧。①这样的现象同样发生在大学教师学术职业的场域之中。在已有的研究文献中，对大学教师学术职业分化进行批判性的反思较多；而在这类研究中，大多都是从这一分化现象引发大学教师群体内部矛盾冲突加剧的视角入手的。另一方面，公平正义的原则也有利于效率导向原则的贯彻实施。在大学教师学术职业分化的实践中，公平正义原则对效率导向原则的制衡并不意味着是在单纯地消解效率导向的程度和功效；它在一定程度上也能转化为推动效率导向原则贯彻、实施的积极效应。人们在研究公共行政转型问题时提出，公共行政的转型在根本上是从效率导向向公正导向的转变，这是历史发展的客观要求和公共行政自身发展的必然趋势。而这种新的社会发展趋向并非完全是一种价值取向的转变，而是因为公正导向的公共行政包含着效率追求，也是效率追求能够得到最大可能实现的行政模式。②在大学教师学术职业的场域中，同样具有这样的原理。通过公平正义的价值导向的贯彻实施，并不会必然地导致效率导向原则的消解，相反可以促进效率导向原则的贯彻落实。特别是通过强化公平正义的理念

---

① 纪宝成.2011.单纯“效率导向”导致冲突加剧.人民论坛，（22）：22-24

② 张康之.2005.论公共行政从“效率导向”向“公正导向”的转变.湖南社会科学，（6）：26-29

和原则，适时地破除那些人为地依附在大学教师学术职业分化中的消极因素和现象，是使得效率导向原则能够更加积极有效地推进实施的根本保障。例如，近年来国家、社会以及高校对大学教师学术职业活动中以“权力寻租”为主要特征的学术腐败行为的整治，对于净化高校学术研究风气、推进学术研究的健康发展发挥了重要的作用。

第二节　大学教师学术职业分化的应对

一、建设良性的学术职业文化生态

学术职业文化，是指学术职业共同体，或者高校教师群体在自身历史演变过程中自发形成的、不以某个体的意志为转移的，整个群体约定俗成并符合该群体发展规律的学术传统、学术规则和行为习惯以及与此相关的得到群体认同的思想意识。如果将大学学术职业文化看作一种内在的学术制度，那么笔者认为地方高校教师职业地位过度分化的情形实际上反映了这种内在学术制度的供给不足。换言之，因为这种内在学术制度供给不足，所以一定程度上诱发了地方高校教师职业地位过度分化。所以，要改善地方高校教师这个学术群体内部职业地位分化过度的情况，就要求这个群体本身要有足够的内在学术制度的供给，即地方高校教师本身需要具有学术信仰，并因此而遵循该群体的学术宗旨、学术规则和要求。

（一）树立“学术至上、学术自由”的学术信仰

“学术至上、学术自由”是地方高校教师应当具有和强化的学术信仰和价值认同。

学术至上，实质是“真理至上”“知识至上”。大学之所以成为“大学”，其一项特殊的任务就是“有条不紊地发现并且传授那些关于严肃的和重要的事物的真理”[①]。所以，大学教师的使命就在于发现和传授真理。如同照顾病人的健康是医务人员的特殊职责一样，如同在法律许可的范围内保护当事人的权利是律师的

① 爱德华·希尔斯.2010.教师的道与德.徐弢，李思凡，姚丹译.北京：北京大学出版社：1，3

特殊职责一样，发现和传授真理是大学教师的特殊职责。对真理的发现和传授是以对高深知识的发现和传播为载体。其中，在向学生传授高深知识的过程中，也要“增强学生的理解力，并且训练他们以批判的态度和方法去评价和检验他们的信念，从而使他们所信仰的东西能够尽可能地远离谬误”[①]。而要发现和传授真理，就必须首先认可真理的存在，相信真理比谬误好，将对真理的追求作为自己的职业本质要求。这就如同要想成为医生就必须首先相信健康比疾病好一样，如同要想成为律师就必须首先相信保障合法的权利比受制于独裁的权力要好一样。对高深知识的探索和再创新，是建立在对真理的信仰基础上的，这是大学教师一切工作的前提。

爱德华·希尔斯认为，大学教师“至关重要的、与众不同的”使命是“在他们的一切研究和教学领域中维护真理，并且在他们的实践活动中尊重真理”[①]。他说：“如果大学教师没有完成他们的基本工作，即没有尽可能小心谨慎地和有条不紊地在他们所负责的领域里发现和传授真理，那么他们将只能变成他们感到满意的某种社会制度的鼓吹者，或者变成一个特殊的有闲阶层，而这个阶层之所以能够得到社会的‘供养’，仅仅是因为他们中的一部分成员能够通过自己的研究、教学和咨询来为社会提供有用的服务”[①]。

学术自由就是学者探索和传播真理的自由，探索和传播高深知识的自由，是他们进行学术活动和表达学术信念的自由。学术自由要求大学教师在进行知识生产时要根据真理的本质要求进行，按照知识场域特有的逻辑进行，而不受政治、经济、宗教势力的影响。以寻求真理为目标，而不是以满足真理以外的目的为目标。学术自由还要求大学教师都有权利并有义务参与该系的教师和研究人员的聘任的决定，也有权并有义务参与课程内容和形式、考试、阅卷、学位授予等活动的决定。但是，学术自由并不是无限的自由，而是以“真理”作为自由的限制，高校教师的自由特权适用于发现和传播真理和与之相关的活动，应该以尊重“真理”为标准，要遵守知识的真实性和可靠性，不能将个人的偏见、个人的政治主张，个人的宗教主张作为学术自由特权保护的对象。

地方高校教师树立“学术至上、学术自由”的信仰，会将之作为职业生涯中始终不懈的追求，内化为一种价值观和道德约束，时刻提醒自己的科研、教学工作是否有悖于自己的信仰，是否有悖于学术的本质要求，是否有悖于真理标准。地方高科教师树立“学术至上、学术自由”的信仰，便会将真理作为自己学术事

---

① 爱德华·希尔斯.2010.教师的道与德.徐弢，李思凡，姚丹译.北京：北京大学出版社：1，3

业的追求和标准，而不会将经济和政治的利益作为学术活动的最终目的。他们更会对自己特殊的职业身份具有强烈的认同感，对自己的学术共同体具有强烈的认同感，他们不会因其他行业比他们能赚钱而觉得自己的职业不好，他们也不会因政府官员比他们有权力而觉得自己的职业没有地位。相反，他们会因自己是高校教师、是学者而自豪。因为，信仰学术至上和学术自由的人不会将金钱和权力作为衡量他们地位和价值的标准。他们甚至有与生俱来的蔑视金钱和权力的“清高”。

如此，在地方高校中，借学术资本主义敛财的教师会减少，而这种行为也不会被坚持真理标准的学者所认可。同时，学术官僚主义也不会在这些高校中大行其道。因此，在“学术至上、学术自由”的世界里，地方高校教师的经济资本、社会资本、权力地位将不会出现过度的分化。

（二）明确“贡献社会、引领社会”的学术宗旨

高深知识是大学教师学术工作的基础。知识之花需要人们勤劳和耐心的浇灌，不然就会枯萎。高深知识也一样，需要学者们不断地探索、传播、再创新，不然也会枯萎。虽然这种对高深知识的探索、传播、再创新的过程要以发现和传播真理为准则，但是也不能在封闭的“象牙塔”中进行。现代的大学已经不是中世纪的“象牙塔”式的大学，何况我们今天的大学已经融入了社会。社会需要大学，大学亦需要社会，两者间时刻在进行物质能量的交换。社会没有大学就没有了智力支持，而大学没有了社会就失去了经济来源甚至是存在价值，必然走向枯竭。

目前，地方高校确实在社会政治、经济、文化各领域的发展中表现积极，并做出了重大的贡献。社会贡献成为地方高校的一个重要职责，这些高校的教师也应该将对社会的贡献作为其职业宗旨的一部分。

地方高校教师社会贡献的宗旨应该是多角度的，不仅包括为政府，为社会团体组织提供智力支持，还包括在真理标准下向社会传播知识，向社会提供知识的探索方式方法；更包括他们为社会培养的懂得如何遵循真理标准去发现问题、解决问题的各专业领域的人才。

社会贡献应该是地方高校教师的职业宗旨之一，但是这种社会贡献并不是仅仅根据社会需求来评价。并不是地方高校教师满足了政府、企业、第三部门的现实需求，就可以认为他们对社会做出了贡献，因为政府、企业、第三部门的实现需求往往是只注重眼前利益的。如果地方高校教师一味地迎合这些组织的眼前利益，很可能会对社会的长远发展产生灾难性的影响。

所以，地方高校教师还有一个更为重要的价值取向，那就是“引领社会”。

大学是社会的灯塔，大学教师就是指引社会朝着灯塔前进的“引领者”，不管是在知识上，在真理上，还是在精神上，大学教师都应该引领社会。这是一项神圣而崇高的职责，也是最为重要的职责。或者可以认为，大学教师之所以探求和传播真理，目的就是为引领社会。既然作为社会的引领者，那就要求大学教师要源于社会又高于社会。大学教师不能完全孤立于社会，但是又不能受社会权力、经济的控制，不能迎合社会短期利益的需求。

当地方高校教师将“贡献社会”和“引领社会”同时作为自己的学术工作宗旨时，就能源于社会又高于社会，达到“入世”与“出世”境界的统一，不为权力所迷惑，不为金钱所引诱，只为对知识和社会的发展与进步而努力。想必如此，因教师经济资本、社会资本、文化资本的相互转换，因教师权力地位、学术声望吸纳经济、权力，甚至因学术失范而产生的职业地位过度分化的情况将会有所改善。

（三）建设“学科自主、学科民主”的学科文化

学科文化生态情况决定着学科成员之间的相互关系，而学科成员之间的相互关系则间接地影响着各学科成员的经济资本、社会资本、权力地位和学术声望的占有情况，进而影响了学科成员的职业地位分化情况。如果将学科成员的经济资本、社会资本、权力地位、学术声望统称为资源，那么在一个良性的学科文化生态环境中，学科成员的资源分化程度应该是在适合范围内，而在一个恶性的学科文化生态环境中，资源分化则是过度的。所以，建设一个良性的学科文化生态环境是关键。而在良性学科文化生态的建设中，最重要的两个着力点就是：学科自主和学科民主。

学科自主，前文已经有过详细论述，是指学科组织知识生产按照知识场域的逻辑进行，而不受政治场域、经济场域的逻辑支配，也不受世俗权威的控制。实际上，学科自主性是与学术自由相统一的，二者都遵循着真理标准。因为，学科组织按照知识场域逻辑进行知识生产，其实就是以真理为准则，就是以探寻真理和传播真理为根本目的，真理是学科成员一切学术活动的最高准则。

如果说学科自主是外向性的，那么学科民主则是内向性的。学科民主强调的是学科组织内部成员之间的民主。在学术自由的信仰中，所有学者都有平等的权利和义务参与学术活动和与之相关的事务的决定，也有获得学术资源的平等权利。在学科组织内，学者之间没有等级的差别，只有学术水平和学术声望的差别。不应该将官僚体制的科层制用于学科组织中，不应该在学者之间实行行政等

级制，因为学者对“真理”和高深知识的追求决定了学者之间必须是平等的，他们如果愿意服从于其中某位学者，也不应该是政治的、经济的权力使他们屈服，而应该是学术的声望，文化的感召使他们信服。是自愿自觉地对其学术水平和人格魅力的钦佩和崇尚。

学科民主要求学科成员之间平等行使学术权力，其中最为关键的就是学科带头人如何行使自己的权力，学科带头人以什么风格带领学科。学科民主要求学科带头人有豁达的胸襟，长远的眼光，较高的领导素质和协调能力，更要有“学术至上”“学术自由”的信仰，民主的思想意识和领导风格。在此基础上，学科带头人才能重视学科成员的主体作用，关心学科成员的需求，在学科内主动营造民主、平等的氛围，让学科成员以平等的权利共同决定学科组织的学术资源的分配，共同决定学科人员的聘任，共同决定学科成员的考核标准等重大事项，让学科成员对学科组织有认同感，有归属感。

在学科自主和学科民主的学科文化生态中，学科成员之间的职业地位的分化是正常的，因为这种分化是基于不同成员学术声望和文化资本差异，以及学术声望和文化资本吸纳的经济资本、社会资本和权力的差异而形成的，这种差异是具有激励作用的，也是可控的。但是，在“不自主”“不民主”的学科文化生态中，学科成员之间的职业地位分化是过度的，是不正常的。因为，学科不民主会使少数学者统治多数学者，造成学术权力的无形剥夺，导致学科成员之间不能平等地享受学术资源，不能平等地参与学科事务的决定，形成权力地位、学术声望、经济资本的过度分化；学科不自主则会使学科部分成员热衷于“有钱的项目”和“有权的项目”，而不顾这些项目是否为“真问题”，是否符合“真理”的标准。这也会造成学科成员之间经济资本、社会资本和权力地位的过度分化。因此，学科自主和学科民主对改善湖北省地方高校教师职业地位的过度分化尤为重要。

二、改善地方高校教师职业地位过度分化的制度建议

（一）地方高校学术管理制度方面的问题分析

学术管理制度，是学术制度的一个维度。所谓学术制度，就是有关高校教学、科研和社会服务的规程规范或行为准则，以及关于高校教师和学科等方面的制度。如果将大学教学、科研和社会服务看作动态意义的学术，即学术活动，那么就可以将大学教师和学科看作静态意义的学术。因此，关于“学术活动”的制

度可以称为“学术工作制度”，而关于大学教师和学科的制度则可以称为“学术管理制度”。对湖北省地方高校的调查发现，这些地方高校中学术管理制度存在不少弊端。学术管理制度的欠缺间接促使地方高校教师职业地位分化。

笔者对湖北省地方高校的学术管理制度进行调查分析，发现存在以下问题：

第一，学术委员会评审的公平度不够，存在集权运行的情况。图 6-1 反映的是受调查的教师对他们所在学校的学术委员会的评分，调查他们所在学校学术委员会对教师学术项目、学术成果、学术奖励、职称申报进行评审的公平性。如果以 3 分的评分表示基本公平的水平，那么可以看出有 41％的教师认为其学术委员会对他们的学术项目、学术成果、学术奖励、职称申报的评审是不公平的。这个数据说明湖北省地方高校现行的学术委员会制度存在不小的问题，也从侧面反映了学术委员会存在集权运行的现象。

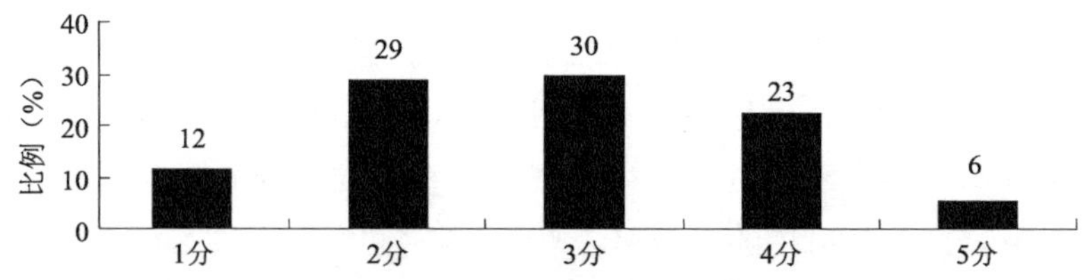

图 6-1　湖北省地方高校教师对学术委员会公平程度评分统计

学术委员会的集权式运行，造成少数教师剥夺多数教师权力的现实，导致不同教师的学术权力地位的分化和学术声望地位的分化，进而促使资本地位的分化。

集权式的学术委员会制度使学术委员会成员可以通过职称评审、科研项目评审等途径决定那些非学术委员会成员的学术利益和学术前途。这实质上形成了学术委员会成员与非学术委员会成员之间的权力地位的不平等。图 6-2 是笔者基于对所有样本教师的权力地位分值的测量，按照样本教师是否为学术委员会成员，对权力地位分值进行分组统计后得到的均值。可以看出，学术委员会成员的权力地位明显高于非学术委员会成员。

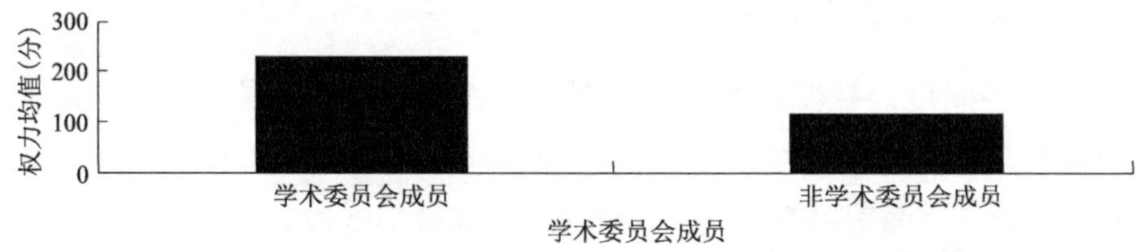

图 6-2　湖北省地方高校教师权力地位对比（按学术委员会成员分组）

第二，学术评价制度的过度量化和功利化导致部分教师的学术生产力虚高，造成教师学术声望地位严重分化。

调查发现，湖北省地方高校的学术评价方式以“定量评价”为主要手段，而以“定性评价”为辅助手段。所谓定量评价，是指以指定的量化指标对学术研究成果进行评价。主要采取的方式是：将刊登教师学术成果的学术期刊按照影响力和权威性进行等级划分，对每一等级的学术刊物赋予不同的分值和权重，再乘以教师发表的文章或著作的数量，进而得到学者的学术研究得分，并根据这个学术研究得分对学者进行奖励，得分越高奖励越高。所谓定性评价就是同行评议，由专业领域内的资深教授、学术权威进行评价。

虽然定量评价具有客观、精确、易于操作等优点，但地方高校以定量评价为主的学术评价方式导致了学术评价过度量化和功利化的现实，并由此促使了地方高校中学术生产的浮躁和失范。在以量取胜的逻辑指引下，众多地方高校教师片面追求发文量、课题量、出书量，而不顾文章的质量、课题的重要性和出版社的权威性。

因为地方高校现行的学术评价制度中隐藏着对以量取胜方式的鼓励，所以在相同条件下，学术职称的评审更强调受评审人主持项目的数量，发文章的数量，出版著作的数量。即使有所谓的期刊级别和项目等级来区分不同受评审人的学术水平，但是这些期刊等级和项目级别的划分是十分粗略的。通过对湖北省地方高校的调查，笔者发现这些地方高校最普遍使用的CSCI、CSSCI、全国中文核心、内参等期刊级别。而实际上，这种期刊级别的划分是比较宽泛的，例如，同属于全国中文核心的各期刊，在学术水平上也是参差不齐的。

教师追求发文数量，学术期刊追求项目级别，政府控制项目，学校行政领导到地方政府“跑项目”，形成了教师—期刊—政府的“共同俱乐部”。但不是所有教师都可以进入这个“共同俱乐部”，只有那些与政府官员、期刊编辑保持“强社会关系”的教师才能成为这个俱乐部的会员。因此，地方高校过度量化的学术评审制度催生了教师—期刊—政府“共同俱乐部”。“共同俱乐部”表面上呈现的是对具有高学术生产力教师学术声望的肯定，但实际上是虚假的“繁荣”。

虚假“繁荣”显示的是虚假的学术声望，却为其占有者带来了真实的回报，包括经济利益和社会关系网的回报。因为学术声望背后隐藏着获取经济利益和扩宽社会网络的机会，最终形成教师职业地位分化的局面。

第三，研究生导师资格制度的不合理造成师生比的差异，进而导致教师经济收入的差异。

这些地方高校的教师要想获得研究生指导资格需要通过学科评议组的遴选和审核，不是每个教师都有指导学生的资格。学校设置“导师资格”评审制度原是出于对指导教师学识和能力是否达标的考虑，但实际上，与其说这一制度发挥了“筛选”的功能，不如说这一制度起到了“区隔”的作用，将部分教师人为地隔离于“利益共同体”之外。评审教师指导研究生资格由学科评议组进行，其中有不少评委就是学校行政领导或者院系领导，在评审过程中很难做到公正。

笔者的调查发现，在这些地方高校中，有的年轻教师没有资格指导研究生，有的教师每年只能指导一个研究生，而有的教师每年指导的研究生数量甚至达到两位数，生师比差距十分明显。这种显著的生师比差距背后是经济收入的差别。因研究生的培养经费是按照研究生人数划拨的。如果按照每生每年 1 万元的培养经费计算，那么每年指导一个研究生的教师只能获得1万元的培养经费，而指导十几个研究生的教师却可以获得 10 多万元的培养经费。

另外，研究生导师除了可以通过指导研究生获得经济资本外，还可以通过硕士生导师（简称硕导）、博士生导师（简称博导）的头衔获得学术声望、文化资本和社会资本。目前社会中已经将“硕导”“博导”头衔看作第二学术职称，通过这样的头衔将高校教师分为三六九等。没有导师头衔的教师往往职业地位较低，“硕导”次之，“博导”是具有最高职业地位的教师，其意味着较高的资本地位，较高的权力地位和较高的学术声望地位。

（二）改善学术职业管理制度

如果说学术职业文化是内在的学术制度，那么学术管理方面的制度就是外在的学术制度。这种外在的学术制度供给不足也对地方高校教师之间的职业地位的过度分化产生极大的影响，甚至从某种程度上来说学术职业文化因其内在性，对地方高校教师职业地位分化的影响显得不如学术管理制度的影响那么直接和明显。因此，提供完善的学术管理制度是改善地方高校教师职业地位过度分化的又一关键。

1. 完善“代表决议”的学术委员会制度，保证教师平等参与权

地方高校学术委员会制度的不完善，一方面促使教师学术权力地位的分化；另一方面也造成学术权力在地方高校中式微，进而导致教师职业地位的分化。所以，科学有效的学术委员会制度对改善地方高校教师职业地位过度分化十分重要。

科学有效的学术委员会制度是能保证所有教师参与学术事务决定的学术委员会，不管是集体决议还是代表决议，都可以充分保证每位教师平等的学术权力的施行。集体决议制度在现实中难以施行，因为组织全体教师决议每一项学术事务本来就很困难，而且如果每项学术事务都要全体教师共同决定的话，既是一件没有效率的事情，也会导致学术委员会实质上的“无能”。虽然在西方国家有的高校实行了集体决议方式的学术委员会制度，但是在某些重大学术事务决定时才召集全体教师决议，一般情况下也由学术委员会的常务委员会进行决议。更多的西方高校，例如美国高校采取的是“代表决议”的学术委员会制度。根据各院系的教师的人数比例，给各院系配置不同人数的代表名额，由各院系全体教师通过民主投票推选自己满意的代表候选人，再在候选人中投票选举正式的学术委员会代表，这些代表要对各学院的全体教师负责，代表他们的学术利益。如此，可以在相对平等的基础上保证每位教师的平等学术权力，而不会造成由于学术委员会的“无能”或“专制”导致教师们对学术委员会的“漠视”和“无所谓”的现实。

地方高校学术委员会制度应如何改革？第一应该确定学术委员会的性质。学术委员会应该是由高校教师代表组成的学术审议评议机构，审议学科与专业的设置、教学与科学研究计划方案，评定教学与科学研究成果等有关学术事务。第二，需要改革学术委员会的组成方式。学术委员会委员应该是由各院、系（所）按教授比例选举出来的教师代表（需具备相应的学术水平和经验）。学术委员会委员由校务会议通过，校长聘任。而且，学术委员会委员任期与学校行政领导任期一样，连任不能超过两届。委员的撤换需要由学术委员会主任会议提出并经全体委员多数通过，并报校长批准。第三，学术委员会的职责是对学科与专业设置进行审议、对教学与科学研究计划进行审议；还要对学科建设的重大项目的立项申请、中期检查和检验的报告等做出评议；要对教学和学术成果，对推荐和引进人才的学术水平进行评议；要对学校教师的教学质量进行评议和监督；还要为学校提供关于学科建设、人才培养、学术研究、队伍建设等事项的咨询意见。

2. 兼顾量化评价与同行评议，保证学术评价的科学性和公平性

地方高校需要从量化评价与同行评议两方面对学术评价制度进行改革。对量化评价制度的改革，主要从两方面着手。一方面是对核心期刊的治理，另一方面是实行学术代表作制度。

核心期刊治理是要打破作者、期刊、学校、政府之间的利益链条。笔者在前文有论述，地方高校教师要通过在核心期刊发文获得学术资本，期刊要借文章

所带的项目提升自己的级别，学校要与期刊合作以增加本校教师在合作期刊的发文量，政府则掌握着期刊、学校、教师共同想要获得的项目。所以在教师、学校、期刊、政府之间存在隐含着以“发文章”和“拿项目”为纽带的利益链条，每一方都是利益链条的构造者。因为这种利益链条的存在，必然出现以“数量论英雄”的情形，学者需要文章数量，期刊需要项目数量，学校既需要项目数量也需要文章数量，政府则掌握着项目数量。在“寻租”的情况下，政府官员可以满足学者和学校对项目数量的需求以换取他们需求的经济、文化资源的数量。从而形成了“权钱交易”“权学交易”的情况。

要打破这个利益链条，关键在于政府要自律，根据学术标准来进行项目招标和投标，而不能将政府官员的私人关系掺杂其中。学校也要自律，学校不能为虚名而盲目追求项目和文章的数量，制造虚假的学术繁荣。单有自律还不够，必须在制度源头规避这种以数量取胜的不良的制度引导，因为恰恰是不良制度的引导使得很多政府、学校、期刊、学者的自律丧失。

在制度源头规避数量泛化的办法就是实行学术代表作制度。该制度就是依据能够代表教师学术能力和学术水平的学术精品来对教师的学术生产和学术成果进行评价，也根据其学术精品对教师进行职称、奖励等的评审，而不把数量作为主要的评价指标。学术代表作制度虽然在当下式微，但是却可以为打破学术利益链条，为规避学术生产数量泛化，为减轻学术虚假繁荣的危害，在制度源头发挥作用。而且，在国内其实已经有一部分科研机构和高校在实行。例如从 1997 年开始，中国社会科学院实施精品战略，一批如《中国政治制度通史》《中华大藏经》等的经典学术作品就是经典的学术代表作。再如 2003 年南开大学开始在教师学术成果评定和职务晋升评审中实行学术代表作制度。

对于同行评议制度的改革，主要是保证专家评议的可靠性和公正性。可靠性是指进行同行评议的专家对受评议学者的学术生产和学术成果的评定应该是准确的，可靠的。这要求评审专家应该是该专业领域的学术权威，通晓该专业领域的学术前沿，能够对该专业领域的研究做出正确、可靠的判断评审，而不能找一个对该专业领域不了解的其他领域的“专家”来评审。公正性就是要保证同样评议的客观公正，能避免“关系”的干扰，以做出公正的判断。匿名评审能从一定程度上规避“关系”的干扰。但是更重要的是要建立一个完整详细的专家数据库，通过这个详细的专家数据库可以在选择评审专家之前了解各专家的专业领域、学术方向、学术成果、学术旨趣等详细信息，以选择可靠的专家进行评议，保证同行评议的可靠性。另一方面，在专家数据库的帮助下，可以避开熟人选择那些陌生的专家进行评审，以规避关系对评审的干扰，保证同行评议的公正性。

3. 改善学术奖励制度，强调奖励的精神导向和非政府导向

改善地方高校的学术奖励制度，需要减低学术奖励的物质导向，增强精神导向：需要降低学术奖励的政府导向，增强民间导向（非政府导向），以规避由于学术奖励制度的物质导向带来的教师经济资本过度分化，以规避由于学术奖励制度的政府导向带来的教师权力地位的过度分化。

学术奖励的物质导向是指目前的学术奖励主要以数额不等的奖金来激励高校教师的科研教学活动，从而形成了以追求奖金为目的的学术竞争。这种学术竞争不是由学术声誉和学术信仰为导向的，而是以金钱和物质利益为导向的。例如，国家最高科学技术奖奖金为 500 万元，国家技术发明奖特等奖奖金为 200 万元，国家自然科学奖一等奖奖金为 100 万元，国家社科基金项目优秀成果一等奖奖金为 40 万元，省部级科技成果奖特等奖奖金为 10 万元，国家级教学成果奖特等奖奖金为 100 万元，长江学者终身成就奖一等奖奖金为 50 万元。这些大大小小的科研教学奖励虽然有一定激励作用，但是这种激励是物质导向的，使一些教师为追求物质利益而采取了学术失范的行为。

学术奖励的精神导向是根据大学教师的特性而言的。虽然大学教师也是理性人，但他们同时也是学术人，物质利益对他们有激励作用，精神荣誉和学术声望对他们同样有激励作用，因为他们比别的职业人更看重精神荣誉和学术声望。在某种程度上来说，精神荣誉和学术声望是他们在学术共同体中的交易货币，因而更有价值。增强学术奖励的精神导向同样能激励大学教师的科研教学活动。

学术奖励的政府导向是指目前众多的学术奖励都来自政府，教师也以获得政府的奖励为荣，而来自民间的奖励较少，并且得不到教师的重视。在湖北省地方高校教师看来，政府的奖励能够提升他们的声望地位，从而获得更多的经济、文化和社会的资本。相比较，来自民间的学术奖励则不具有这样的作用。因为在学术共同体中，民间奖励没有得到大多数人的认可，而学术声望恰恰是来自于学术共同体的认可。假如学术共同体都认为民间的学术奖励比政府的奖励更能代表一位学者的学术水平，那么湖北省地方高校教师就会重视并渴望得到来自民间组织的学术奖励。

政府导向的学术奖励无疑会因政府的强制性权力主动或不主动地对学术自由权力造成侵犯，也会固化学者—学校—期刊—政府这个利益链条，使学术泛化和学术虚假繁荣更加严重。因此，降低学术奖励的政府导向，增强学术奖励的民

间导向很重要。增强学术奖励的民间导向，重在提升民间学术奖励的权威性。政府可以在初期用自己的声望和权力为民间学术奖励做担保，待人们逐渐认可民间学术奖励的价值和意义后，便可以逐步撤出，让民间组织独立运作，以增强学术奖励的民间导向。

（三）改革学术职业保障制度

1. 提高教师整体薪资水平，同时注重公平性

教师薪酬制度改革之所以能改善地方高校教师职业地位过度分化，主要原因在于教师在较好的薪酬保障的基础上，可以摆脱物质条件的束缚，可以潜心研究，不用为生活压力和物质条件所累，不用为生活风险担忧，将主要精力和时间用于学术工作。

地方高校教师薪酬制度改革，一方面要提高整体薪资水平，而另一方面要注重公平。如图 6-3 所示，笔者统计了受调查的湖北省地方高校教师的平均工资，并从国家统计局网站搜集了其他工资较高行业的平均工资数，通过两者对比发现，湖北省地方高校教师的平均工资低于其中大多数行业的平均工资。因为湖北省地方高校教师的平均工资相对于金融、电力、信息软件等行业较低，让他们产生“相对剥夺感”。他们不能安于本职工作而担任各种兼职工作，甚至在有的教师看来，他们的兼职工作比他们的本职工作挣的钱要多很多，以至于部分教师（尤其是研究生导师）根本不在乎学校本职工作，而将所有精力用于校外兼职，或到别的高校做兼职教授，或与人合伙开办企业或者自营一家小公司，或开办各种各样的培训班。

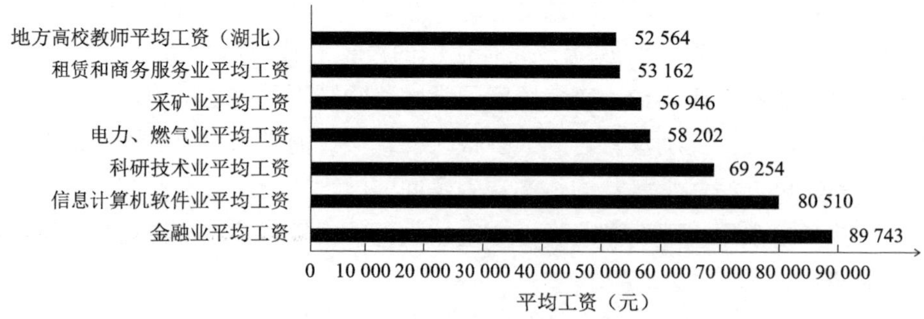

图 6-3 2013—2014 年不同行业平均工资对比

资料来源：2013—2014 年通过国家统计局数据，经笔者综合统计分析得出

提高教师的薪酬总体水平，可以减小文化堕距带给教师的相对剥夺感，让那些坚持学术信仰的教师能潜心研究，让那些四处敛财而荒废本职工作的教师能分一些时间和精力来关注他们的本职工作，来关心他们的学生。

“重公平”是指地方高校教师的薪酬福利应该在效率的基础上更要注重公平。重公平不是不讲效率，而是在目前侧重效率的薪酬制度的基础上，要更加注重公平。目前湖北省地方高校教师薪酬制度是按照事业单位薪酬制度来实行的，薪酬结构包括岗位工资、薪级工资、绩效薪酬、津贴补贴四个部分。岗位工资、薪级工资和津贴补贴是按照教师的专业技术职称级别（从正高一级到初级十三级一共十三个级别）和职务来定的，每个级别有相应的岗位工资、薪级工资和津贴补贴的标准。绩效薪酬则是根据定期对教师的科研、教学的考评来确定的。但是，实际上目前湖北省地方高校中对教师的绩效考核也是以“量”为准的。主要考核教师给学生上课的课时数，考核教师发表在各类学术期刊的文章数量，出版专著的数量，完成科研项目的数量，等等。以这种量化考核为标准的绩效薪酬制度对教师不但没有起到激励作用，反而助长了学术的虚假繁荣和学术失范行为。所以，地方高校教师薪酬改革的公平性重在优化薪酬结构。

薪酬结构的优化，一种方法是既要缩小不同级别教师之间的岗位工资、薪级工资的差距，又要让绩效薪酬能真正体现绩效、激励教师。另一种方法是实行年薪制。年薪制的重要意义在于它可以改变教师的行为方式。在目前月薪制下，教师的科研、教学活动受薪酬结构的影响很大。湖北省有的地方高校的薪酬结构中绩效薪酬的部分更注重对教师科研的考核，引导教师只重科研而不重教学。有的地方高校的薪酬结构则是倾向于教学，因此引导教师只注重教学而荒废科研。年薪制可以解决这样的问题。教师与学校每签一次合同，都对合同期内教师每年可以获得的薪酬做了协商，薪酬已经是一个固定的数目，不会因教师的科研和教学数量的不同而不同。因为年薪是固定的，满意这个年薪数目的教师就会根据自己的兴趣进行科研和教学，而不用考虑薪酬待遇的问题。

2. 公平合理选拔聘任教师，规避“近亲繁殖”和“学术失范”

湖北省地方高校教师人事制度改革，重在聘用和晋升制度的改革。通过聘用和晋升制度的改革保证教师可以安心科研和教学，改善教师之间职业地位过度分化的现状。

第一，要改革选拔制度。目前，由于学术“近亲繁殖”，由于行政权力强于学术权力，由于教师的社会资本、经济资本、学术声望、权力地位之间的相互转化等原因，湖北省地方高校多从内部劳动力市场招聘选拔教师。然而，高校教师的招聘选拔，应该突破内部学术劳动力市场，公开透明地从外部劳动力市场进行招聘选拔。否则只会加重学术“近亲繁殖”，加重“学术马太效应”，进而使教师职业地位的过度分化更加严重。

第二，适当延长拟聘教师的试用期限。学术职业属于从业条件要求很高的职业，而且要在短时间内对一位高校教师候选人进行观察以确定其是否具备学术潜质，这也是很困难的事情。对于准备进入学术职业或者刚进入学术职业的教师候选人而言，认识到自己是否适合学术职业，是否具有学术天赋，也需要较长的时间。另外，也有一些教师候选人并不是因为追求学术和信仰“真理”才进入学术职业，而是因为生活，他们将之仅作为一项谋生的手段。这样的教师候选人如果进入学术职业，只会挤占学术资源和稀释学术队伍。所以，适当延长湖北省地方高校教师候选人的试用期限不但可以让学校和候选人在充分考虑后进行双向选择，还可以净化学术队伍，减小了学术失范的概率，改善由此导致的职业地位过度分化的情况。

第三，实行准聘长聘制，对聘用和晋升制度进行改革。[①] 湖北省地方高校教师的职称可以分为助理教授（assistant professor）、无长聘的副教授（associate professor without tenure）、有长聘的副教授（associate professor with tenure），以及教授（professor）四种层次类别。其中，助理教授都不具有长聘资格，而教授都是长聘的。因为在获得长聘资格之前，高校教师都是出于准聘期，而获得长聘资格以后就是长聘期，所以称之为准聘长聘制。[①]助理教授可以晋升为无长聘的副教授，无长聘副教授则可以申请晋升为有长聘副教授或者直接申请教授。实行准聘长聘制的意义在于：一方面，通过准聘到长聘的过程，可以有足够的时间让学校和教师双方做充分的观察和考虑，以进行最适合的双向选择；另一方面，通过准聘长聘制可以改变原来非升即走的情况，让那些在规定年限内不能由助理教授晋升为长聘教授的教师有一个准聘期来缓冲。

更重要的是，因为学校给每一个学院的教授名额是有限的，由副教授晋升教授，其实就是在和自己学院的其他教师争教授名额，这难免产生学术寻租和学术腐败的现象。而实行准聘长聘制则使从准聘期晋升到长聘期的教师不用与本学院教师争名额，因为每位教师的准聘时间不定，可以根据自己的能力和愿望灵活变化，这样从准聘到长聘的名额就不会受限，也就不会有激烈的名额竞争。

---

① 钱颖一.2013. 大学人事制度改革——以清华大学经济管理学院为例. 清华大学教育研究，34（2）：1-8

3. 建立政治和经济独立的教师工会，保证教师对学校事务的监督权

改革教师工会制度，意在改善教师之间权力地位过度分化的状态。对湖北省地方高校教师工会制度的改革，首先要明确教师工会的性质。它是教师自愿结合的群众性组织，是教师全体合法权益的代表者和维护者。工会只有切实代表和坚持维护教师群体的利益，才能得到广大教师的支持和拥护。

其次，保证教师工会对学校管理事务的参与权。教师工会要积极主动参与学校有关规章制度的制定，使教职工的正确的意愿和要求在制度中得到确认。要维护由教师工会参与制定的相关制度规定的有效实施。更重要的是，教师工会要通过推动校务公开，监督学校对教师聘用合同的相关责任的履行等途径对教师的合法权益进行维护。

再次，将教师工会与政治分离，保证其独立性。目前的湖北省教师工会的领导大多是由学校领导任命的，这使工会领导实际上对上负责，而不是对全体教师负责。这使工会受学校行政权力的控制，不能完全代表教职工的利益。所以，工会的领导应该通过差额选举产生。由全体教师选举产生的工会领导可以摆脱行政权力的束缚，代表和维护全体教师的利益，因为他的利益与全体教师的利益系在一起。

最后，教师工会需要有经济上的独立地位。经济上独立于学校行政系统，教师工会才能以完全独立的维权组织身份维护教师的权力，而不受制于学校行政权力。目前教师工会的经费主要靠学校专门拨款，这就使其受制于学校行政系统。解决湖北省地方高校教师工会经济独立问题的较好的办法是实行会员费制。

由全体教师提供会员捐献（类似于政治献金）以成立工会基金，工会定期召集会议和日常事务的经费从该基金中支付。另外，在基金外由全体教师投票产生一个工会基金监督小组，该小组的职责就是定期审计监督工会基金的使用情况。如此，教师工会既可以在经济上独立于行政系统，也能较好地维护教师的法定权益，还能较好地参与学校管理与监督。

参考文献

阿什比 .1983. 科技发达时代的大学教育 . 滕大春，滕大生译 . 北京：人民教育出版社

阿特巴赫 .1985. 比较高等教育 . 符娟明，陈树清译 . 北京：文化教育出版社

爱德华 · 希尔斯 .2010. 教师的道与德 . 徐弢，李思凡，姚丹译 . 北京：北京大学出版社

奥尔特加 · 加塞特 .2001. 大学的使命 . 徐小洲，陈军译 . 杭州：浙江教育出版社

伯顿 · R. 克拉克 .1999. 高等教育系统学术组织的跨国研究 . 王承绪，徐辉译 . 杭州：浙江教育出版社

伯顿 · R. 克拉克 .2001. 探究的场所——现代大学的科研与研究生教育 . 王承绪译 . 杭州：浙江教育出版社

布迪厄 .1997. 文化资本与社会炼金术 . 包亚明译 . 上海：上海人民出版社

陈学飞 .1998. 美国、德国、法国、日本当代高等教育思想研究 . 上海：上海教育出版社

邓正来 .2008. 学术与自主 . 北京：北京大学出版社

高宣扬 .2004. 布迪厄的社会理论 . 上海：同济大学出版社

国家教育发展研究中心 .1994. 发达国家教育改革的动向和趋势 . 北京：人民教育出版社

黄炎培 .1985. 黄炎培教育文选 . 上海：上海教育出版社

卡尔 · 博格斯 .2006. 知识分子与现代性的危机 . 李俊，蔡海榕译 . 南京：江苏人民出版社

克拉克 · 克尔 .2001. 高等教育不能回避历史——21 世纪的问题 . 王承绪译 . 杭州：浙江教育出版社

肯尼思 · 麦克利什 .2004. 人类思想的主要观点：形成世界的观念（上）. 查常平等译 . 北京：新华出版社

拉法格 .2002. 财产及其起源 . 王子野译 . 北京：读书 • 生活 • 新知三联书店

刘少杰 .2002. 后现代西方社会学理论 . 北京：社会科学文献出版社

刘易斯 · 科赛 .2001. 理念人——一项社会学的考察 . 郭方等译 . 北京：中央编译出版社

马丁· 特罗 .1999. 从精英向大众高等教育转变中的问题 . 王香丽译 . 外国高等教育资料，(1)：1-22

马克思，恩格斯 .1965. 马克思恩格斯全集（第 6 卷）. 中共中央马克思恩格斯列宁斯大林著作编译局译 . 北京：人民出版社

马克斯·韦伯 .1998. 经济与社会（上卷）. 林荣远译 . 北京：商务印书馆
马克斯·韦伯 .2004. 学术与政治 . 冯克利译 . 桂林：广西师范大学出版社
欧内斯特·L . 博耶 .1994. 学术水平反思——教授工作的重点领域 . 丁枫，岑浩译 . 国家教育发展研究中心 . 发达国家教育改革的动向和趋势（第五集）. 北京：人民教育出版社
帕森斯 .1988. 现代社会的结构与过程 . 梁向阳译 . 北京：光明日报出版社
佩里 .1993. 西方文明史（上）. 胡万里等译 . 北京：商务印书馆
彭玉芳等 .1995. 中心城市高校的理论与实践 . 北京：机械工业出版社
宋旭红 .2008. 学术职业发展的内在逻辑 . 武汉：华中科技大学出版社
王英杰 . 美国高等教育的发展与改革 .2002. 北京：人民教育出版社
吴式颖，任钟印 .2002. 外国教育思想通史（第三卷）. 长沙：湖南教育出版社
希拉·斯劳特，拉里·莱斯利 .2008. 学术资本主义：政治、政策和创业型大学 . 梁骁，黎丽译 . 北京：北京大学出版社
宣勇 .2009. 大学变革的逻辑（上编）. 北京：人民出版社
亚伯拉罕·弗莱克斯纳 .2001. 现代大学论 . 徐辉，陈晓菲译 . 杭州：浙江教育出版社
杨超 .2016. 大学教师的学术职业分化 . 北京：科学出版社
约翰·S. 布鲁贝克 .2001. 高等教育哲学 . 王承绪等译 . 杭州：浙江教育出版社
约翰·亨利·纽曼 .2001. 大学的理想（节本）. 徐辉，顾建新，何曙荣译 . 杭州：浙江教育出版社
詹姆斯·杜德斯 .2005. 21 世纪的大学 . 刘彤译 . 北京：北京大学出版社
詹姆斯·S. 科尔曼 .1999. 社会理论的基础（上）. 邓方译 . 北京：社会科学文献出版社
中国蔡元培研究会 .1997. 蔡元培全集（第 3 卷）. 浙江：浙江教育出版社
中国社会科学院语言研究所词典编辑室 .2005. 现代汉语词典 . 北京：商务印书馆
中华人民共和国教育部发展规划司 .2004. 中国教育统计年鉴 · 2003. 北京：人民教育出版社
J.D. 贝尔纳 .1985. 科学的社会功能 . 陈体芳译 . 北京：商务印书馆
P. 波丢 .2006. 人：学术者 . 王作虹译 . 贵阳：贵州人民出版社

附　　录

调查问卷

1. 您的性别：[单选题][必答题]

A. 男　　B. 女

2. 您的年龄阶段：[单选题][必答题]

A. 20 ～ 29 岁　B. 30 ～ 39 岁　C. 40 ～ 49 岁　D. 50 ～ 59 岁　E. 60 ～ 69 岁

3. 您的婚姻状况 [单选题][必答题]

A. 已婚　　B. 未婚

4. 您在学校担任的行政职务 [单选题][必答题]

A. 处长 / 院长　　B. 科长 / 系主任　　C. 科员
D. 办事员　　E. 无行政职务

5. 您的专业技术职称 [单选题][必答题]

A. 教授 / 研究员　B. 副教授 / 副研究员　C. 讲师 / 助理研究员　D. 助教

6. 您担任的学术组织的职务

A. 全国专业学会理事　B. 省专业学会理事　C. 校学术委员会委员
D. 学科带头人　E. 研究室负责人　F. 无学术职务

7. 您的学历是 [单选题][必答题]

A. 博士研究生　B. 学术硕士研究生　C. 专业硕士研究生
D. 本科生　E. 专科生

8. 您就读和工作的学校情况 [矩阵量表题][必答题]

A. 国外著名院校　B. 国内 985 工程院校　C. 国内 211 工程院校
D. 国内省属重点院校　E. 国内一般地方院校

9. 您父母亲中学历最高者的学历是 [单选题][必答题]

A. 博士研究生　B. 学术硕士研究生　C. 专业硕士研究生　D. 本科生
E. 专科生　F. 高中　G. 初中　H. 小学　I. 没上过学

10. 您现所在学科 [单选题][必答题]

A. 哲学　B. 经济学　C. 法学　D. 教育学　E. 文学
F. 历史学　G. 理学　H. 工学　I. 农学　J. 医学
K. 军事学　L. 管理学　M. 艺术学

11. 您父母中职位最高者的职业是（若退休或下岗，请填退休或下岗前的职业）

A. 国家和社会管理者　B. 经理人员　C. 私营企业主
D. 专业技术人员（含教师、医生、律师等）　E. 企事业单位普通员工
F. 产业工人　G. 个体工商户　H. 商业服务人员
I. 农业劳动者 J. 城乡失业人员

12. 您目前平均每周给学生上课节数 [单选题][必答题]

A. 1 ～ 8 节　B. 9 ～ 16 节　C. 17 ～ 24 节　D. 25 ～ 32 节
E. 33 ～ 40 节　F. 41 ～ 48 节　G. 49 ～ 56 节

13. 除在本校的全职工作外，您的兼职或社会服务情况 [多选题][必答题]

A. 无兼职　B. 同行评议专家（期刊 / 项目 / 院校等）
C. 专业学会领导　D. 政府部门兼职　E. 企业兼职
F. 其他高校或科研院所兼职　G. 自主经商　H. 其他

14. 您作为（独立 / 第一）作者的学术研究成果数量 [矩阵量表题][必答题]

级别出版编著 / 教材 / 译著（本）	
CSCI / CSSCI / 全国中文核心论文（篇）	0 1 2 3 4 5 6 7 8 9 10
SCI / SSCI 论文（篇）	0 1 2 3 4 5 6 7 8 9 10
提交省（部）级及以上政府部门的政策咨询报告（份）	0 1 2 3 4 5 6 7 8 9 10
获得的专利（项）	0 1 2 3 4 5 6 7 8 9 10

15. 您作为第一负责人承担过的科研项目数 [矩阵量表题][必答题]

科研项目类别	项目数（项）
国家级课题（限国家自然科学基金 / 国家社科基金）	
省（部）级课题（限中央部委、省自然科学基金 / 省社科基金）	
厅（局）级课题	
横向课题（企事业单位和 NGO 委托等）	

16. 您的学术获奖情况 [多选题][必答题]

A. 国家级一等奖　B. 国家级二等奖　C. 国家级三等奖　D. 省部级一等奖
E. 省部级二等奖　F. 省部级三等奖　G. 市厅级一等　H. 市厅级二等奖
I. 市厅级三等奖　J. 校级奖励　K. 无

17. 与您长期保持联系并能相互帮助的人有哪些？ [多选题][必答题]

A. 家人　B. 亲戚　C. 同事　D. 朋友　E. 同学　F. 老师　G. 学生

18. 与您长期保持联系的人大概有多少 [单选题][必答题]

A. 1 ～ 10 人　B. 11 ～ 20 人　C. 21 ～ 30 人　D. 31 ～ 40 人
E. 41 ～ 50 人　F. 51 ～ 60 人　G. 61 ～ 70 人　H. 71 ～ 80 人
I. 81 ～ 90 人　J. 91 ～ 100 人

19. 平时能为您提供帮助的人，他们都是什么学历？ [多选题][必答题]

A. 博士　B. 硕士　C. 本科　D. 专科
E. 高中　F. 初中　G. 小学　H. 没上过学

20. 平时为您提供帮助的人，他们都在哪些职业工作 [多选题][必答题]

A. 国家和社会管理者　B. 经理人员　C. 私营企业主
D. 专业技术人员（含教师、医生、律师等）　E. 企事业单位普通员工
F. 产业工人　G. 个体工商户　H. 商业服务人员
I. 农业劳动者　J. 城乡失业半失业者　K. 农民工
L. 其他

21. 平时为您提供帮助的人，他们的职位行政级别是什么 [多选题][必答题]

A. 省部级领导　B. 厅局级领导　C. 县处级领导　D. 科级领导
E. 巡视员　F. 调研员　G. 主任科员　H. 科员　I. 办事员

22. 平时为您提供帮助的人，他们的经济情况如何 [单选题][必答题]

A. 很富裕　B. 富裕　C. 小康水平　D. 一般水平
E. 稍微困难　F. 低保户

23. 平时为您提供帮助的人，他们为您提供过哪些帮助 [多选题][必答题]

A. 自己 / 家人职位晋升　B. 自己 / 家人职称评审
C. 自己 / 家人项目申报　D. 家人 / 亲戚就业
E. 发表作品、出版专著 / 编著　F. 家庭投资理财
G. 自己 / 家人医院就诊　H. 行政手续办理
I. 资金借贷

24. 您收入情况（请您实事求是填写，以反映客观情况。）[表格数值题][必答题]

金额（元）
工资性年收入________________________
非工资性年收入______________________

25. 您的非工资性年收入（含学术兼职收入）主要来源 [多选题][必答题]

A. 社会兼职酬劳　B. 作品出版稿费　C. 科研项目（课题）经费
D. 自己开办企业利润　E. 与他人合伙经商收入　F. 投资理财收益
G. 房产出租租金　H. 其他

26. 您的科研方式是 [单选题][必答题]

A. 独立科研　　B. 团队科研

27. 您对学校目前学术资源分配的情况满意度如何 [单选题][必答题]

A. 满意　　B. 相对满意　　C. 不太满意　　D. 不满意

28. 您目前从事哪类课题研究　[单选题][必答题]

A. 横向课题　　B. 纵向课题　　C. 横向和纵向课题　　D. 无课题

29. 您所在学校是哪种权力占主导地位 [单选题][必答题]

A. 行政权主导　　B. 学术权主导　　C. 差别不大

30. 您觉得学术委员会对您学术项目、职称评审的公平性如何，请您评分：

A.1 分　　B.2 分　　C.3 分　　D.4 分　　E.5 分

后　记

本书是国家社科基金“十二五”规划（教育学）国家一般课题《地方高校教师学术职业分化研究》（项目编号 BIA130067）的研究成果。课题研究从 2013 年立项到 2017 年结题，历时四年。四年间，项目研究课题组根据课题申报书预设的研究主旨和基本思路，按照全国教育科学规划办的相关要求，循序渐进地推进项目研究，取得了预期的研究效果。在课题结题及本书出版之际，笔者首先对四年来和我一同走来的课题组全体成员、一直关注和支持课题研究的黄冈师范学院教育学科的同仁，以及学校科技处的同志们表示深深的谢意和崇高的敬意。这里尤其需要提及的是，本书虽然是由本人主要执笔完成，但文中一些研究资料和重要观点，都是我和课题组的各位成员共同完成和贡献的。其中，袁小鹏教授全过程参与了课题研究以及全书的文字统稿工作；周守军教授、林永希教授多次参加课题小组的研讨，贡献了他们的智慧；苏晓旺硕士具体负责组织调研活动和相关的数据统计与分析，并为本书的出版做出了贡献；史基升、桂海钦两位做了书稿校对、文字处理等工作。对于他们为课题研究和本书出版做出的努力和贡献，本人感到由衷的敬意，并表示衷心的感谢！

伴随着课题研究的过程，本书的撰写工作也历时了四年。四年间，我国大学教师学术职业行为及其分化的教育及社会环境发生了许多深刻的变化。值得注意的是，四年来我国大学教师学术职业分化及其教育和社会环境的变化，本身就体现了一种十分鲜明的过程性。也就是说，在课题研究的四年里，大学教师学术职业分化及其教育和社会环境本身就处于一种急剧的变化和变革之中，这同时影响着我们对大学教师学术职业分化现状的分析和判断，以及对相关现状和问题所产生的理性思考和学术结论。这种状况反映在本书中，使得其中的关于一些问题和现状的分析研究出现了某些游弋甚至是矛盾或冲突。值得庆幸的是，科学出版社崔文燕编辑在对书稿进行审读、编辑过程中提出了许多宝贵的意见和建议，从而使得书稿在整体上相对成熟一些。在此，特向崔文燕编辑表示由衷的感谢！

由于多方面原因，本课题研究客观地存在着两个方面的不足：一是对地方普通本科高校与国家重点大学两类大学教师之间的学术观念意识、行为方式和社会地位的比较研究不够。应该说在本课题研究中我们已经注意到了这一问题，并在相关内容中已经有所涉及。但是，由于对国家重点大学大学教师的学术观念意识、行为方式和社会地位的研究还不够系统、充分，所以有关的比较研究也显得比较肤浅。二是对当代中国大学教师学术职业分化的整体状况和基本特征作出的描述和概括仍然显得不够到位。显然，这一方面的不足是与前者相关的。正是由于我们把主要的精力放在地方普通本科高校转型发展背景下的大学教师学术职业分化研究，课题研究可能缺乏更为宽阔的理论内涵的覆盖。

上述不足既与研究团队自身的学术研究实力和水平相关，也是本课题研究固有的局限所致。然而，这也正是我们继续推进本课题研究的原动力。如果说问题导向是当今我国教育科学研究的一个基本的理念和原则，那上述两个方面的不足将引领、激励我们继续沿着这方面的问题和方向，把当代中国大学教师学术职业分化的问题研究推向纵深。